現場が動き出す会計

伊丹敬之
ITAMI HIROYUKI

青木康晴
AOKI YASUHARU

人はなぜ
測定されると
行動を変えるのか

日本経済新聞出版

まえがき

この本は、管理会計についての入門的な教科書として書かれている。ただ、類書とは構成も力点の置き方もかなり違うので、一般的な入門書というべきではないかもしれない。

その違いを一言で表現すれば、「人間が主役の管理会計」ということになろうか。だから、会計的な計算法についての解説よりも、管理会計システムが生み出すデータが企業の現場の人々の行動にもたらす歪みや、管理会計システムを作る側が陥りやすい落とし穴の解説が多い。

企業外部の資本市場関係者に企業の経営成績や財政状態の情報を提供するための会計としての財務会計とは異なり、管理会計は会計データを中心に企業経営に役立つデータを企業内部の人々に提供する会計である。つまり、企業内部の意思決定と現場の管理のための会計である。

それを「人間が主役」という眼で捉えたい、という本書の視点を象徴的に表現しているのが、この本のサブタイトルである。「なぜ人は測定されると行動を変えるのか」。

企業組織で働く現場の人々は、自分たちの業績が何らかの形で測定されると、測定されることに反応してしばしば自分たちの行動を変える。いい測定結果が出るようにと、改善の努力をすることもあるし、ときには数字の出方に味付けをしたりする。

そうした現場の人間行動を十分に了解したうえで、管理会計システムは設計され、運用されなければならない。そして、それができている管理会計システムには、現場の人々を動かす力がある。人の行動を変えることが管理会計の一番重要な役割である、とわれわれは考える。

1

現場によるデータへの味付けや測定に反応する人々の心理を想像したうえで、現場へと動いていくように導く管理会計システム。それが、本書のタイトルとした「現場が動き出す会計」「影響システムとしての管理会計」とでもいうべきものである。それは、会計データが現場に与える影響をとことん考えようとする、

この本は、共著者の1人である伊丹が東京理科大学専門職大学院イノベーション研究科技術経営専攻で2008年から担当してきた「管理会計」の授業が生み出した本である。共著者の青木康晴さんは、もともとは財務会計が専門なのだが、長い間この授業に参加し講義記録を作ってくれてきた。その記録が、本書のベースとなった。

また、この本に登場するさまざまな企業の例は、会社名は一切わからないようにしているが、すべて実例で、「管理会計」の受講者である社会人院生が授業のために提出したレポートの中にあった例である。

日頃、企業組織の中で管理会計システムにかなり翻弄されている彼らは、授業が進むにつれて、彼らの現場の歪みをどんどん語り出す。毎年、授業はそうして進んでいく。そのレポートの積み重なりと彼らとの議論の蓄積が、この本を生み出したのである。この授業なしに、この本は到底書けなかった。

伊丹は、経営戦略や日本型企業システムなどをメインの研究分野としてきた学者で、その分野の著書が多い。だから、「伊丹が管理会計?」といぶかしがる読者もおられるかもしれない。だが、じつは伊丹が学者生活をスタートさせた四〇数年前に書いた博士論文（カーネギーメロン大学）は、管理会計と経営数学の組み合わせのような論文だった。そして、1970年代後半から80年代前半にかけ

て伊丹がスタンフォード大学ビジネススクールで通算2年間ほど教鞭をとっていた時には、MBAプログラムの管理会計を担当していた。

伊丹が一橋大学から東京理科大学専門職大学院へ移ることになった頃、管理会計の非常勤講師を探すことになり、それなら伊丹が「昔とった杵柄」で教えてみようということになった。伊丹が、経営戦略の授業と同時に、管理会計も担当し始めたのである。いわば、本卦がえり、といってもいい。

本書の中心となっている「影響システム」という概念は、伊丹が1986年に『マネジメント・コントロールの理論』(岩波書店) で最初に提唱したものである。30年の年月を経て、それをこの本の中心として使うことになった。これも本卦がえりだが、その原動力は、授業をとった歴代の社会人院生たちが、「影響システムとは、考えてもみなかったが、面白い」と伊丹の背中を押してくれたことであった。

この本は、真に共著であった。最初の原稿を伊丹が書いた章もあれば、青木さんが書いた章もある。最終稿は伊丹が中心となって作ったが、もちろん、青木さんの貢献や修正が至るところにある。若い共著者との共同作業を、心からうれしく思う。

本書の編集は、長年のつき合いである日本経済新聞出版社の堀口祐介さんにやっていただいた。また、タイトルなどについても、アドバイスを頂いた。敏速な編集作業で2016年度の授業に間に合うように出版できることも含めて、常に変わらぬご協力に深く感謝したい。

2016年新春

共著者を代表して　伊丹敬之

目次

第1章 管理会計は経営システムの要

1 組織の管理プロセスで起きていること 18
業務活動の実行、結果の測定、上司による管理／上司は何をやっているのか／会計データが実績測定の中心

2 管理会計システムの二面性——情報システムと影響システム 25
管理会計システムとは何か／管理会計システムの2つの機能——情報システムと影響システム 否応なしに二面性をもつ

3 イノベーションのための管理会計——この本の全体像 32
管理会計の位置づけについて——財務会計との関係／本書全体の流れ

第2章 利益とは何なのか

1 なぜ、利益か 38
利益を誰もが重視する／利益が測っているもの

2 利益計算の基本構造 43
損益計算書で計算される利益／利益とは「株主に帰属する会社財産の増加分」／貸借対照表では利益はどう反映されるか

3 EBITDAと付加価値、という差額指標 50
EBITDA／付加価値

4 利益はオピニオン? 56
発生主義における「認識」という問題／現場が利益を「つくる」ようになる危険／大切なのは、現場想像力されど、利益

第3章 勘定合って、銭足らず

1 利益とキャッシュフローは違う 66
黒字倒産という不思議／現金の流出がない費用、売上にはならない現金の流入／現金がないのは、命取り

2 勘定合って銭足らず、はなぜ起きるか 72
代金の後払い（掛け取引）／在庫の積み増し／「勘定を合わす」ための行動が「銭足らず」をもたらす

3 現金を意識させる管理会計 78
キャッシュフロー計算書の構造／営業キャッシュフローを中心とする業績評価／キャッシュコンバージョンサイクルによる管理／キャッシュフロー中心には、マイナスもあり

4 現金は現実 86
測定数値の「ハードネス」という本質的問題／写像が現実を動かす、だから写像を歪めたくなる

第4章 どの組織単位の業績を、何で測るか

1 管理会計システム設計の基本 90
3つの基本設計／業績測定単位の設定

2 さまざまな組織構造 94
組織構造の設計／事業部制組織と職能別組織／不完全事業部制と分社・子会社

3 責任センターの設定と責任変数 99
何を責任変数とするか／責任と権限は一致しない／責任変数の測定可能性

4 最小単位をどこまで小さくするか 105
測定のコスト、管理の複雑さ／Small is beautiful

第5章 原価計算がもたらす情報と歪み

1 原価管理と原価計算 110
さまざまなコストセンターと原価管理／情報システムとしての原価計算の機能

2 原価はどのように計算されるか 116
原価計算の基本的流れ／売上原価の計算

3 原価計算で生まれがちな歪み 120
配賦基準によって原価が変わる／集計範囲によって原価が変わる
情報システムとしての歪み——コストが過大にもなり過小にもなる
影響システムとしての歪み——現場は配賦を回避しようとする

4 原価管理のむつかしさ 129
目標原価設定のむつかしさ／「見える化」は、「見せる化」に？

第6章 事業部の利益計算はむつかしい

1 プロフィットセンターの利益計算 136
さまざまなプロフィットセンター、典型としての事業部／問題はコストセンターの3倍に情報システムとして、影響システムとして、意義がある

2 振替価格の決定 141
振替価格とは／さまざまな決定方法／振替価格が生む歪み

3 事業部が稼いだ売上、事業部が負担すべき費用 148
外部顧客への売上を配分するむつかしさ／事業部が負担すべき費用／代表的な配賦方法本社共通費の配賦がもたらす歪み

4 利益管理のむつかしさ 155
原価管理のむつかしさと、どこが違う？／利益責任をどこまで追及すべきか

第7章 「ついつい」の資産増加を防ぐには

1 資産効率をなぜ考えるか 160
投資に対するリターンを得るのが、企業の基本／資産はついつい増えてしまう／増えた資産は、さまざまな悪さをする

2 比率か、差額か——ROIとRI 167
資産と利益の相対関係の測定／ROI——投下資本利益率／RI——残余利益／投下資本利益率と残余利益の関係

3 資産効率管理がもたらす歪み 177
過少投資という歪み／資産化回避行動がもたらす歪み

4 さまざまな影響システム 181
購入ルールを作る／投資の二次的マイナスを意識させる分析を義務づける／資産処分のルールを作る

第8章 アメーバ経営と時間当たり採算

1 **アメーバ経営とは何か** 188
アメーバと事業部の違い／アメーバの編成

2 **時間当たり採算表によるアメーバの業績測定** 192
アメーバの売上の計算／市場の変動を組織の末端に伝える仕組み／何をアメーバの費用とするか／なぜ、付加価値を総労働時間で割るのか

3 **営業部門と研究開発部門の採算計算** 203
営業アメーバの時間当たり採算表／研究開発部門はどうするか

4 **アメーバ経営のメリットとむつかしさ** 208
アメーバ経営が現場の努力を引き出す理由／なぜ、アメーバ経営をやる企業は少ないのか／それでも、アメーバ経営をやった方がいいどんなことに気をつけて、アメーバ経営をやるべきか

第9章 予算管理のウソ・マコト

1 予算管理システムの2つの顔 218
2つの予算／2つの予算管理のアウトプットは？／情報システムとして、影響システムとして

2 必要なのは、事後評価基準値 226
2つの顔はつながりにくい——期初予算と期末実績の間の溝／正当な評価基準とは何か／事後評価基準値の計算は、きわめてむつかしい

3 ありがちな歪み 232
予算設定のウソ——予算は、予想するもの、降ってくるもの、使うもの／コミットメントの強調がもたらす歪み

4 予算管理のマコト 237
それでも、予算を作ることには意味がある／予算管理システムが生み出す3つの場／納得性の高い事後評価のために

第10章 投資採算計算の方法と落とし穴

1 投資採算計算とは何か 244
投資意思決定の全体フロー／投資採算計算と組織単位の利益計算の違い

2 投資採算計算の方法 250
投資プロジェクトの正味現在価値(Net Present Value：NPV)／継続価値／内部収益率(Internal Rate of Return：IRR)法／回収期間(Payback Period)法／投資利益率法

3 最大の問題は、将来データの予測精度と歪み 259
「遠すぎる将来」を考慮しない／採算計算の結果を厳しく追及すればいい？

4 データの歪みへの対応策 263
戦略に沿った判断基準をもつ／投資の事後チェック／予測者を誰にするかの工夫／影響システムとしての投資採算計算

第11章 研究開発管理システムの「最適なゆるさ」とは?

1 なぜ、研究開発管理はむつかしいのか 272
「魔の川」における管理システム／研究開発管理とは、誰が誰を管理することか／研究開発活動と他の業務の違い

2 ステージゲート法による研究開発管理 279
ステージゲート法とは何か／研究開発管理者がプロジェクトを中止しやすくなる合議制がもたらす、研究開発管理者による学習へのマイナス効果計画作りが研究開発担当者の学習を促進する／研究開発担当者の行動にもたらす3つの歪み

3 きっちりした仕組みを作り、ゆるく運用する 287
どんなスタンスで、研究開発管理に取り組むか／時間的・金銭的な余裕を与える／ピアレビューのすすめ

4 「見せる化」の危険、研究開発部門全体の成果を測定することの大切さ 293
「見せる化」の危険と「最適なゆるさ」／研究開発部門全体の会計的成果測定

第12章 多様な影響システム——管理会計を超えて

1 あらためて、影響システムの大切さを考える
経営の最後の勝負／影響システムは、じつに多様に存在しうる

2 1円稟議によるコスト意識の浸透 300
すべての稟議書を社長が決裁する／1円稟議の2つの機能／1円稟議が機能する条件

3 なぜ、3Q6Sが財務業績にインパクトをもたらすのか 311
整理整頓や清掃の良し悪しを点数化する／6Sが財務業績と連動する理由／根底にある3つの論理／6Sが定着しない企業も多い

4 影響システムは、身の回りにあふれている 319
「細かい管理」がイノベーションを促進する？／ルールがもたらす多面的影響／「暖かい背中」も必要

第13章 なぜ人は測定されると行動を変えるのか

1 測っただけで、人は行動を変える 326
電光掲示板のインパクト／測定結果の使い方は、いろいろある／評価対象にしなくても、測定は人の行動を変える

2 誰の目を「気にする」のか 332
上司の目、周囲の目、内なる目／測定から行動変容までの基本論理／「周囲の目」がもつ強大なインパクト／周囲の目は、「なれ合いの目」？

3 測定の落とし穴 340
二次効果が「意図せざる悪影響」をもたらす／測定システム設計者の意図と現場で起こる行動変容のすれ違い／測定の一部に注意が集中する過ぎたるは猶（なお）及ばざるが如し

終章 会計を武器にする経営

1 会計を武器にする経営を 350
財務会計も管理会計も、ともに重要／生きた管理会計こそ、経営の武器

2 現場が動き出す会計とは 355
意図せざる影響システム∨意図した影響システム∨情報システム／現場想像力への王道

参考文献 361

装幀　岡本歌織（Next Door Design）

第 1 章 管理会計は経営システムの要

1 組織の管理プロセスで起きていること

業務活動の実行、結果の測定、上司による管理管理会計は、組織の中の管理プロセス全体に、有益な会計的データを提供するものである。したがって、その本質の理解のためには、組織の中の管理のプロセスがどうなっているかについての理解が必須である。その議論から始めよう。

どこの企業でも、現場の業務は現場の人たちに任されている。生産現場では、生産工程ごとに現場

の作業者がチームになって作業をしている。営業現場では、営業担当者が問屋や小売店を回って自社製品を売ってもらうための販売促進活動を行っている。あるいは、小売店の店員が顧客に店頭の商品を買ってもらうようさまざまな努力をしている。

そんな努力をするときに、現場の人たちは自分たちのとる業務行動のすべてについて、上司の指示を受けるわけではない。マニュアルを見たり、過去の慣例に従ったり、ときには自分たちの判断で、かなりの部分の行動を自分たちで決めている。そして、例外的なことが発生すると、上司に報告してとるべき行動の指示を仰いだりする。基本的には、ある一定期間（日、週、あるいは月）の間の仕事を任されているのである。

しかし、その期間が終わるとその間の実績を何らかの形で観察や測定をされて、その観察・測定結果をもとにさまざまな管理をされることになる。その測定に、管理会計のデータが使われる。

任した業務がうまく遂行されていないと判断された場合には、上司による直接の行動の指示が出ることが多い。任されていたはずが、現場が直接介入を受けることになるのである。あるいは、観察・測定結果に大きな問題がなければ、その結果を評価して、現場に伝えることもある。あるいは、何もの業務活動の目標や方向性の提示を上司がすることもあるだろう。

こうして組織の管理プロセスで起きていることは、大別して次の3つである。

1. 現場による業務活動の一定期間の実行 ←

2. 実行結果の観察・測定
3. 上司による管理行動 ←

この図式は、生産課長と生産現場の間、営業課長と営業現場の間に成立するだけでなく、社長と事業部長、工場長と生産課長、研究所長と研究室長、などなど組織内の上下を問わず、上司と部下の関係があるところではすべて成立している。

社長は、事業部での事業活動の運営という仕事を事業部長に任せている。工場長は、生産課での生産活動の運営という仕事を生産課長に任せている。研究所長は、研究室における研究開発活動の運営という仕事を研究室長に任せている。いずれも、任せられている業務の大きさや範囲が違うだけで、先に述べた3つのプロセスが起きて、部下である事業部長、生産課長、研究室長は自分の業務活動の結果を上司に評価・管理されているのである。

上司は何をやっているのか

上司がこの3つのプロセスで管理者として行う管理行動の主な内容は、直接介入と評価であろう。

直接介入とは、仕事を任せたものの、問題が現場で起きたと判断されるときにその権限委譲を一時的に解除し、これをやれ、あれをやれ、と指示を出すことである。この介入があまり頻繁に起きると望ましくないのは、自明であろう。権限を委譲して仕事を任せた意味がなくなってしまうからである。業績評価とは、その一定期間の間に任せた業務活動が適切に行われたかどうかの評価である。

といってもよい。その評価によって、現場がとった行動の適切さを評価し、あるいはそうした行動をとった現場の能力を評価（つまり人事考課）することになるだろう。

さらに上司は、現場に任せていない仕事ももっている。たとえば、工場長は工場の増設・縮小計画を作る必要がある。社長は、事業部の存続あるいは拡大・縮小を決める必要がある。生産課長は、工程の組み方の改善方策を決める必要がある。すべて、現場に任された業務活動の上位にくる判断の仕事である。

直接介入のためにも、評価のためにも、そして現場に任せていない仕事の判断のためにも、上司としては現場の実態についての情報が必要である。そのために、前項で述べた管理プロセスの第２（実行結果の観察・測定）が上司にとってはきわめて重要となる。観察結果も測定結果もすべてデータと呼ぶことにすれば、現場の実績についてのデータが上司には必要なのである。このデータがあればこそ、介入すべきかどうか、どう評価すべきか、さらにはどんな上位の判断を下すべきか、上司としては考え始められるのである。

しかし、評価や上位の判断は、すべてある一定期間の期中か期末に起きる管理行動であり、介入はその一定期間任せた業務活動が終わった後の、いわば期末に行われる管理行動であろう。しかし多くのいい上司は、期初から管理のための行動をとる。それも、その期の現場の業務活動を望ましい方向へと導こうとさまざまな努力をする、という行動である。それも、上司のやるべき仕事の一部である。

たとえば、現場にその期の業績目標を与えて、その達成へのインセンティブを提示する。現場とのコミュニケーションを大切にして、現場が一丸となって努力するように心理的土壌を作る。今期に現場が気をつけるべき重点項目を明示し、それが達成されるように現場の方向づけをする。

21　第１章　管理会計は経営システムの要

こうした管理行動は、その期に望ましい現場業務活動が行われるように、という未来志向の一種の誘導活動で、期初に行われるものである。つまり、上司としては現場の業務活動に望ましい影響を与えて、いい方向へと誘導したいのである。

現場は、実質的な業務活動は任されたまま、その誘導に影響されて望ましい活動を行うようになることが期待されている。介入され、指示をされて業務活動を変える場合とは異なり、現場の自律性が保たれているために、現場のモチベーションは上がりやすいだろう。

この種の上司による現場への働きかけを、現場への影響行動と呼ぶことにしよう。これも、上司が行っている管理行動の1つの重要な部分である。

この影響が実際に機能するために、現場の業務実績の測定が重要な意味をもつことが多い。現場に重視してほしい項目について、きちんと測定する準備をすれば、測定されることを意識した現場はその重点項目に日々注意を払うことになるだろう。そして、その測定結果に基づいて期末に評価されるということになっていれば、ますます現場の注意はその項目に注がれることになるだろう。

つまり、ある実績測定をすると期初に宣言することが、その期の期中の現場の業務に影響を与えるのである。もちろん、実績測定だけが影響行動のすべてではない。そもそもどんな影響を与えるべきかを考えるのも上司の仕事であろうし、望ましい業務活動を現場が実行するための手段を現場に与えるのも、上司の影響行動の一部であろう。

こうして、上司は現場の管理のために何をやっているのか、という問いに対するシンプルな答えは、組織内の上下を問わず、次の4つである。

22

(A) 現場の評価
(B) 現場への直接介入
(C) 現場に任せていない意思決定
(D) 現場への影響

この4つのうち、一番目立たないがしかし重要なのが、(D) の影響、であろう。優れた管理者・経営者は、この影響を生み出す仕組み作りがうまい。じんわりと現場の業務活動に影響が出てきて、現場に元気が出る、業務活動が活発になる、結果として利益が大きくなる、そんなことが多いのである。そして、その影響が生まれる源泉の1つが、(A) の評価なのである。人は、評価されると思えば、その評価の方向へと行動を変える、つまり影響されるからである。

会計データが実績測定の中心

この4つの管理行動のいずれにとっても、現場の業務実績のデータはきわめて重要である。このデータがなければ、上司は管理行動をとることができない。そして、いい上司は客観的な測定データが入手しにくいところでも、自分の目による観察データなどを使って、適切に管理行動をとるのである。

たとえば、そうした観察の目があると現場が理解していれば、それ自体が現場に影響を与え、その観察対象へと現場の注意は注がれるだろう。

上司の主観的な観察というのは、しばしば重要であるが、組織全体の管理のプロセスを考えた時に

は、それだけに依存するのは無理がある。観察データの納得性にも問題があるだろうし、第一、観察能力が優れた上司ばかりではないのがふつうの組織だからである。

そこで、もっと客観性のある業務実績の測定データが組織の管理のプロセスでは望まれるようになるのは、理の当然である。そして、その測定データを会計データが提供することが多い。だから、「管理のための会計データの作成と利用」と定義される管理会計が、経営システムの要となるのである。

なぜ、会計データが組織の中の管理と経営のシステムの要となるのか。その理由は2つある。

1つには、会計データが現場業務のカネに関わる側面をすべて測定している。どんな企業でも、どんな小さな現場でも、何らかの形で会計データが使えるのである。

会計データがどこにでもある理由は、企業の外部報告（資本市場への報告）のためにも税務申告のためにも、利益計算を目的としたカネの動きの記録が必要だからである。そして、現場が何らかの動きをすれば、そこでカネが動くから、現場の活動が逐一会計データとして記録されることとなる。部品を買えば、部品代金の支払いというカネの動きが生まれる。そのために、買い入れと支払いの伝票という会計記録が生まれる。人を雇えば、人件費の支払いが発生する。これもカネの動きである。もちろん、商品を売れば、売上代金が入ってくる。これもカネの動きである。

企業活動が経済活動である以上、カネの動きはすべての現場について回る。だから、会計の実績データが何らかの形ですべての現場に、工場の1つひとつの工程から営業所、あるいは事業部に至るまで、すべての現場にあるのである。

会計データが実績データの中心となり、経営システムの要となる第2の理由は、金額表示された会

計データは、異なる現場の実績の横並び比較を可能にするからである。異なる製品を作っている工場の生産工程でも、そこで使った費用という金額データなら、どちらがより多くの費用を使ったか、比較可能になる。異なる事業を手がける事業部でも、トン数で測られた素材事業の販売実績と台数で測られた機器事業の販売実績を比較するのは無理だが、売上あるいは利益というような金額のデータであれば、事業部間の比較が可能になる。

横並び比較というのは、管理プロセスでのさまざまな判断のためにほとんど必須である。管理の対象となる部署が多ければ多いほど、すべての現場に対して等しい強度で管理するのはむつかしい。どこが問題の多い現場かを知って、そこに管理の強度を集中する必要が生じる。そのためには、横並び比較が必要なのである。会計データはそれを可能にしてくれる。

どこにでもあり、横並び比較が可能。会計データは、じつに便利なものなのである。

2 管理会計システムの二面性──情報システムと影響システム

管理会計システムとは何か

前節で説明したような上司と現場の関係は、組織の中で幾重にも重なり合っている。1人の上司に2人の部下、そして組織の階層が3つあると想定して、その上司・部下関係の全体像を描けば、図表1-1のようになるだろう。

AさんとBさんが、Cさんという上司のもとで連携して働いている。彼らが現場の最前線である。そして、そのCさんの上にさらに上司がいる。Cさんを課長と想定すれば、Dさんは部長であろう。

図表1－1　重なり合う上司・部下関係

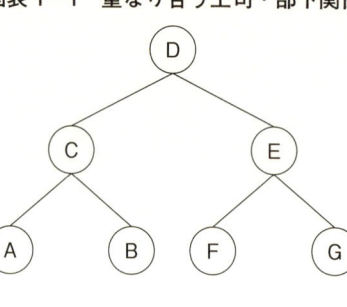

```
        D
       / \
      C   E
     / \ / \
    A  B F  G
```

そして、Dさんの下にはもう1人の課長Eさんがいて、その課長の下にはFさんとGさんという2人の部下がいる。このFさんとGさんも現場の最前線で、AさんやBさんとは違う仕事をしている。

この上司・部下関係のそれぞれで、上司は部下の行動の結果を測定し（あるいは観察し）、それをもとに部下の行動に望ましい影響を与えようとしているかを決めたり、あるいは部下の行動に介入すべきかどうかを決めたり、あるいは部下の行動に望ましい影響を与えようとしている。図を複雑にしないために、C、D、Eの3人だけの上司・部下関係での介入と影響や結果測定の関係を示すと、図表1－2のようになるだろう。

ここで、結果測定は二重の意味をもつことになる。1つは、その結果測定に基づいて介入の有無やあり方が決められるという意味。もう1つは、その結果測定に基づいて評価が行われるということから、部下の行動への影響が生まれるという意味。その評価の対象になる項目をなるべくよくしたいとCさんもEさんも思って、自分がとるべき行動を考えるからである。

CさんとEさんが生産現場の2人の課長であると想定すると、2人の担当する課の原価がきちんと管理されているかどうかを原価計算のプロセスが測定して、その測定値が部長であるDさんに届けられる。その数字が意味するパフォーマンスが評価されると思うからこそ、CさんとEさんは原価を引き下げようと日々努力をする。そして、彼ら課長の努力の大半は、現場の最前線にいる彼らの部下への働きかけという形をとるだろう。

その働きかけもまた、図表1－2と同じような形の介入、影響、結果測定のプロセスとなる。Cさんと E さんは最前線の管理という業務を行っており、最前線で働く4人も自分たちの作業の結果である生産費用が測定され、CさんやEさんに報告され評価されると思うから、現場での努力をする。

こうして、幾重にも重なり合う上司・部下関係の中で、組織全体の管理プロセスが行われていく。この中で、各階層での結果測定のデータが決定的な意味をもつことはこの図から明らかだろう。そのデータがなければ、管理のプロセスは動かないのである。

図表1－2　介入、影響、結果測定

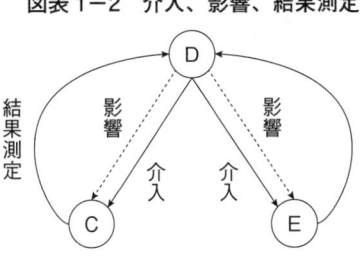

```
        D
   影響 ↙ ↘ 影響
結果   ↓ ↓   結果
測定  介 介  測定
      入 入
      C    E
```
(CとEの間に結果測定の矢印)

管理会計システムとは、こうして企業の現場のどこにでもある会計データを編集・加工して、企業の内部管理と経営のために役に立つように工夫したシステムのことをいう。

たとえば、工場の原価を測って生産活動の効率性を管理するための原価計算と原価管理のシステム。営業費用と売上を顧客別あるいは営業担当者別に細かく測って、営業活動の効率性を管理するように工夫する営業管理のシステム。事業部の売上と利益を計算できるようにして事業部の効率や事業の採算がわかるように工夫した事業部利益の計算と管理のシステム。じつに多様な管理会計システムが、企業の中では動いている。その中には、管理会計システムが、企業の中でどのような機能を果たすべきかを綿密に検討しないまま、会計データがそこにあるから管理に使おうとした結果、出来のよくない管理会計システムが作られてしまうケースもあるだろう。どんな管

理のあり方が望ましいかを考えなくても、会計データが存在してしまうために、データありきで管理会計システムらしきものは作れてしまうのである。

管理会計システムの2つの機能——情報システムと影響システム

しかし、それではもちろんまずい。管理会計システムがどのような働きをしてしまうものなのか、きちんと明示的に考えて望ましい管理会計システムを設計し、運用すべきである。

前項の議論からわかるのは、管理会計システムが上司のための情報システムと部下への影響システムという機能と、2つの機能を常にもっていることである。

上司のための情報システムとしての機能とは、管理会計システムによって現場の実績が測定され、上司に報告されると、上司はその情報に基づいて自分がすべき行動（現場に任せていない部分）を決める。その上司としての行動決定に必要な情報を管理会計システムが提供する、ということである。

たとえば、自分が部下に任せた仕事に直接介入すべきかどうかを決める。さらには、部下には権限委譲していない上司としての意思決定のための情報としても、報告されてくる実績データを使う。

図表1-1のDさんを生産部長と想定すると、2人の課長（CさんとEさん）の原価管理が適切に行われていると判断できるような実績データが上がってくれば、直接介入はせずに彼らに任せたままにする。もし不適切な原価管理を疑わせるような実績データであれば、さらに詳しい観察や指示をはじめとする直接介入に乗り出すだろう。

また、原価の実績データを見ているDさんは、原価がいっこうに下がらないというデータを見たときに、生産設備を更新する時期に来ていると感じるかもしれない。使い古した機械の不具合が、現場

28

で原価を高くしていると想像するのである。そして、生産設備の更新は課長に任せた仕事ではなく、生産部長である自分が行うべき意思決定である。

こうして、部下に任せていない意思決定のための情報システムは、単に上司のための情報システムとして機能するだけでなく、現場への影響システムとしても機能する。

機能する。しかし、こうした実績データの測定と報告は、単に上司のための情報システムとして機能するだけでなく、現場への影響システムとしても機能する。

何を測られているのか、それがどう使われるのか、に依存して、現場の人々が自分の日々の努力のパターンを変える可能性があるからである。測定され、評価されることに人間は反応する。だから、その反応する現場の人々への影響、というものが生まれる。それが、現場への影響システムとして管理会計システムが機能するということの意味である。

たとえば、Cさんは自分に与えられた原価目標の中で、ある特定製品の原価目標を達成できるかどうかで自分の評価が左右されることを知っている、としよう。そうすると、Cさんはその特定製品の原価に自分の管理努力（AさんやBさんへの管理努力）を集中し、他の製品の原価に払う注意は小さくなる可能性がある。そうした影響を、「特定製品の原価測定がとくに意味をもつ」という管理会計システムの運用が生んでいくのである。

この事例の場合、Dさんがその特定製品の原価にとくに注目する理由は、その製品の生産を中止して別な製品に切り替えた方がいいから、ということかもしれない。つまり、Dさんとしては自分が行うべき生産品目の入れ替えという意思決定のための情報システムとして機能させるために、特定製品の原価データに注目しているのである。

しかし、その原価データを測られ、とくに注目されていることを知っているCさんは、他の製品の

原価管理努力を小さくしてまで、その製品の原価管理努力に集中してしまう可能性がある。それはひょっとすると、Dさんの意図することではないのかもしれない。ふつうの原価管理努力をすべての製品にしてもらったうえで、ある特定製品の原価の動きが思わしくなければ、そこで製品の入れ替えという意思決定をするつもりでDさんはいるのに、Cさんの努力はむしろその特定製品に集中してしまう。その結果、他の製品へのCさんの努力が減り、原価の動きが望ましくない方向へと動いてしまうことになりかねない。

否応なしに二面性をもつ

この事例は、管理会計システムを上司のための情報システムとして機能させようとすると、想定外の影響が生まれる、つまり意図せざる影響システムとして機能してしまう、という例である。しかし、管理会計の測定がもたらす影響システムとしての機能をよく考えたうえで、測定の方法を決めるということもある。むしろ、その影響の側面を明示的に考え、意図した影響システムとして機能させることが必要である。

このように、すべての管理会計システムは、2つの機能を同時にもってしまう。したがって、情報システムとしてだけ機能してほしいと思っても、影響システムとしても反応するからである。人間が測定されることに反応するからである。

その二面性を管理会計システムがもっていることを深く理解し、きちんと注意を払わないと、現場でさまざまな意図せざる影響が生まれ、それが現場の行動に歪みをもたらす危険がある。情報だけほしい、と考えるのは、測定の相手が人間である以上、無理なのである。

たしかに、管理会計の大きな目的の1つは、上司のための情報システムとして、組織の複雑な階層の中できちんと機能することである。京セラの創業者である稲盛和夫氏は、名著『稲盛和夫の実学』の中で、次のように会計データの重要性を語っている。

「会計の分野では、複雑そうに見える会社経営の実態を数字によってきわめて単純に表現することによって、その本当の姿を映し出そうとしている。もし、経営を飛行機の操縦に例えるならば、会計データは経営のコックピットにあらわれる数字に相当する。計器は経営者たる機長に、刻々と変わる機体の高度、速度、姿勢、方向を正確かつ即時に示すことができなくてはならない。そのような計器盤がなければ、今どこを飛んでいるのかわからないわけだから、まともな操縦などできるはずがない」(『稲盛和夫の実学』40－41頁)

さらに、上司のための情報システムは、現場のための情報システムとしても機能する。生産課長であるCさんも、自分の原価実績データを見ると、自分が何をすべきかを考えるのである。つまり、現場の判断のための情報を、原価実績データが提供している。主には上司のために作られた情報システムでも、現場もそれを使えることが多いのである。

こうした情報システムとしての機能（上司のために、現場のために）が管理会計の重要な機能であることは間違いないが、しかし、同じその管理会計システムが現場への影響システムとしても機能することを忘れてはならない。

飛行機の計器盤の例では、飛行機はその計器で測られていること自体に反応したりはしない。モノだからである。あくまで、パイロットが操縦桿を動かすことによって飛行機は反応する。しかし、人間の組織では、部下は測定されていることに反応する。心をもち、感情をもっているからである。

31　第1章　管理会計は経営システムの要

飛行機の計器盤は、パイロットのための情報システムとしてだけ機能する。しかし、人間の組織の管理会計システムは、情報システムと影響システムという二面性を、否応なしにもってしまう。そのことを、十分に認識する必要がある。

ところが多くの人が、管理会計の影響システムとしての機能に十分な注意を払わない。だから、現場の行動に歪みが生まれる危険がある。さらには、現場が自分たちに有利になるように測定結果のデータを操作することすら起こるかもしれない。

この本は、影響システムとしての管理会計システム、という視点をとくに強調する。

3 イノベーションのための管理会計——この本の全体像

管理会計の位置づけについて——財務会計との関係

この本では管理会計システムの設計と運用について、影響システムという視点を強調して述べていくが、この章を終えるにあたってその全体像を紹介しておきたい。ただし、その紹介の前に、管理会計の位置づけについてのわれわれの考えを述べておこう。

管理会計システムはどこの企業にも大なり小なりあるものだが、そこで使われている原データが会計データ、それも外部報告や税務申告のための会計データであるために、管理会計を位置づけるのに、学問の分野でいえば会計学の一部、企業の中の役割分担でいえば財務会計という外部報告会計を扱う経理部の仕事の一部、とすることが多い。

間違いではないが、管理会計の経営システムとしての重要性を考えると、ときに歪みを起こしかね

32

ない位置づけである。正確性などを非常に気にする財務会計の常識にとらわれすぎて、組織内部の管理に役立つ会計データの工夫、という視点が薄くなる危険があるからである。

その危険は、第1節で説明した4つの管理行動の中で、（D）現場への影響、ということのための管理会計システムのあり方を考える、という視点に立とうとしたとき、おそらくもっとも顕在化する。現場の業務のどの部分をどのように測るとどんな影響が現場に出てくるか、その影響のおかげで現場の業務活動が望ましい方向へ導かれるか、という発想は、財務会計で外部に正確に報告しなければと考えている経理部の人には生まれにくいからである。

管理会計に使う測定値は推測の入ったものでも構わないこともあるが、しかしその測定値をそのまま外部報告に使うわけにはいかないことが多い。外部報告のための修正ということが必要になる。ただし、その修正行為はデータ操作と税務当局にとられかねない、という心配もある。だから、管理目的に適うような会計データになりにくいことがある。

しかも、外部報告のために正確に細かく現場の実績を測り始めるということ自体、測定単位の設定次第では現場で無用な摩擦を起こす危険がある。なぜそんな細かいことを、と現場の反発を招く危険がある。

しかし、どんな測定をすると現場に望ましい影響を与えられるか、というのはじつは管理会計では必須の思考法なのである。それは、経営上の配慮である。だからわれわれは、管理会計は経営学の一部だと考えるべきだと思う。企業の中の役割分担でいえば、経理部の仕事というよりは管理部門の中心的な仕事と位置づけるべきであろう。いかにデータ測定としては正確でも、現場の管理に役に立たないのなら、経営システムとしての意味はないからである。

多少、財務会計の常識から離れた工夫をしても、それが企業の実情と現場の実態に直結した実績測定として管理プロセスに有効ならば、その工夫を使うべきである。この本の第8章で詳しく紹介する京セラのアメーバ経営とその管理会計システムは、まさにそうした工夫の例である。

本書全体の流れ

この本の1つの特徴は、「イノベーションを実現するために役に立つ管理会計」という視点から全体の流れを工夫していることである。日本という国がイノベーション立国であり、日本企業のイノベーションを重要視した要請に、少しでも応えたいと考えるからである。

もちろん、この本に書いてあることの大半は、イノベーションの実現のために意味がある管理会計ということではなく、イノベーションにはつながらないかもしれない日常的な業務活動のための管理会計の議論として意義のあることである。ただ、イノベーションのための管理会計という横串を刺した構成にした、というのが本書の1つの特徴である。それが明瞭に表れているのは、第11章で研究開発管理システムの議論を、管理会計の枠を超えてあえて扱っていることである。

イノベーションのための経営を「どのような関門を乗り越えなければならないか」という視点から見ると、「魔の川」「死の谷」「ダーウィンの海」という3つの難所、つまり関門がしばしば指摘されている。

魔の川とは、1つの研究開発プロジェクトが基礎的な研究（Research）から出発して、製品化を目指す開発（Development）段階へと進めるかどうかの関門のことである。この関門を乗り越えずに、単に研究で終わって終結を迎えるプロジェクトも実際には多い。

34

死の谷とは、開発段階へと進んだプロジェクトが、事業化段階へ進めるかどうかの関門である。この関門を乗り越えられずに終わるプロジェクトも多い。そこで死んでしまうことから、死の谷と呼ばれる。事業化をするということは、それまでの開発段階と比べて資源投入の規模が一ケタ以上大きくなることが多い。たとえば、生産ラインの確保や流通チャネルの用意である。だから、死の谷は深いのが当然である。

ダーウィンの海とは、事業化されて市場に出された製品やサービスが、他企業との競争や真の顧客の受容という荒波にもまれる関門を指す。ここで、事業化したプロジェクトの経済活動としての成否が具体的に決まる。ダーウィンが自然淘汰を進化の本質と言ったことを受けて、その淘汰が起きる市場をダーウィンの海と表現したのである。ここには、原価管理や利益管理の工夫など、管理会計的思考を必要とする多くの経営課題がある。

それぞれの関門を乗り越えることで生まれる成果は、魔の川では開発への移行であり、死の谷では事業化の着手であり、ダーウィンの海では市場での生き残りである。そして、市場での生き残りは、小さな努力の積み重ねのプロセスである。

会計データをベースとする管理会計は、日々の業務で日常的に起きている現象の会計測定値がデータの中心になることから、発見や発明、設備投資というような大きな出来事の管理よりは、現場の小さな努力の積み重ねの管理により向いている。だから、この本の説明も、そうした現場の小さな努力の積み重ねをどう導くか、という発想の管理会計システムに重点が置かれることになる。

具体的には、第4章の業績測定単位の設定から第9章の予算管理までが、そうした「ダーウィンの海」での経営努力のための管理会計課題を論じる章である。この部分は、イノベーションのための管

理会計特有の問題が多いというより、さまざまな定常的な事業活動の管理のための管理会計のトピックとなる。

そして、これらの章で出てくる会計データの基本的理解のために、利益という会計でもっとも重視される数字の意味と、それがキャッシュフロー（現金収支）とどう違うか、を議論する章を2つ設けた。第2章「利益とは何なのか」、第3章「勘定合って、銭足らず」である。管理会計の入り口として必要な基礎概念の理解のための章である。

それに続く第4章では、業績測定単位とその責任変数をどう設定すべきか、という管理会計の測定の前提となる責任センターの問題を論じる。ここを失敗すると、会計データに基づく管理の姿はかなり歪む。ここでは、費用を責任変数とするコストセンター、利益を責任変数とするプロフィットセンター、利益だけでなくそれを生むための投資に対しても責任をもつ投資センター、といった主な責任センターが紹介される。

そうした責任センターごとに管理会計を考えるという趣旨で、第5章はコストセンターの原価管理とその背後の原価計算を、第6章はプロフィットセンターの利益管理の手法として事業部利益の計算を扱う。そして第7章は、利益を生み出すために必要な資産の効率的管理に資する管理会計の姿はかなり歪む。それは、投資センターの管理の問題でもあり、在庫や固定資産の管理の問題でもある。

第8章は、それまでの章のすべての課題の総合的考慮の実例として、京セラのアメーバ経営とその背後の管理会計システムを考える。時間当たり採算という独特の指標をベースとする管理会計である。

第9章は、組織の中の計画とコントロールの仕組みとして、管理会計をベースにほとんどの企業で行われている予算管理について、その望ましい姿を考える。ダーウィンの海を乗り切るための、経営

36

管理の仕組みの1つの具体例である。

第10章は、死の谷を越えさせるべきかどうかの判断材料の中心となる、投資採算計算のあり方を考える。この段階では不確実性も多く、採算計算に使う将来予測データの信頼性をどう確保するかが、大きな課題の1つとなる。

第11章は、もっと不確実性の大きな、魔の川のマネジメント、研究開発プロジェクトの進捗管理の方法論を考える。必ずしも管理会計データを中心に管理ができるわけではないが、管理システムのより広い議論に枠を広げたい。ここでは、ステージゲート法という多くの企業で使われている研究開発管理システムの功罪の議論が中心となる。

第12章と第13章は、影響システムという概念に焦点を合わせた議論を行う。

第12章では、管理会計システム以外にもじつに多様な影響システムがさまざまな経営者によって工夫されている事例を取り上げ、それらの工夫の意義を考える。

第13章はさらに根本的な問題を考える章で、管理会計に限らず、人はなぜ自分の実績を測定されることに反応するのか、その理由やそこから生まれがちな歪みを考える。人は、測定されて評価されるから反応するばかりでなく、ただ測定されるだけで反応することもあるのである。

終章は本書の総括にあたる章で、会計というものが経営にとってなぜ重要かを、あらためて振り返りたい。そして、会計を「経営の武器」にするためには、どんな思考やトレーニングが必要なのかをまとめる。

第2章 利益とは何なのか

1 なぜ、利益か

利益を誰もが重視する

 現場の業務実績の測定が管理会計の中心的役割だ、と前章で述べた。その測定結果を情報として経営管理にどう活かすか、また測定すること自体で現場にどう影響を与えるか。その2つの機能(情報システムと影響システム)が管理会計システムの中心的な機能であることも、前章で強調した。これからもこの本で繰り返し強調される、2つの機能である。

38

そうした管理会計システムの具体的な設計と運用を考える本章では、まず、利益とは何なのか、という議論から始めよう。「現場の業務実績の測定結果」として、管理会計システムのあちこちで常に登場するのが「利益」という数字だからである。利益というものの正しい理解なしに、管理会計システムの適切な設計もスムーズな運用も不可能である。

利益という数字が企業のあちこちで登場するのは、読者自身が経験していることだろう。企業全体で毎年計算される利益のみならず、事業部の利益、工場の利益、営業所の利益、製品の利益、課の利益、営業担当者1人ひとりがあげる利益、などなど、さまざまな局面で利益という言葉が登場し、多くの人がその大小を非常に気にする。

なぜ、利益がこれほど重視されるのか。その理由を事の本質に返って考えてみると、「出ずるを制して、入るを図る」という古い商売の格言にたどり着く。利益は、売上という事業活動の結果として企業がお客様から手に入れる金額（入る）と、費用という事業活動を行うために出ていく金額（出ずる）との、差額だからこそ大切なのである。

つまり、

利益＝売上－費用

と計算されるのだが、経営にあたっては、入るを図る（売上を大きくする）だけではだめで、そのために大きすぎる費用がかかっては事業として成立しない。またいくら出ずるを制しても（費用を小さくしても）、お客様に満足いただけなければ十分な売上をあげられず、それでも事業としては成立しない。

事業として、経営として、成立するためには、売上と費用の差額がきちんと確保されなければなら

ない。そのために、入るを図ることと出ずるを制することを、「両にらみで」同時に行う必要がある。

しかし、その平明な原則を結果として守ることができないような経営をしてしまう企業が、事業部が、世の中には驚くほど多い。

こう平明に書くと、「そんな当たり前のことを今さらなんだ」と感じる読者がおられるかもしれない。

売上を大きくする方策のほとんどが何らかの費用を伴うために、また思わぬ費用が発生することが多いために、複雑に動く現実の中でその両方の関係をバランスよく保つのは、決してやさしいことではないのである。

そして、企業の管理会計システムは、あちこちの現場でこのバランスのよい「出と入りの関係」を保つように多くの人々に努力してもらうよう、仕向けるためのシステムである。企業活動は、多くの人々の努力の集合体だからである。しかし、多数の人が同時に「当たり前のこと」をきちんと行うのは、じつはきわめてむつかしい。だからこそ、管理会計システムのあちこちでさまざまな利益を計算して、人々の注意をそこに集中させる必要があるのである。

利益を中心とした管理会計システムがなければ、企業全体として最終的な「出と入りの関係」をバランスよく保つことは、到底できないであろう。

利益が測っているもの

出と入りの関係をバランスよく保つ、と述べたが、そのバランスを金額表示という「経済的価値」の次元で見せているところも、利益という数字の1つの本質である。

製鉄事業を例にとって考えてみよう。出とは、企業が買うインプットへの出費である。インプット

の代表例は、鉄鉱石であり、石炭であり、また働く人々であり、巨大な生産設備である。そうしたヒトやモノを投入して、製鉄事業では鋼板や鋼管をアウトプットして生み出している。

物理的に捉えると、インプットとしてはトンで計られるものの、人数で計られるもの、さまざまである。またアウトプットとしても、鋼板は枚数やトンで計られるもの、鋼管は本数やトンで計られる。インプットもアウトプットも、測定単位はそれぞれの物理的特徴に応じてさまざまである。

費用という数字は、個々のインプットの使用量に購入単価を掛け算して金額表示した後、すべてのインプットにわたって足し算したトータルの数字である。売上という数字は、製品ごとに販売数量に販売単価を掛け算して金額表示した後、すべての製品にわたって足し算したトータルの数字である。

金額表示をするということは、経済的価値ですべてのインプットやアウトプットを表現する、ということである。だから、経済的価値という次元で、すべてのインプットとすべてのアウトプットを横に並べて、足し算することに意味が生まれる。全体の経済的価値はどの程度か、を測るための足し算である。

トンや台数という物理的数量だけ表現されていたら、足し算することの意味はない。さらに、経済的価値として金額表示がされているからこそ、売上から費用を引き算することができる。それではじめて、企業全体の入りと出の差額が、経済的価値として計算できるのである。

金額表示されるおかげで、あちこちで足し算や引き算が簡単にできるし、またその結果が意味をもつ。金額表示とはまことにありがたいものである。

だから会計が、企業の中の唯一の「共通」言語になるのである。その金額表示計算を担当するのが、会計である。

41　第2章　利益とは何なのか

図表2-1　会計利益のイメージ

企業

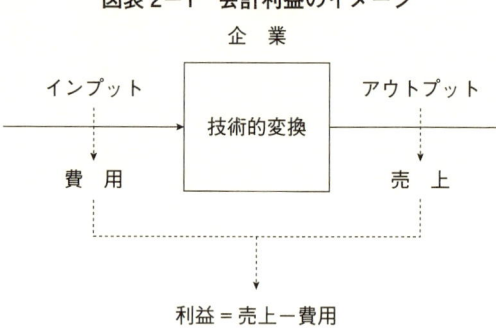

インプット → 技術的変換 → アウトプット

費用　　　　　　　　　　売上

利益＝売上－費用

以上で述べたことを、より一般的かつ抽象的に図示すれば、図表2-1のようになる。企業とは、インプットを市場から調達し、アウトプットを市場で売っている存在で、インプットをアウトプットに変換する技術的変換が、企業活動の本質である、とこの図では考えられている。

そして利益とは、インプットの購入や使用にかかった費用をアウトプットの販売金額（売上）から差し引いた数字である。その数字の大きさが、技術的変換が効率的かつ有効に行われたかどうかを示している。インプットの効率的な利用、アウトプットの有効な確保（顧客を見つけて適切な価格で販売すること）の両方が行われてはじめて、利益がプラスになる。

そして、利益が大きいということは、社会（つまり顧客）が求めるアウトプットを小さな費用で提供できているということになる。

逆に、利益がマイナスだということ（赤字）は、技術的変換に要する費用を賄うだけの社会からの需要がないということを意味する。

つまり、企業の行っている技術的変換の社会的な効率性の指標に利益がなりうるのである。利益の大きい企業は技術的変換がよりうまい、とみなされるようになる。だから、利益は経営者の経営能力の指標として重視される。経営者の

そのうえ、利益は金額表示だから組織間比較もできる。

42

経営能力とは、つまるところは企業の中核的活動である技術的変換をいかにきちんと経営できるか、というところに帰着するからである。

2 利益計算の基本構造

損益計算書で計算される利益

会計には、大別して2つの分野があると思ってよい。1つは、企業全体の利益を計算し、その結果を外部（主に資本市場）に報告するための、財務会計である。もう1つは、この本で対象にしている管理会計で、企業内部の経営管理に利用するための会計である。

外部報告のための財務会計では、会計処理のルールが法令などでさまざまに定められている。報告される数字の企業間の比較可能性を担保するためには、バラバラの会計処理では具合が悪いからである。

他方、管理会計システムにはそうした法令的な規定はないのでさまざまな工夫の余地があるのだが、財務会計で準備される会計データが管理会計の基礎となることが多い。

この節では、前節で簡単に「利益＝売上－費用」と表したものが、財務会計の世界でどのように計算されるか、その概要を企業が作成する決算書（いくつかの種類があり、まとめて財務諸表という）に則して説明しておこう。

企業が作成する決算書のうち、利益を計算することを目的としているのが損益計算書である。図表2－2にその基本構造を示した。左端に(+)とつけたのは、収益と呼ばれる、利益を増加させる項目である。企業にとって最も重要な収益は売上だが、利息や配当を受け取るなど、それ以外の稼ぎも生じ

43　第2章　利益とは何なのか

図表2-2 損益計算書の基本構造

(＋)	売 上 高	×××
(－)	売上原価	×××
	売上総利益	×××
(－)	販売費及び一般管理費	×××
	営業利益	×××
(＋)	営業外収益	×××
(－)	営業外費用	×××
	経常利益	×××
(＋)	特別利益	×××
(－)	特別損失	×××
	税引前当期純利益	×××
(－)	法人税など	×××
	当期純利益	×××

ることがある。そこで会計では、これらの稼ぎをまとめて収益と呼んでいる。

それに対して、左端に(－)とあるのは、利益を減少させる項目、すなわち費用である。そして、何も符号がついていないのが、収益と費用の差額として計算される利益である。企業活動ではさまざまな収益・費用が発生するため、損益計算書ではそれらをいくつかに分類し、利益がどのような活動によって生じたのかを細かく表示している。上から順に見ていこう。

損益計算書は、一番上に顧客への販売金額を示す売上高を表示し、そこから売上原価という費用を控除して売上総利益を計算する。ここで売上原価とは、売れた製品の製造原価を指す。第5章で詳しく取り上げるが、製造原価には、生産部門で発生した材料費、労務費、そして外注加工費や減価償却費（後述）などの経費が含まれる。

売上総利益から販売費及び一般管理費（販管費）を控除して計算されるのが、営業利益である。販売費には、営業部門で発生する人件費や減価償却費、広告宣伝費などが含まれる。一方、一般管理費には、本社で発生する諸費用や研究開発費などが含まれる。営業利益は、売上高から通常の事業活動で発生する費用をすべて引いた後の利益であるから、多くの企業は、金融活動がメインの事業ではないとしても、「本業の利益」と呼ばれることも多い。メインの事業に付随する活動として余

剰余資金を他の会社に貸して利息を受け取ったり、株式投資によって配当をもらったりしている。損益計算書において、こうした本業以外で経常的に発生する収益は、営業外収益と呼ばれる。受取利息と受取配当金が、その代表例である。

一方、銀行から資金を借り入れたり、社債を発行したりしている場合には、債権者に対して利息を支払う必要がある。その際の支払利息は営業外費用として表示される。営業利益に営業外収益を加算し、営業外費用を減算して計算されるのが、経常利益である。

それに続く特別利益と特別損失は、その名の通り臨時的に発生する項目である。土地などの固定資産を売却することで得た利益や、災害や事業構造改革（リストラクチャリング）で生じた損失が含まれる。税引前当期純利益は、経常利益にこれらの項目を加減して求められる。

損益計算書の最後では、法人税など（法人税、住民税および事業税）を控除して当期純利益が計算される。当期純利益は、すべての収益からすべての費用を引いた利益であり、この利益に基づいて、株主に支払われる配当や自社株買いの限度額などが決定される。

損益計算書の最後に書かれている数字で、かつ株主にとってもっとも意味のある数字であるので、当期純利益のことをボトムライン（最後の線）と呼ぶことも多い。これに対して、損益計算書の最初に出てくる数字は売上なので、売上のことをトップラインと呼ぶことがある。

利益とは「株主に帰属する会社財産の増加分」

こうして損益計算書に登場するさまざまな利益の概念はすべて、その本質は、株主に帰属する会社財産の増加分を測定しようとするものである。それが、株式会社の財務会計の基本である。

「株主に帰属する」という言葉をつける意味は、株式会社というものの構成要素と法的成り立ちを考えれば、理解しやすいだろう。

企業というものの構成要素として、誰もが思い浮かべるのは、従業員と株主であろう。現場で汗を流して働いてくれる従業員がいなければ、企業の仕事はできない。しかし、株主が提供する資本がなければ、そもそも生産設備を買えないし、原材料も仕入れられない。株主の提供する資本は企業が解散するまでは逃げないことを約束したおカネだから、そうしたいわば「タネ銭」がなければ、金融機関もカネを貸さないだろう。

このように、従業員も株主もともに企業になくてはならない構成要素なのだが、しかし、法人としての株式会社の制度では、会社の財産は究極的には株主に帰属することになっている。従業員はその財産を使って事業活動を行う。会社の財産は株主に帰属する会社の財産が事業活動などによって毎期どう変動するか（増えるか、減るか）を測定しようとするのは、当然である。その財産の増加分から配当などが支払われるからである。

たとえば、営業利益は通常の事業活動が生み出す利益で、その分だけ会社の財産は増えている。もちろん、営業利益がマイナス（赤字）になれば、それだけ会社の財産は減ることになる。経常利益は事業活動以外に経常的に生まれる収益と費用を営業利益に加算・減算しているものだから、事業活動を含めた経常的な活動全体が生み出す会社の財産の増減を測っている数字である。

さらに特別損益は、資産の売却益や売却損、災害による財産の消失など、まさに「非日常的なイベント」によって会社の財産が増減する部分を示している。したがって、ボトムラインである当期純利益は、その決算期に会社の財産（株主に帰属する正味財産）が、さまざまな要因をすべて（災害も税

46

金も）入れてどの程度増減したかを示す数字なのである。

貸借対照表では利益はどう反映されるか

会社の財政状態を示す決算書が、貸借対照表のようなものか、見えてくる。この作られ方を見ても、利益という概念がどのようなものか、見えてくる。

貸借対照表は、企業がどんな資産をもっているか、必要な資金をどこから集めたか、を明らかにする決算書である。それは、図表2－3が示すように、左右2つの側面をもつ。

貸借対照表の左側は「資産の部」と呼ばれ、企業が所有する資産のリストが示されている。たとえば、現金預金、売掛金、棚卸資産（いわゆる在庫）は、代表的な資産である。これらは比較的換金性が高いことから、まとめて「流動資産」と呼ばれる。

企業はさらに、土地、建物、生産設備などの資産も所有している。これらの資産は、事業活動で長期間使用することを想定されていることから「固定資産」と呼ばれる。固定資産のうち、物理的な形態をもつものを「有形固定資産」といい、法律上の権利（たとえば特許権）などの「無形固定資産」とは区別される。

流動資産も固定資産も、もともとは企業がカネを出して買ったものである。貸借対照表の右側は、その購入資金をどこから集めたかを示すもので、大きく「負債の部」と「資本の部」（または純資産の部、ともいう）

図表2－3　貸借対照表の基本構造

資産	流動資産	流動負債	負債
		固定負債	
	固定資産	払込資本	資本
		留保利益	

47　第2章　利益とは何なのか

の2つに分けられる。

負債とは、すなわち借金で、企業に支払義務がある金額をいう。具体的には、銀行からの借入金、社債、買掛金といった項目が該当する。借入金はまさに銀行から集めた資金であるし、社債は社債の購入者から調達した資金、買掛金は仕入れ先から一時的に（商品の代金の支払いを済ますまで）調達した資金、ということになる。

負債は、返済期限が迫った（通常、1年以内）流動負債と、すぐには返済する必要のない固定負債の2つに区分表示される。

一方、資本は株主からの資金提供を表しており、主に資本金などの払込資本と、内部留保された利益すなわち留保利益（利益剰余金）の2つから構成される。利益剰余金のような内部留保は、法律的には株主に帰属する財産が企業に留保されているものなので、資本の一部とみなされる。

資本と負債との決定的な違いは、資本には返済義務がないことである。つまり、負債がいつかは企業から引き上げられることを想定した、いわば「逃げるカネ」であるのに対して、資本は企業という法人が継続して存在する限り企業の中にとどまることが約束された「逃げないカネ」である。

企業は債権者や株主から調達したカネで資産を買うため、「資産＝負債＋資本」という関係が常に成立する。貸借対照表は、左右の金額が常にバランスすることから、バランスシートと呼ばれることも多い。

企業があげる利益が貸借対照表にどのように表れるのかを、簡単な例で示してみよう。

たとえば、原価10万円の製品を製造して在庫でもっていたものを15万円で現金販売したとしよう。

この場合、損益計算書では、売上高15万円から売上原価10万円を引いて5万円の利益が計算される。

一方の貸借対照表では、製品在庫の10万円という資産がなくなり、現金15万円という別の資産が増えることになる。だから、左側に表示される資産の合計金額が5万円増える。

では、貸借対照表の右側はどうなるか。利益は株主の財産の増加分なのだから、資本の部にある留保利益という項目が5万円増えるのである。その結果、貸借対照表の左右ともに5万円の増加となり、バランスが維持される。

以上から、貸借対照表の資産と資本がともに増加することがわかる。

では反対に、損失（赤字）を計上するとどうなるか。その場合は、損益計算書で損失が計上された分だけ、貸借対照表の資産と資本がともに減少する。

つまり、赤字は資本の残高を減少させるのである。これが長く続けば、まず留保利益がゼロになり、ついでマイナスになる。払込資本があれば、正味の資本の残高はマイナスにならないが、留保利益のマイナス残高が払込資本より大きくなると、資本の部全体がマイナスになる。

その状態でも貸借対照表の左右をバランスさせるためには、企業は負債によって資本のマイナス分を補わなければならない。この状態を、債務超過という。債務超過は、抱えている借金よりも返済に充てられる財産が少ない状態であるから、倒産の危機にある企業ということになる。

企業のあげる利益は、こうして資本という会社財産を増加させるものなのである。資本を維持拡大できなければ、投資もできないし、事業活動の維持もむつかしくなるであろう。だから、利益は企業の存続基盤なのである。だから、赤字は悪、利益を確保することが経営の最重要課題、としばしばいわれるのである。

49　第2章　利益とは何なのか

3 EBITDAと付加価値、という差額指標

EBITDA

前節で説明したように、売上から費用を引いた数字として利益は計算されるのだが、同じように売上から費用を「部分的に」引く差額指標として、他にもさまざまな利益類似指標の工夫の余地がある。株主に帰属する財産の増加分を計算するという目的とは違う、別な情報を集めようとする目的を設定したうえでの差額計算である。

そうした工夫は、「どの費用をあえて引き算しないか」の工夫である。利益と同じように、その計算は金額表示される売上を出発点とする差額計算なのだが、「何のために売上からの差額指標を計算するのか」という目的を明確にして、その目的に合うように「どの費用を引かないか」を決める。

引き算しない費用項目がある（一部の費用だけ引き算している）という点だけが財務会計上の利益の概念と違うのだから、じつはそうした指標は財務会計で計算される利益から簡単に逆算できる。財務会計の利益計算で引かれてしまっている費用項目を足し戻せばいいのである。

たとえば、当期純利益を計算するまでの過程で「株主に帰属する財産の増加分の計算」のためには引かざるを得なかった費用項目のいくつかを足し戻す工夫として、EBITDA（Earnings before Interest, Taxes, Depreciation and Amortizationの略）という指標が企業間比較によく使われるようになってきた。金利・税金・償却前利益、という概念である。「前」とは、差し引き前ということで、つまりは金利も税金も特別損益も計上せず、資産償却もしなかったとして計算される仮想利益、とい

うことである。

計算式は、次のようになる。

EBITDA＝税引前利益＋特別損益＋支払利息＋減価償却費

当期純利益に足し戻されている項目はすべて、収益性や競争力の企業間比較をする際に「雑音」になりやすいものである。

税金は国ごとに異なる税制の影響を受けるから、その税金を差し引いた利益額では事業の収益性の企業間比較（とくに国際比較）には雑音となるし、特別損益はその時の特殊事情によるものだからこれも「定常状態の比較」のためには雑音といえる。

また、支払利息の大小は企業の財務構造（借金の多さ）に依存するもので事業活動の競争力（資産の使い方のうまさ）とは直接関係ないし、減価償却費も設備投資を積極的に行えば大きくなるので、それを差し引いた利益数値では企業の真の競争力を過小評価する危険がある。そういった理屈で、「差し引き前」の数字を計算するのである。

もっと簡便な方法として、次のような式が使われることもある。

EBITDA＝営業利益＋減価償却費

営業利益の計算の際には、支払利息も税金も特別損益もまだ引かれていないので、減価償却費を足し戻してやるだけでいいのである。ただ、最初の式との計算上の違いは、金利収入や配当収入という営業外収益が2つめの式では入らないことになっている点である。こうした営業外収益を入れた方が事業の収益性をより適切に評価できるかどうかは場合によるので、それを考えてどちらの式を使うかを決めればいいだろう。

EBITDAの使い方としては、M&Aを考えているような場合に、買収先企業の企業価値（つまり買収で支払う金額）を算定する必要が管理会計として生まれるが、その価値計算をEBITDAの何倍まで適切と考えるか、というような使い方がある。たとえば、EBITDAの6倍から7倍程度までがふつうは適切な企業価値と考えられるといわれる。あるいは、企業内で事業ごとのEBITDAを計算して、各事業の価値を評価し、さらなる投資の是非を決める、という使い方もあるかもしれない。

付加価値

前節で財務会計の利益という概念を説明する際に、次のように述べた。

「従業員も株主もともに企業になくてはならない構成要素なのだが、しかし、法人としての株式会社の制度では、会社の財産は株主に究極的には帰属することになっている。従業員はその財産を使って事業活動を行う、雇用されている存在である。そこで、株主が自分たちに帰属する会社の財産が事業活動などによって毎期どう変動するか（増えるか、減るか）を測定しようとするのは、当然である」

この説明では、「企業という経済組織体が生み出した経済的価値」である利益を、企業の構成要素の1つである「株主」に帰属すべき経済的価値、とみなしている。だから、利益は「株主に帰属する会社財産の増加分」と定義されるのである。

しかし、この概念だけが企業が生み出し立するためには株主ばかりでなく従業員も必須の存在であることをきちんと考慮に入れて、「企業が存いう経済組織体そのもの」が株主と従業員の協力体として生み出した経済的価値の大きさはどれくら

いか、と問う立場も当然ありうる。つまり、誰に帰属するかを問う前に、「企業という存在そのもの」が生み出した経済的価値を測ろうとする立場である。そのための差額指標が、以下で説明する「付加価値」という概念である。

付加価値の定義は、「企業の売上という外部からの収入から、その売上を生み出すために企業が外部から購入したインプットの費用を差し引いたもの」である。つまり、次のように示すことができる。

付加価値＝外部からの収入（売上）－外部購入インプット費用

この概念のカギは、「外部から購入した」という言葉にある。企業という経済組織体を、その中に従業員も株主もともに存在する組織体と考えれば、その「外部から」とは文字通り、企業の外の市場から、ということである。したがって、従業員は「企業内部」の人たちと考えられるため、企業に支払われる人件費は「外部から購入したインプットの費用」には入らないことになる。

42頁の図表2－1をもう一度、見てほしい。この図で、企業は外部の市場から購入したインプットに技術的変換を施して、その変換結果としてのアウトプットを外部の市場に売る存在として捉えられている。そして、利益とはアウトプットの価値（売上）からインプットの価値（費用）を引いたものだ、とイメージした。

このイメージは変えずに、何が外部から購入したものかを判断する際に、従業員は企業の内部に存在するものと考えれば、このイメージの概念と等しいものが付加価値なのである。従業員は企業の「外」の存在と考えれば、人件費は当然、外部購入インプット費用の一部になる。従業員を企業の「内」の存在と考えれば、人件費は外部購入インプット費用には含まれない。

つまり、財務会計上の利益という概念とここで説明している付加価値という概念の違いは、従業員

53 第2章 利益とは何なのか

を企業の外の存在と考えて売上からの差額指標を作るか、企業の内の存在と考えて差額指標を作るか、それだけの違いである。

付加価値という概念は、経済学の世界ではしばしば企業の生み出した価値の概念として使われる。企業という概念が生み出す経済的価値が付加価値で、そこから株主への分配である配当と従業員への分配である人件費が、企業という存在から流れ出していく、と考えるのである。付加価値に対する人件費の割合を労働分配率と呼び、しばしば経済の論議で出てくるのは、こうした考えによるものである。

ただ、株式会社という存在は、株主に帰属する会社財産をその実体とする法人であるので、財務会計上は人件費はもちろん外部流出費用である。しかし、生み出された価値が誰に帰属するかを議論する以前に企業という経済組織体の効率性を議論する際には、付加価値という概念の方が適切であることも多い。企業を運営するには資本も労働もともに必要だからである。

とくに、企業の中を小さな組織単位に分けて（たとえば、事業部、工場、さらに細かく1つひとつの生産工程など）、それぞれの効率を測ろうとするときには、人件費を差し引く前の付加価値という概念の方が適切であることが多い。

たとえば、第8章で紹介する京セラのアメーバ経営というユニークな管理会計システムの中で、小さな組織単位であるアメーバの業績指標として使われているのは、付加価値なのである。第8章で詳しく論じるが、組織の成果を測る指標として財務会計上の利益ではなく付加価値を使っている点が、アメーバ経営の成功の1つの大きな要因だと思われる。

組織の成果を測る指標としての付加価値という概念は、一国の経済の生み出した経済的価値の測定

54

にも使われている。われわれが毎日のように経済の動向を考える時に使っている経済成長率という概念は、GDP（Gross Domestic Product：国内総生産）の毎年の伸び率のことであるが、そのGDPとは「国が生み出す付加価値」という概念なのである。

国という経済単位の「差額指標」が利益概念ではないのはある意味で当然で、国には株主に該当する存在はなく、存在するのは国民という人々だけなのである。もちろん、その国民の中が、多くの企業の株主や従業員というさまざまな立場に分かれてはいるのだが、その全体が国であるのだから、当然に国が生み出す「アウトプットとインプットの差額」は付加価値になるのである。

こうした概念的基盤をもつ付加価値は、じつは財務会計の利益の数字から簡単に逆算できる。それは、次のような式の書き換えをしてみればいい。まず、営業利益は売上から人件費も含むすべての事業活動の費用を差し引いたものだから、

営業利益＝売上－（人件費＋人件費以外のすべての外部支払費用）

となる。したがって、

営業利益＝（売上－人件費以外のすべての外部支払費用）－人件費

と書き換えられる。この式の括弧の中は付加価値の定義そのものだから、

付加価値＝営業利益＋人件費

となるのである。

4 利益はオピニオン？

財務会計のルールに則って、会計上の利益は計算される。しかも、44頁の図表2—2のようなきっちりとした感じのフォーマットを見ると、いかにも利益という数字の計算がかっちりしたものに見えるかもしれない。

発生主義における、認識という問題

しかしそもそも、ある期間の企業の売上や費用をどう計算するかは、じつはそれほど簡単でない場合がある。ある期間に「発生した」と考えられる売上や費用を計上する、というのが「発生主義」と呼ばれる財務会計の大原則なのだが、その発生の認識が、案外むつかしいケースがあるのである。

たとえば、建設、造船、ソフトウェア開発といったような、製品の完成までに長い時間が必要となる事業での毎年の売上の発生の認識は、どうしたらいいのか。

製品が完成して顧客に引き渡された時点で売上が発生したと認識するのがもっとも簡単だが（これを販売基準あるいは工事完成基準という）。しかしこの売上計算法だと、たとえば3年かかる工事期間中、3年目の最後に売上が認識され、それまでの2年間は売上がゼロということになってしまう。

それでは、どこかおかしい。最初の2年間も工事費用の投入は当然あるわけで、その費用認識を費用が発生したことで行うのなら、売上ゼロの2年間は赤字続きで、最後の3年目に大きな利益が出ることになる。したがって、工事や開発が進行している期間中にも、売上が発生していると認識しないと、その事業の本当の収益性を正確に表現したことにならない、という意見も十分ありうる。

56

そこで、工事進行基準といって、全体の工事の何割が今期進行したと見なすか、という計算をして、その分だけ売上が今期に「発生したと見なす」売上認識方法が使われている。そして、こうした工事や開発案件を抱えている企業は、個々の案件ごとに売上の認識を工事完成基準で行うか工事進行基準で行うか、合理的な根拠のもとに決める必要がある。そこに、ある程度の自由度が生まれる。

費用の認識にも、発生主義会計では認識の幅がありうることがしばしばある。利益計算では今期に発生した売上に「対応した」費用を今期に発生した費用として引かなければならないが、この対応関係のつけ方が案外むつかしい。

たとえば、過去に買った設備を使って今期に生産した時、その設備の購入費用の一部を今期発生した費用と考えるべきではないか。設備を購入した時に一気に費用計上してしまうと、購入時には費用の過大計上、その後の長い使用期間では費用の過小計上ということにならないか。

この問題を解決するために、「減価償却」という会計的手続きがとられる。設備を購入した時にはその購入金額を資産として計上して、毎年その資産が使用によって減価していくとみなし、その減価分だけ費用が発生したと認識する、という会計処理である。しかも、資産が減価していく金額の計上方法にも、定額分だけ減価すると考える方法、定率的に減価すると考える方法など、さまざまな選択の余地がある。まさに、費用の発生額が企業による認識に依存するのである。もちろん、勝手に減価償却の方法を選択していいわけではなく、財務会計にも一定のルールはあるのだが、そのルールの範囲内なら企業の判断に委ねられているのである。

あるいは、今期に生産した製品の費用と今期に発生した売上との対応関係のつけ方にも、認識の幅がある。もちろん、今期の生産費用（部材の購入金額、生産に必要な人件費や水道光熱費など）はか

なりの精度できちんと認識できるであろう。しかし、今期の生産はすべて今期の売上に対応しているわけではない。過去に生産した製品が今期に売れることもあるだろうから、その売上に対応させるべき費用は過去の生産費用の中の今期売上分である。

また、今期の生産の中には将来のための在庫として生産したものもあるだろうし、あるいは今期に売り上げるつもりで生産したのに売れずに在庫として残ったものもあるだろう。

そうした在庫は「将来の売上のための資産」とみなし、今期の売上に対応する費用としては計上しないのが、正しい「売上と費用の対応関係」であろう。しかし、今期の生産費用のうち、どれを在庫として資産計上し、どの部分を今期の売上に対応させるべき費用（図表2—2の売上原価）として計上すべきかを判断するのは、案外むつかしいのである。

もう1つ費用認識のむつかしさの例として、今期にあげた売上の中に、実際に現金として回収できないものが混じっている（つまり、回収不能売上）ことが予想される時、その回収不能分を今期の費用として認識すべき、という例を挙げよう。典型的なのは、「銀行がさまざまな企業に貸し付けた金額のうち、貸し倒れると予想される金額は今期の費用として認識すべき」という例である。しかし問題は、回収不能額をどう推定し、認識して、計上すべきか、である。

認識すべき、というところまではいいだろう。統計的に回収可能額が推計できる場合には、「認識の問題」は生まれにくいが、しかしそんなデータがないときに、どの程度の損失が生まれると認識すべきか。これは簡単ではない。

このように、売上の認識にも費用の認識にも、企業による判断の余地が残されている状況がかなりある。なぜそうした判断の余地を残さざるを得ないかといえば、それは企業ごとに経営環境や取引の

58

実態が異なるため、ある企業に適合する処理が、他の企業にも適合するとは限らないからである。であれば、すべての企業に画一的な処理を強制するよりは、複数の会計処理の方法を妥当なものと認め、その中から企業に選択させる方がよいと考えられる。これが、複数の会計処理が存在する理由であり、だからどの方法を選択するかの判断の余地が残るのである。

その判断の余地がさまざまにある。そして、さまざまな判断の積み重ねが、最終的な利益の数字に集約されてくる。だからしばしば会計の世界では「利益はオピニオン」といわれるのである。企業の、経営者の、会計担当者の、売上と費用の発生の認識についてのオピニオンが、計算される利益数値の背後にあることを警告する言葉である。

現場が利益を「つくる」ようになる危険

利益というかっちりとした数字に見えるものの計算の背後に、多くの（しばしば主観的な）判断が存在するという事実は、現場が利益を都合よく操作する恐れが生まれるということでもある。

たびたび世間を賑わせている不正会計のニュースのほとんどは、経営者が利益という数字を操作してしまっているため、財務会計の利益はしばしば「経営者の経営能力の評価指標」としての意味をもったというものである。経営者は、他人から経営能力がないと思われたくないがために、ときとして不正な会計処理に手を染めてまで、赤字を回避したり、目標利益を達成しようとしたりする。

それと同じようなことが、管理会計の世界で（企業内部の上司と部下の間で）起こる可能性は十分にある。たとえば、部門ごとの利益を社内に公表している企業も少なくないだろう。それを見て、上位に入った部門の人々は達成感を得られる一方で、下位部門の人々は負けたことをよしとしないであ

ろう。その結果、上位部門は今の好業績を維持するため、下位部門は他部門に勝とうとして、さまざまな創意工夫を重ねるようになる。利益計算が影響システムとして機能するのである。そして、そうした創意工夫がまっとうなものである限り、その影響はプラスのものと評価してよい。

しかし、ときに現場が、よい評価をもらうために、会計処理に必要な判断の余地を悪用して、利益を実態よりも大きく見せようとするかもしれない。具体的には、どんなことが起こるのか。先ほど紹介した工事進行基準をめぐる、現場の歪んだ行動の例を紹介しよう。

ある建設会社が、長期請負工事の開始後、工事利益（＝工事収益－工事原価）を現場の業績指標に用いることにしたとしよう。工事進行基準では、当期の工事収益（売上）は次のように計算される。

当期工事収益＝受注金額×工事進捗度－すでに計上された工事収益

この式で、「受注金額」は契約時に（一応は）確定しているはずである。また、「すでに計上された工事収益」というのは過去の成果の累積なので、今から変えることはむつかしい。したがって、当期に現場が売上面で左右できそうなのは「工事進捗度」のみである。この工事進捗度は、しばしば次のような算式で推定される。

工事進捗度＝実際工事原価累計額÷予定工事原価総額

つまり、予定した工事の原価総額でこれまでにかかった工事原価を割ったものを進捗度とするのである。実際の工事原価の使用ペースと等しいスピードで工事そのものが進捗している、と想定しているわけである。

この方式では工事進捗度が高いほど多額の工事収益（売上）が計上され、それに伴って工事利益も増えることになるため、現場は工事進捗度を高めたいという動機をもつだろう。進捗度を高めるには、

この式から明らかなように、2つの方法がある。

1つは、分子の「実際工事原価累計額」を大きくすることである。そもそもこの式は、工事が進むにつれてコストが増えていくことを前提としている。だから、現場が迅速に工事を進めれば、この原価累計額は大きくなる。

しかし、何を当期の工事原価に含めるかについては、じつは裁量の余地がある。たとえば、当期に現場に搬入されたがまだ使っていない資材のコストを含めるか否かを、誰かが判断しなければならない。その判断を現場に任せた場合、現場はできるだけ多くのコストを当期の工事原価に含めようとするかもしれない。

ここに、悪影響の源がある。

工事進捗度を上げるもう1つの方法は、分母の「予定工事原価総額」を小さく見積もることである。この予定総額は、工事を受注する前の時点で推定される金額から、当期までに起きた工事開始後の設計変更や資材価格の変動、予期せぬ事態の発生などによる修正を毎期加えて計算し直すものである。

この金額を小さく推定すれば、同じ工事原価累計額（分子）であっても、工事進捗度は大きく計算されることになる。それで、当期の工事収益（売上）は大きく計算されることになる。

現場は、こうした不確実性を利用し、何かと理由をつけて予定工事原価総額を引き下げようとするかもしれない。たとえば、設計変更による追加発注を遅らせて、その分だけ原価総額への反映を遅らせれば、当期の見積もり原価総額は小さくできる。あるいは、「これからコストダウンに邁進します」と宣言して原価総額の見積もりを低く見積もる可能性もある。

こうした「予定工事原価総額を低めに推定する」という行為は、工事進捗度という計算を通じて、

実際の工事の進行状況とは無関係に予定原価を下げるだけで工事収益（売上）も工事利益も増える、という不思議な現象につながりうるのである。

この例が示すように、利益を業績指標に用いることによって、現場は見かけ上の利益の数字をよく見せるための不健全な行動をとり始める危険がある。したがって、多額の利益が計算上出ていたとしても、その数値は現場の実態を適切には反映していないかもしれないのである。

大切なのは、現場想像力

現場が前項のような行動をとり始めると、何が起きてしまうか。

情報システムの観点からは、どの工事案件が順調に進んでいるのか、どこかで問題が起きていないか、といったことを上司が知るための手がかりとして、利益という業績指標が役に立たなくなる。同様に、現場で働く人々にとっても、自分たちの行動の成果として何が正しい数字なのか、わからなくなってくる。そのせいで、上司だけでなく、部下の判断やアクションにも遅れやミスが出てしまうだろう。

さらに、利益のごまかしが繰り返されると、部下はついつい「利益はつくれるもの」と感じるようになってしまう。

本来、上司は、利益を業績指標とすることによって、部下に売上と費用の両方を意識して行動することを期待しているはずである。しかし、利益を歪める行為が社内に蔓延すると、部下は日常業務で努力することを怠り、決算が近づくにつれてつじつま合わせの行動ばかりとるようになる。つまり、利益に基づく業績評価が、影響システムとして機能不全を起こしてしまうのである。

こうした問題を回避するためには、会計データを信用しすぎないことが重要となるが、それに加えて、会計データを使う人には「数字の背後に現場のどんな実態が潜んでいるのか」を想像する力が強く要求されることになる。1つの数字が現場のどんな行動から生まれてきたのか、そのプロセスをリアルに想像できる、現場想像力である。

もちろん、現場想像力はすぐに身につくものではない。しかし、そうした想像力こそ重要という思いを強くもち、会計データと現場の突き合わせを繰り返すことで、徐々に鍛えられていくだろう。上がってきた会計データをもって現場に出向き、「実態がこうだと、こういうデータが出てくる」という規則性を把握するためのトレーニングを習慣化することが肝要であろう。

現場想像力が身についてくると、現場がおかしな行動をとっている場合には、会計データを見るだけでそれを見通すことができるようになる。京セラの稲盛氏は、「真剣に資料を見つめていると、数字の間の矛盾やおかしな数字が、どういうわけか目に飛び込んでくる」という（『稲盛和夫の実学』101頁）。これはまさに、創業当時から会計データと現場の突き合わせを繰り返し、高い現場想像力をもっている同氏だからこそなせる業であろう。

もう1つ、現場に与える影響を意識して管理会計システムを設計することもきわめて大切である。現場想像力が必要になる。現場想像力に乏しい人は、不用意に会計データを要求し、その現場にマイナスの影響を与えてしまいがちである。人はその結果としてそのデータで測定されている現場に、良くも悪くも行動を変える、変えてしまう。これは、本書の全体を通じて繰り返し強調されるフレーズである。

されど、利益

本章で述べてきたように、利益は決して完璧な指標ではない。しかしそれでも、もっとも大切な指標は利益である。その理由は、2つあると思われる。

1つは、第1節で強調したように、利益がインプットとアウトプットの差額計算を行っていることにある。人間は弱い生き物であるから、インプットだけで評価されると、ついついアウトプットをおろそかにしてしまう。生産部門における品質を犠牲にしたコスト削減が、その典型例であろう。反対に、アウトプットだけで評価されると、現場はインプットの無駄遣いをしてしまう。もし営業部門を売上高のみで評価したら、コストに見合わない販売促進キャンペーンや広告宣伝を実施するようになるだろう。

こうした事態を防ぐためには、利益の測定を通じて、現場にインプットとアウトプットのバランスを意識させることが重要なのである。

もう1つの理由は、会計の利益計算がさまざまな理由で強制されていることである。たとえば、資本市場への報告のための財務会計がある。ここでは、利益が常に計算され、注目される。また、国家に納付する法人税などの課税対象としての所得（これを課税所得という）を、企業が計算しなければならないということもある。

企業にとっての所得とは、大まかにいえば利益と同じ概念である。課税所得の計算のための会計を税務会計というが、税務会計の世界でも利益計算と同じような所得計算がすべての企業に強制されているのである。

こうして、誰もが利益を計算する。だから、利益という数字はあちこちに、管理会計にどう使うか

64

に関係なく、存在することになる。しかも、企業にとって大切な数字であることは誰にもすぐわかる。だから、財務会計、税務会計、管理会計の区別なく、利益という数字が会計の最大の注意の焦点になってしまうのである。

第3章 勘定合って、銭足らず

1 利益とキャッシュフローは違う

黒字倒産という不思議

第2章では、管理会計における利益の大切さについて述べた。しかし、利益ばかりに注目していると、思わぬ落とし穴にはまることがある。その1つが、会計上は利益が出ているのに手元の現金が足りなくなることである。これを、「勘定合って、銭足らず」という。

利益が出ていれば現金も増えているはず、と思うかもしれないが、残念ながらそうとは限らない。

その最大の理由は、前章で説明した、売上の認識、費用の認識、という点にある。現在の会計ルールでの利益計算は、すべて「売上が発生したという認識」に基づいて、行われるからである。

しかし、そうした「発生の認識」と実際の「現金の認識」は、完全には対応していない。わかりやすい例を挙げれば、顧客からの注文を受けて商品を届けたら、売上は発生したことになる。しかし、顧客がすぐに代金を支払ってくれずに「支払いは半年後に」と言われてその支払条件を受け入れたら、現金が入ってくるのは半年後となる。

とすると、この半年の決算をすれば、売上は発生して利益もそれ相応にあがったという計算にはなるが、売上の分の現金は入ってこない。しかし、その商品の仕入れに必要な費用は現金として流出している可能性が高い。だから、利益という勘定は合って黒字という計算になるが、しかし銭は足らない、ということになる。

あるいは、将来に売るためにと商品を大量に仕入れ、その一部を今期売ったような状況を考えてみよう。今期の利益を計算する際、売上から引かれる費用は、売った商品に対応する仕入原価だけである。売れなかった分は在庫として資産の積み増しとなる。

この積み増し分も含めて、仕入れた分全体にいずれは現金の支払いが必要になる。その分だけ、銭が要るのである。だから、現金として今期中に入ってくるのは、今期の売上相当分だけ、しかもその中でも掛け売り（後払い）とならずに今期支払ってもらえる分だけである。典型的な「勘定合って、銭足らず」は大幅なマイナスになるだろうが、以上2つのケースでは、いずれもキャッシュフロー（現金収支）はプラスの利益が出ていることになる。

こうしたことが継続的に起きて、売り掛けや在庫の積み増しが続くと、ついには黒字倒産ということになる。利益計算上はずっと黒字が出ているのだが、キャッシュフローがマイナスのためついには借入金の返済に困るようになり、資金繰り（つまり現金の手当て）ができなくなり、倒産ということになるのである。倒産とは、支払義務があるのにその義務に応じられなくなることを意味するからである。

つまり、倒産するかどうかはすべてキャッシュフローの世界の話で、会計上の利益が黒字であるかどうかとは直接関係がないのである。もちろん、利益が出ていれば金融機関が将来性があると判断してカネを貸し続けてくれる可能性はあるのだが、しかし追加の借金ができなくなった途端に支払いに困って倒産、という事態になるのである。

現金の流出がない費用、売上にはならない現金の流入

逆に、「勘定足らずに、銭はある」という事態も十分起こりうる。

勘定をする（利益計算をする）ために売上と費用の発生の認識を毎年繰り返すのだが、その費用の中には今年のキャッシュの流出とは関係のないものがあり、またキャッシュの流入があってもすぐには売上とは認識できないものもあるのである。

後者の例としては、長期請負工事などでの手付金という現金の流入がある。つまり、そうした長期工事では、受注金額の一部を契約時に手付金（前受金）として受け取ることがあるが、キャッシュフローの観点からは、工事開始前に現金収入を得たことを意味する。

しかし、その現金が入ったときに（工事開始前に）会計上の売上が認識されることはない。前章で

述べたように、工事完成基準では工事が完成し顧客に引き渡した時点で、工事進行基準では工事開始後の進捗合いに応じて、それぞれ売上を計上する。どちらの方法でも、手付金として現金が入っても、売上がすぐに計上されることはない。

現金の流出がない費用の典型例が、同じく前章で説明した減価償却費である。たとえば、10年間使用するつもりで100万円のトラックを購入したとしよう。このトラックを現金一括払いで購入した場合、初年度に100万円の現金を支払うものの、メンテナンス費用などを除けば、残り9年間の現金支出はゼロである。

しかし、現在の会計ルールでは、減価償却という手続きによって取得原価の100万円を各期の費用に配分する必要がある。その結果、2年目以降は1円も現金が出ていかないにも関わらず、減価償却費という費用が発生する。すなわち、現金支出がない年にも費用は計上されるのである。

もちろん、毎年の減価償却費は、トラックの使用期間にわたって計上される減価償却費の合計が取得原価と等しくなる（トラックの処分価値がゼロの場合）ように計算される。だから、トラックのような資産の使用期間全部を合算すれば、会計利益とキャッシュフローの総額は一致する。しかし、会計期間（決算から決算までの期間）を1年や1ヵ月のように区切った場合には、利益の数字とキャッシュフローの数字は乖離することが多い。

企業の成果計算を現金の流出入に基づいて行うことを現金主義というが、現在の会計のルールは現金主義ではなく、発生主義である。その発生主義のもとでの売上や費用の発生の認識が、現金の流出入のパターンと違うために、会計上の利益と現金収支は違ってくる。だから、黒字倒産する企業も、逆に利益は赤字なのに現金は足りている企業も、出てくるのである。

69　第3章　勘定合って、銭足らず

こうした一見奇妙なケースばかりでなく、企業への現金の流出入と売上や費用の認識とは、違って当たり前のことも多い。

たとえば、銀行からカネを借りると現金が入ってくるが、当然それは、売上などの収益とはならない。同様に、銀行と約束した返済パターンに従ってカネを返していくわけだが、その際の現金の流出は費用とはならない。会計上の費用となるのは、支払利息だけである。このように、借入金に関する現金の流出入は、会計処理や利益計算とはあまり関係がない。

現金がないのは、命取り

黒字倒産の事例からも明らかなように、いくら会計上は利益が出ていても、現金が足らなくなれば企業は倒産する。だから、現金がないのは命取りなのである。

倒産の危機に瀕するという極限状況でなくても、現金が窮屈になれば、それだけ事業活動そのものが窮屈になる。実際の事業上の取引の際には、すべて最終的には現金の決済を行わなければならないからである。

原材料市場でモノを買った場合、労働市場からヒトを雇った場合、その対価である代金や給料は、現金で支払わなければならない。資本市場からカネを調達した場合も、利息や配当の支払いは現金で行う。さらに、政府に税金を納める際にも現金が必要である。

しかも、現金が窮屈になると、その現金を手に入れるために金融機関からの借り入れに頼らざるを得なくなる。しかし、過度に金融機関に依存すると、経営の独立性を確保できなくなる危険もある。自分のカネで経営できない企業は、金融機関の言いなりにならざるを得ないからである。

それゆえ、企業が市場経済の中できちんとした事業活動を続けていくためには、経営者は利益だけでなく現金の確保を常に意識する必要がある。これは、当たり前といえば当たり前のことである。しかし現実には、経営者の能力指標として利益が重視されることから、経営者はついつい発生主義に基づく利益の額を大きくしようとしすぎる傾向がある。

さらに、その経営者が管理会計でも利益をベースにした評価を強調すると、現場の利益意識が高まるのはいいことだが、それが行きすぎると、次節で紹介するように「勘定を合わせようとして銭足らずになる」という事態すら発生しかねない。

したがって、利益ばかりでなく、現金を確保するという意識を現場にもってもらうような管理会計システムを工夫する必要が出てくるのである。「キャッシュベースの経営」のための管理会計その大切さを強調してやまない経営者の１人が、この本でたびたび登場する京セラの稲盛和夫氏である。氏は、こう書いている。

「『キャッシュベースの経営』というのは、『お金の動き』に焦点をあてて、物事の本質にもとづいたシンプルな経営を行うことを意味している。会計はキャッシュベースで経営するためのものでなければならないというのが、私の会計学の第一の基本原則である」（『稲盛和夫の実学』47頁）

さらに氏は、こうも書いている。

「さまざまな会計上のプロセスを通じて計算されたペーパー上の『利益』を待つのではなく、まぎれもなく存在する『キャッシュ』にもとづいて経営の舵取りを行うべきなのである」（同書、56頁）

たしかに、利益という数字の計算の背後にはさまざまなルールがある。しかし、現金の残高の計算

は簡単である。出て行ったカネを引き、入ってきたカネを足すだけでいい。まことに「まぎれもなく存在する」のが、現金なのである。

2 勘定合って銭足らず、はなぜ起きるか

では、具体的にはどのような行動が「勘定合って、銭足らず」を引き起こすのだろうか。いくつかの典型的なケースを紹介しよう。

代金の後払い（掛け取引）

最初のケースは、「掛け」、すなわち代金を後で支払うことを約束して行われる売買取引である。掛けで仕入れた場合、商品という資産が増える一方、現金はすぐには流出しない。その代わり、「仕入先に代金を支払う義務」を負うことになる。こうした支払義務は「買掛金」と呼ばれ、貸借対照表に負債計上される。

一方、掛けで販売した場合、原則として顧客に商品を引き渡した時点で売上が計上されるが、手元に現金がすぐに入ってくるわけではない。その代わり、「顧客から代金を受け取る権利」を得ることになる。こうした権利は「売掛金」と呼ばれ、貸借対照表に資産計上される。

売買代金を後払いにするかどうかは現場で決まるのだが、その条件次第で、同じ利益が計算される取引でもキャッシュフローはまったく違ってくる。

図表3-1は、「商品10万円分を仕入れ、翌日に15万円で販売した」という取引の会計利益とキャッシュフローを、さまざまな取引条件ごとに示した図である。

図表3-1　取引条件がキャッシュフローに与える影響

取引条件	現金収入	現金支出	キャッシュフロー	会計利益
1. 現金販売・現金仕入れ	15万円	10万円	5万円	5万円
2. 掛け販売・現金仕入れ	0円	10万円	△10万円	5万円
3. 現金販売・掛け仕入れ	15万円	0円	15万円	5万円
4. 掛け販売・掛け仕入れ	0円	0円	0円	5万円

この場合の会計利益（売上総利益）は、売上高15万円から売上原価10万円を引いて5万円と計算される。しかし、図表3-1が示すように、キャッシュフローは取引条件によってまったく異なる。

会計利益とキャッシュフローが一致するのは、販売も仕入れも現金で行うケース1のみである。それ以外は、売上と現金収入が一致しない（ケース2）、売上原価と現金支出が一致しない（ケース3）、両方とも一致しない（ケース4）ため、会計利益とキャッシュフローが乖離することになる。

「勘定合って、銭足らず」に陥りやすいのは、ケース2のようなビジネスをやっている企業である。

たとえば、仕入先と顧客が両方ともパワーをもっていると、現金で仕入れざるを得ない一方、なかなか販売代金を払ってもらえないかもしれない。または、買掛金の支払サイトよりも売掛金の回収サイトが長かったりすると、売れば売るほど資金繰りが悪化する。創業したばかりで十分な信用がない企業ほど、こうした事態に陥りやすいから注意が必要である。

在庫の積み増し

前項では、代金の後払いが会計利益とキャッシュフローの乖離をもたらす例を紹介した。しかし、仮にすべての売買取引を現金で行ったとしても、「勘定合って、銭足らず」が起こる場合がある。

図表3−2 売上原価と現金支出の違い

当期仕入高 @100円×500個	売上原価 @100円×300個
	期末商品有高 @100円×200個

図表3−2のようなケースを考えてみよう。これは、当期に@100円で仕入れた商品500個のうち、300個が売れ、200個が売れ残った、という事例である。商品をすべて現金で仕入れ、さらに売価@150円ですべて現金販売したとすると、会計利益とキャッシュフローはそれぞれいくらになるだろうか。

会計上の費用である売上原価とは、販売した商品の仕入原価である。つまり、仕入れた商品すべての原価ではなく、売れた商品の原価のみが費用となる。したがって、会計利益（売上総利益）は1万5000円（＝@150円×300個−@100円×300個）と計算される。

では、キャッシュフローはどうだろうか。現金収入は販売代金の4万5000円（＝@150円×300個）、現金支出は仕入代金の5万円（＝@100円×500個）なので、キャッシュフローは赤字になる。正味のところ現金は5000円減少している。会計上は黒字にもかかわらず、キャッシュフローは赤字になる。

両者の差をもたらしているのは、期末商品有高、すなわち売れ残った2万円分の商品である。これは現時点では費用とは見なされず、棚卸資産として貸借対照表に計上される。しかし、商品を現金で仕入れているのであれば、その分だけキャッシュは減少する。

現金取引ではなく、掛けで商品を仕入れていたとしても、いずれは代金を現金で支払わなければならない。したがって、売れない商品ばかりを仕入れていると、現金が出て行く一方、いつまで経っても現金は入ってこない。ところが会計上は、商品が売れるまでは費用とならないから、結果として「勘

定合って、銭足らず」に陥る。

こうした問題は、製造業においてより深刻であろう。製造工程の初期段階で材料の代金や工員の賃金を現金で払ったとしても、会計上の費用となるのは、売れた完成品（製品）に対応する製造原価のみである。したがって、航空機やタンカーのように製造のリードタイムが長く、納品までに長い時間を要する製品を作っている企業ほど、会計利益とキャッシュフローが乖離しやすくなる。

「勘定を合わす」ための行動が「銭足らず」をもたらす

前章で利益という業績指標の重要さを指摘したが、利益を重視しすぎると、現場が利益を生み出すための歪んだ行動、つまり「勘定を合わす」ための行動をとり始め、その結果として「銭足らず」という深刻な事態に陥りかねない。具体例を2つ挙げよう。

1つは、決算の直前に得意先などに在庫を押し付ける、いわゆる「押し込み販売」である。押し込み販売は、翌期に返品されることが最初から想定されているケースが多いため、掛けで行われる可能性が高い。したがって、商品を引き渡した時点で売上が計上されるものの、現金収入は増えない。一方、販売から返品までの一連の流れでは、送料などさまざまな支出が発生して、その分だけキャッシュは出て行く。したがって、トータルで見ると、短期的には利益が増えるものの、キャッシュフローは悪化することになる。

もう1つは、売上原価の引き下げを狙った追加生産である。原価計算については第5章で詳しく述べるが、製造原価は、製品との対応関係が明確な直接費と、必ずしもそうではない製造間接費の大きく2つから構成される。議論を単純化するため、直接費はすべて変動費（生産量に比例して増減する

75　第3章　勘定合って、銭足らず

図表3-3 損益計算書の比較（単位：円）

(A) 200個生産・100個販売	
売上高	10,000
売上原価	7,500
売上総利益	2,500

(B) 300個生産・100個販売	
売上高	10,000
売上原価	7,000
売上総利益	3,000

コスト）、製造間接費はすべて固定費（生産量が増減しても総額では変化しないコスト）であると仮定したうえで、次のような製品を考えてみよう。

① 販売単価：＠100円
② 単位当たり直接費（変動費）：＠60円
③ 製造間接費（固定費）：3000円
④ 期首在庫（期首製品有高）：なし

ここで、今期の販売量は100個だったとして、今期の生産量が200個である場合（A）と300個である場合（B）の、2つの仮設例で利益とキャッシュの動きを計算してみよう。

図表3-3には、それぞれのケースにおける損益計算書を示している。ここから、売上高は＠100円×100個＝10000円で等しいにもかかわらず、（A）よりも（B）の方が、売上総利益が多いことがわかる。売上は同じなのに、生産量が増えると利益が大きくなる、という奇妙な結果となる。

その原因は、大量生産によって製造間接費が分散され、単位当たり製造原価が計算上低下したことにある。多く生産した方が、製造単価が安く計算されてしまうのである。どういうことか、以下で詳しく説明しよう。

（A）のように生産量が200個の場合、単位当たり製造原価は、直接費＠60円に、製造間接費3000円÷200個＝＠15円を加えた＠75円である。

76

したがって販売した製品100個に対応する売上原価は、＠75円×100個＝7500円となる。そして、売上高から売上原価を引いて売上総利益2500円が計算される。

一方、（B）のように300個生産した場合、直接費は＠60円で変わらないが、製造間接費が3000円÷300個＝＠10円に下がるため、単位当たり製造原価は＠70円となる。販売量は同じ100個なので、この＠5円の差が、売上原価を500円引き下げ、結果として売上総利益が500円増加するのである。

したがって、「利益を大きくすべし」と現場に指示が出ると、将来売上の見通しに関係なく生産量を増やせば、今期の利益は増えてしまうのである。

しかし、生産量を増やすためには新たに材料を購入する必要がある。場合によっては、臨時で人を雇う必要があるかもしれない。当然、その分だけ現金が出て行く。ところが、増産された製品は売れる見込みが小さいものかもしれない。売れなければ、その分だけ現金を生まないまま在庫として社内に滞留する。在庫分は利益計算の上では費用として計上されないので、表面的には利益が増えるものの、キャッシュフローは悪化する。

このように、現場が「勘定を合わそう」と思って行動すると、結果として「銭足らず」の状況を招いてしまうことがあるのである。

3 現金を意識させる管理会計

キャッシュフロー計算書の構造

「勘定合って、銭足らず」を未然に防ぐには、どんな活動によって現金が増減するのかをきちんと理解したうえで、現場がキャッシュフローを意識した行動をとってくれるような管理会計システムを構築する必要がある。

企業全体の現金の流出入は、基本的に3つの源泉で生まれる。第1の源泉は、もちろん、事業活動そのものである。この活動で、会計利益とキャッシュフローの乖離がもっとも顕著に出る。第2の源泉は、投資である。企業がトラックを買ったり、他社の株式を買ったりすれば、投資金額分の現金が出て行く。反対に、それらの資産を売却すれば、現金が入ってくる。第3の源泉は、財務活動である。銀行からカネを借りれば現金が入ってくる、返済をすればその分だけ現金が出て行く。

こうして現金が増減する全体像を体系的に示しているのが、キャッシュフロー計算書である。損益計算書、貸借対照表と並んで、財務会計の第3の決算書として最近は必須のものとなっている。図表3-4が示すように、キャッシュフロー計算書は企業活動を営業、投資、財務という3つの活動分野に区分して、それぞれの活動から生まれる現金の流れを報告している。

第1の区分は、営業活動によるキャッシュフロー（以下、営業キャッシュフロー）であり、これは本業における現金の増減を表す。

その計算は、発生主義で計算された利益の数字をもとに、キャッシュの流出を伴わない費用項目を

図表 3-4　キャッシュフロー計算書の基本構造

営業活動によるキャッシュフロー	×××
当期純利益	×××
減価償却費	×××
売掛金の増減額（△は増加）	×××
棚卸資産の増減額（△は増加）	×××
買掛金の増減額（△は減少）	×××
営業活動によるキャッシュフロー	×××
投資活動によるキャッシュフロー	×××
有形固定資産の取得による支出	×××
有価証券の売却による収入	×××
投資活動によるキャッシュフロー	×××
財務活動によるキャッシュフロー	×××
借り入れによる収入	×××
配当金の支払額	×××
財務活動によるキャッシュフロー	×××
現金及び現金同等物の増減額	×××
現金及び現金同等物の期首残高	×××
現金及び現金同等物の期末残高	×××

足し戻す、あるいは事業活動で増えた流動資産や流動負債のうち、現金の流入を伴わないものを修正する、という形で行われている。上から順に見ていこう。

まず、当期純利益の下にある減価償却費は、現金支出を伴わない費用である。減価償却費の分だけ会計利益は減少するが、現金が出て行くわけではないから、営業キャッシュフローの計算過程で当期純利益に足し戻される。

次に、売掛金の増減額は、顧客から回収していない販売代金の変化額を意味する。売掛金の増加は、現金の裏づけのない売上が増えたことを意味するため、営業キャッシュフローを計算するにあたって、減算する必要がある。

棚卸資産（在庫）の増減額についても、同様である。前節で述べたように、利益を計算する際は、売れた製品に対する資金投入分のみが費用に含められる。しかし、使わなかった材料や売れ残った製品にもカネはかかっているから、在庫が増えるほど営業キャッシュフローにとってはマイナスであ

79　第3章　勘定合って、銭足らず

逆に、買掛金が増えれば、それだけ仕入先への支払いを遅くして現金の流出を防いだことになる。だから、買掛金の増加は営業キャッシュフローにプラスの影響を与えるのである。

キャッシュフロー計算書の第2の区分は、投資活動によるキャッシュフロー（投資キャッシュフロー）である。その名の通り、企業の事業投資や金融投資で生じた現金の増減を表す。投資キャッシュフローは、企業が固定資産や有価証券を取得した場合に減少し、それらを売却した場合には増加する。

そして第3の区分は、財務活動によるキャッシュフロー（財務キャッシュフロー）であり、これは資金調達に関する現金の増減を表す。財務キャッシュフローは、企業が新たに銀行から借り入れたり、増資を実施したりすると増加する。反対に、借入金を返済したり、株主に配当を支払ったりすると、財務キャッシュフローは減少する。

なお、この表にある「現金及び現金同等物」とは、現金、預金、価格変動の小さい短期投資（株式を除く）を指す。

営業キャッシュフローを中心とする業績評価

では、具体的にはどうやって現場にキャッシュフローを意識させるか。もっともストレートな方法は、現場の業績指標の中心を、営業利益でなく営業キャッシュフローにすることである。

図表3-4をもう一度見てほしい。営業キャッシュフローを大きくするために、現場は3つの手段をとることができる。

第1はもちろん、営業利益を大きくすることである。この表の当期純利益を大きくするために現場

80

できる最大の手段は、営業利益を大きくすることだからである。

第2の手段は、売掛金の回収を早めることである。売掛金残高が減れば、それだけ営業キャッシュフローは増える。

第3の手段は、買掛金の支払いを遅くすることである。買掛金残高が増えれば、それだけ営業キャッシュフローは増えることになる。

あるいは、営業キャッシュフローに近い業績指標として、前章で紹介したEBITDAがある。この指標は、図表3－4の営業キャッシュフローの計算プロセスのうち、最初に減価償却費の足し戻しを行った段階の数値とほぼ同じである。売掛金や買掛金の管理までは要求しないが、本業の事業活動でどの程度の現金を生み出しているかを測る指標になっている。

ただ、営業キャッシュフロー中心の評価だと、現場が設備投資などを過大に要求する危険もある。それは、設備投資などを大きくすれば、それだけ生産能力や品質などが上がって売上やコストによい影響が出ることが予想される一方で、営業キャッシュフローでもEBITDAでも、その計算プロセスでは減価償却費が足し戻されているからである。だから、設備投資を大きくしても、そのために増えるはずの減価償却費の影響が十分に反映されないことになる。

その歪みを正すためには、営業キャッシュフローから投資キャッシュフローを引いた数字（これをフリーキャッシュフロー、Free Cash Flow：FCF、という）を業績指標とすることが考えられる。現場の事業部などが設備投資に対する権限や影響力を十分にもっている場合には、投資によって流出する現金に対する責任をもたせるために、FCFが有用であろう。

フリーキャッシュフローという名前は、本業で稼いだキャッシュ（営業キャッシュフロー）の中か

第3章　勘定合って、銭足らず

ら必要な投資を行った後に残る、企業が自由に使途を決定できるキャッシュフローであることに由来する。

FCFがプラスであれば、営業キャッシュフローの範囲内で投資を行っていることになる。したがって事業部長は、FCFで評価されることによって、できるだけ営業キャッシュフローを大きくしようとすると同時に、ムダな投資を控えるようになるだろう。

ただ、この指標で事業部を評価すると、投資を必要最小限、あるいはそれ以下に抑えてしまう危険もある。投資を小さく抑えれば、投資キャッシュフローは小さくなり、FCFはその分だけ大きくなるからである。投資への刺激とキャッシュの確保への意識。FCFという指標の背後では2つの目的が相反することを、十分理解しておく必要がある。

キャッシュコンバージョンサイクルによる管理

現場に営業キャッシュフローを意識させるためのもう1つの方法は、営業キャッシュフローの最大の源泉である営業利益を業績指標としつつ、営業キャッシュフローの計算プロセスで減価償却費の下に登場する、売掛金や買掛金の管理をしっかりと意識させるような指標を導入することである。

その1つの例が、図表3-5にあるような、キャッシュコンバージョンサイクル（Cash Conversion Cycle：CCC）という指標である。現金が企業から出て行ってから返ってくるまでのサイクル、という意味の指標である。

事業活動の中で現金が出て行く最初のポイントが、掛けで仕入れた原材料の支払いにあると考えよう。原材料は生産活動に回され、製品在庫として資産計上される。在庫が売れると売掛金になり、そ

図表3−5 キャッシュコンバージョンサイクル（CCC）

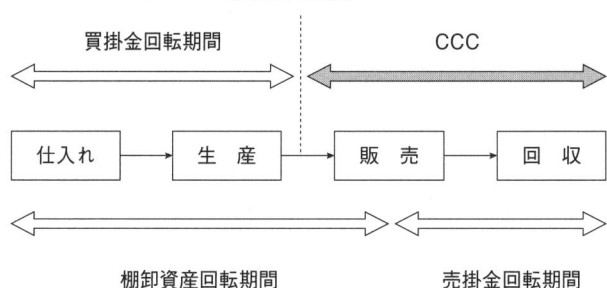

```
                買掛金の支払い
 買掛金回転期間         │    CCC
←――――――――――→  ←――――――――→
┌─────┐  ┌─────┐ │ ┌─────┐  ┌─────┐
│ 仕入れ │→│ 生 産 │→│ 販 売 │→│ 回 収 │
└─────┘  └─────┘   └─────┘  └─────┘
←――――――――――――――――→  ←――――――→
        棚卸資産回転期間            売掛金回転期間
```

の売掛金を回収してはじめて、現金が企業に戻ってくる。その現金が最後に戻ってくるタイミングと現金が買掛金の支払いによって最初に出て行ったタイミングの間の期間の長さを、CCCという。

図表3−5からわかるように、CCCは売掛金回転期間（＝売掛金残高÷1日の平均売上、日数で測られている）と棚卸資産回転期間（＝棚卸資産の残高÷1日の平均売上原価）の合計から買掛金回転期間（＝買掛金残高÷1日の平均仕入高）を引いたものである。

だから、CCCを業績指標とすると（短いほどよい）、この業績指標を改善するための現場の努力は、買掛金の回転期間を長くすること（支払いを遅くする）、棚卸資産の回転期間を短くすること（生産のスピードを速めたり、売上にすぐにつながるようにする）、売掛金回転期間を短くすること（早めに代金を回収する）、ということになる。

いずれの努力も、図表3−4の営業キャッシュフローの計算プロセスのうち、減価償却費より下の段階に影響を与える努力である。CCCが短い現場ほど、買掛金を支払ってからすぐに売掛金を回収しており、キャッシュを効率的に活用していることになる。

キャッシュフロー中心には、マイナスもあり

ただ、キャッシュフローという業績指標にあまりに人々の注意が集中すると、マイナスの影響も生まれる。その大半は、目先の現金支出を小さくしようとして、長期的な投資や長期的な取引関係の信用などを犠牲にしかねなくなる、という悪影響である。

取引関係の長期的信用への悪影響は、CCCを短くしようとしすぎると何が起こってしまうかを想像してみればいい。売掛金の回収を早めるということは、顧客に無理強いをすることになりかねない。あるいは、買掛金の支払いを遅くすると、仕入先が資金繰りで困ることになるかもしれない。いずれも、顧客や仕入先が自社と取引をしたくなくなるような、信用の低下につながる危険がある。

投資への悪影響の例としては、研究開発投資への影響が挙げられるだろう。

財務会計のルールでは、研究開発活動で発生したコストは、原則としてその期に一括費用処理されるものだから、そこで発生する原材料費や人件費は、本来は将来の売上が負担すべき費用ということになる。ここから、研究開発費を資産計上し、減価償却のように少しずつ費用処理していくという会計方法もありうる、という意見が出てくる。先に触れた国際会計基準は、そうした考え方に立った処理である。

（ただし、国際会計基準では、一定の要件を満たす開発コストを資産計上することが義務づけられている）。つまり、キャッシュフロー寄りの会計処理になっているのである。

しかし研究開発は、技術の探求や新製品の設計など、将来における売上の獲得を目的として実施されるものだから、

だが、日本の財務会計のルールでは、研究開発費は発生した時点では将来の売上につながるか否か不明であり、成果の不確実大の理由は、

性が高いからである。将来の売上につながらないのであれば、研究開発費を貸借対照表に資産計上するのは適当ではない。資産はあくまでも、企業にとって価値のあるものでなくてはならないからだ。

キャッシュフロー中心の経営というスタンスに立てば、研究開発活動で発生した現金支出は、できるだけ早く会計上の費用とするのが望ましいということになる。しかし、同じような方法を管理会計でも用いると、長期的な視点に立った研究開発投資が行われなくなる恐れがある。なぜだろうか。

研究開発費を一括費用処理するということは、研究開発に投資すればするほど、その期の利益は減ることになる。とりわけ新規事業では、まだあまり売上を稼いでいないのに研究開発費がかさみ、多額の赤字を計上することもあるだろう。赤字があまりにも長く続くと、経営陣が「成果はまだか」と現場にプレッシャーをかけるようになるかもしれない。

そうなると、現場が赤字を回避するために研究開発費を減らしたり、すぐに成果の出そうな小粒の研究開発活動ばかりをやり始めたりする危険が出てくる。こうした悪影響を回避するために、管理会計の仕組みとして研究開発費の資産計上を認める(つまりキャッシュフロー寄りではない処理をする)というのは、検討に値する方法であろう。

ただ、資産計上することにもマイナスはある。たとえば、すべての研究開発費の資産計上を許してしまうと、開発投資の判断が甘くなるかもしれない。かといって支出ごとに資産計上するか否かを本社や上司が判断するのは簡単なことではないし、それを現場に決めさせると、利益操作に悪用される可能性が出てくる。どの支出のどこまでを資産として認めるかというのは、じつにむつかしい問題である。

4 現金は現実

測定数値の「ハードネス」という本質的問題

研究開発費を資産計上するか費用処理するかという問題がむつかしい、と前節の最後で述べた。そのむつかしさの本質は、結局は前章で述べたような「費用の発生の認識」のむつかしさである。ある研究開発費を今期の売上に対応させるべき費用と認識するか、将来の売上に対応させるべき費用だと認識するか、というむつかしさなのである。

研究開発費を一括費用処理する、という財務会計のルールは、前述のようにキャッシュフロー寄りの会計処理で、その意味では認識の問題を回避しており、まぎれがない。じつは、キャッシュフローを中心に会計測定をするというやり方がもっている1つの本質的なメリットは、この「まぎれなさ」である。京セラの稲盛氏が「まぎれもなく存在する」ものとしてキャッシュを重視していることは、第1節ですでに述べた。

まぎれなさとは、誰かの認識や主観的判断に影響されない、ハードな（硬い）数字、ということである。たしかに、キャッシュフローの計算には主観的な判断や認識の問題はほとんどない。実際に現金を受け取ったときに収入を記録し、現金を支払ったときに支出を記録すればよく、ミスや不正を除けば裁量の余地はない。前章で述べたように、会計利益が「オピニオン」といわれるのに対して、現金はまさに「現実」なのである。

したがって、まぎれなさを重視するということは、ごまかせるものは信用するな、ということでも

86

ある。利益はあくまでも「オピニオン」であるから、誰が計算するかによって値も変わるし、やろうと思えば都合よく操作できてしまう余地もある。現金にはその余地はなく、ハードな数字なのである。

利益か現金かという問題に限らず、何かのデータに基づいて経営判断を行う際には、そのデータが測定者あるいはデータ提供者によるバイアスをどれだけ受けにくいか、という点に十分な注意を払わなければならない。つまり、測定数値のハードネス（Hardness）を意識することが重要なのである。

会計利益のようにソフトなデータほど、歪められやすく、その歪みが経営判断の誤りにつながりやすい。データのハードネスは、管理会計のさまざまなテーマと関連する大切な視点である。

写像が現実を動かす、だから写像を歪めたくなる

会計の世界において、測定されたデータは現実の写像である。ちょうど写真が現実の写像であるように、会計データも現実の姿を数字で映そうとしている写像なのである。しかし、その写像が現実の世界を逆に動かし始めるのが、人間社会の常である。

写真映りを気にして行動や表情、化粧などを変える人が出てくるように、会計データの測定結果をよく見せようとして多くの企業や多くの現場が現実の行動を変える。研究開発で費用を使いすぎて赤字にならないように、本当は必要だと思っている研究開発投資をためらう、などがその例である。

写像が現実を動かし始めるということをみんなが知っていると、さらに興味深いことが起きる。その写像を自分の都合のよいように見せようとする動機を人々がもち始めるのである。ときには写像の写り方が都合よくなるように基礎データの操作を始めるかもしれない。それはまさに、写像を歪めるための行動である。

87　第3章　勘定合って、銭足らず

これは、会計測定に限らない。人間社会の多くの局面において、その行動を何かの目的で「測定」しようとした途端に、測定対象となっている人たちが測定を自分に都合のよい方向へ誘導しようとする。誘導には2種類あり、測定対象の行動そのものを変えようとすることもあるし、測定方法に介入しようとすることもあるだろう。

たとえば、選挙の際に世論調査が人々の投票行動に影響を与えることはよくあることである。この世論調査は、「人々の思っていること」の一種の測定値であり、写像である。しかし、その写像に引きずられて人間の行動（この場合は投票）が変わってしまう。だから、その写像を自分たちに有利なように導こうとする動機が生まれるのである。選挙の例でいえば、世論調査のタイミングや調査方法を誘導するのである。だから、信用される世論調査は必ず一定のルールに基づいている。まさに、会計測定が一定のルールに基づいているのと同じである。

会計データという写像は、ある意味で「つくられたもの」である。写す、ということから写像をイメージしてみれば、写真もその撮り方次第で現実がさまざまな画像になるように、会計も同じ実態を測定のやり方次第でさまざまに写すのである。発生主義の会計測定と、現金主義のキャッシュフローベースの会計測定は、同じ実態の2つの写し方の例である。

管理会計は、企業の中の多くの現場の行動を測定し、経営に役立てようとする仕組みである。そこでは否応なしに、測定される人々という写像を気にする。だから、管理会計システムの設計の1つの基本問題は、測定される人たちが測定結果を自分に有利なように導こうとする動機を否応なしにもってしまうことにどう対処するか、ということなのである。

発生主義の利益か、ハードな数字としての現金か。どちらを管理会計システムの中心に据えるかと

88

いう問題は、「写像が現実を動かし、だから写像を歪めたくなる動機を人々がもつ」という深い問題への対応の哲学の問題でもあるのである。そして、測定数値のハードネスを重視するということは、歪められにくい写像を選択するということなのである。

利益はオピニオン、現金は現実、という会計の世界でよくいわれる言葉の奥には、そうした深い問題が潜んでいる。

第 4 章 どの組織単位の業績を、何で測るか

I 管理会計システム設計の基本

3つの基本設計

あるグローバル企業の幹部が、著者の1人にこう語ったことがある。その企業がグローバルな事業活動を運営するための組織を、海外事業についてはすべての製品分野を海外事業本部が管理するという体制から、製品分野ごとに事業部を作ってその分野の国内事業と海外事業の両方を管理させるというグローバル事業部制組織に変えたときの話である。「この組織体制に合わせた管理会計システムを

作るのに、とても苦労した。その管理会計システム作りが間に合ったので、やっと組織が動き出せた」。
管理会計システムがなければ、組織のマネジャーたちが、どんな情報を頼りに管理をすればいいのか、どんな測定をすることによって現場の行動をうまく誘導できるか、そこに実際の管理の成否がかかっているからである。

つまり、「グローバル事業活動の情報システムと影響システムを、管理会計システムが提供している」と、この経営幹部は語っているのである。

そうした重要性をもつ管理会計システムの設計には、次の3つの基本的な設計対象がある。

(1) 業績測定単位の設計
(2) 業績測定単位の責任変数の設計
(3) 管理会計担当組織の設計

第1の設計対象は、業績をどの組織単位で測定するか、ということである。この設計は、しばしば業績測定単位の中にさらに細かな業績測定単位がある、という入れ子のような形になるだろう。

たとえば、1つの事業の営業部門の管理会計システムを考えるときに、国内と海外の営業部門を統合したグローバル営業組織があるのなら、それが最上位の業績測定単位になるだろう。その中に、国内部門と海外部門（あるいは国別組織）という業績測定単位が設定されるだろうし、国内の中がさらに細分化されて地域別営業所に分かれていれば、それぞれが業績測定単位になるだろう。

さらに、営業所ごとに課が分かれていて、それぞれが業績測定単位になり、最後は営業担当者1人

ひとりがもっとも小さな業績測定単位となるかもしれない。こうした業績測定単位を、何を基準に設定し、どこまで細かく設定するか。それが、業績測定単位の設計の問題である。

管理会計システムの第2の設計対象は、第1の設計で設定された業績測定単位が責任をもつべき「業績」となるものを、どのような変数として設定するか、ということである。

先に挙げた営業部門の責任変数を売上を中心に考える場合、その部門全体の売上金額にするのか、マーケットシェアにするのか、前年同期比の伸び率にするのか、そのすべてにするのか。あるいは、売上だけでなく利益という責任変数を営業部門の業績指標とする考え方もありうる。その際、業績測定単位ごとに何を費用として差し引くべきかは、管理会計システムの設計者が決めなければならない。自動的に決まるものではないのである。

たとえば、営業所の人件費や経費だけを差し引くという考えもあるだろうし、さらに工場から出荷されてきた製品の原価を差し引いて会計上の利益に近い数字を責任変数として設定する、ということもありうるだろう。この場合、一体どんな費用を差し引くべきかは自明でないので、意図をもって設計しなければならない。

第3の設計対象は、こうした管理会計システムを設計し、そのシステムを運用してデータを集計し、それを経営者に届ける仕事をどんな部門が担当するか、という問題である。

これは瑣末な問題に見えるかもしれないが、経営環境の変化が激しいときには、誰かがその変化に応じて管理会計システムを作り替え、常に適切な測定と報告が行われるようにきちんと体制を作っておくことが重要である。そうでないと、時代遅れの管理会計システムから不適切なデータが出てきて、現場が四苦八苦するということになりかねない。

92

さらに、管理会計だから会計の仕事、という連想で経理部に管理会計担当組織が設けられることが多いが、それでは第1章で強調したように、財務会計の常識に引っ張られすぎて管理には不向きな管理会計システムが作られてしまうことになりかねない。管理会計担当組織の設定は、裏方の仕事の設計ではあるが、案外大切な設計なのである。

業績測定単位の設定

業績測定の対象は、通常は2つのカテゴリーに分けて考えるといい。

第1のカテゴリーは、製品とかプロジェクトとか、顧客に提供されるモノやサービスを測定単位にする、というものである。製品別利益計算、プロジェクトごとの採算計算、などが典型的に管理会計の世界では登場する。

第2のカテゴリーは、事業活動を分担して行う人間の集団として分けられた組織単位を業績測定単位とするもので、事業部利益、工場全体の費用、営業所別利益、などが計算される。それぞれ、事業部、工場、営業所、といったさまざまな人間集団が業績測定の単位となり、その集団の長が測定される変数の責任者ということになるだろう。

第1のカテゴリーの業績測定単位を設定する目的は、そうした事業活動のアウトプットを市場に提供するべきか、あるいは将来も提供し続けるべきか、さらにはそのためにどの程度の投資をすべきか、といった将来に向けての意思決定のための情報を提供することであろう。

つまり、アウトプットを単位とする情報システムを作ることが、このカテゴリーの業績測定単位を設定する意義である。これは、市場へのアウトプットを不断に点検・更新するために必要な情報シス

テムで、これがないとずるずると過去からの慣性を引きずる事業活動に陥りやすい。

第2のカテゴリーの業績測定単位の設定が、ふつうの管理会計システムの基本になるものであろう。どのくらい小さな単位で業績を測定するかによって、あるいはどのようなくくり方でその業績測定単位を設定するかによって、組織としての日常的管理活動のしやすさや厳しさは格段に変わってくる。

たとえば、営業担当者1人ひとりに至るまで毎月の利益計算をするような仕組みを作れば、それは最小の業績測定単位を「営業担当者1人ひとり」に設定し、利益を（どのようにその計算をするにせよ）その最小単位の責任変数とすることになる。ここまで細かくやれば、それは現場に利益意識を持たせる影響システムとしても、営業所長による管理のための情報システムとしても、（それが良いか悪いかは別として）かなり強力に機能するであろう。

このように、第2のカテゴリーの業績測定単位の設定をすると、それに続いてその組織単位の責任変数を何にすべきかを決め、かつその責任変数の実際の測定方法を設計しなければならない。その問題に入る前に、業績測定単位の設定の基礎になる、組織構造の設計の問題に触れておこう。

2 さまざまな組織構造

組織構造の設計

どんな部署が組織の中にあって、それぞれは何を担当し、お互いにどんな権限関係にあるのか。誰が誰に報告するようになっていて、情報はどのように流れるのか。それらの基本パターンを組織構造といい、それをわかりやすく図示したものが組織図である。

94

言い換えれば、組織構造とはまず、組織全体をどのように分割して仕事の分担関係をどうするかを決めている。つまり、組織全体をその下部の組織単位に分け、その組織単位の役割と権限を決めている。次に、誰が誰に報告する義務をもつか、誰が誰に何についての責任を問われることになるか、それも組織構造の設計が決めている。つまり組織構造の設計とは、組織の中の役割と権限、そして報告と責任の全体の仕組みの設計のことである。

もちろん、「組織図などただの絵だ、現実の仕事の現場での権限は個人的な力関係で決まる」という考え方もあるだろう。現場での実際の仕事の進み方は、個性やパワーでかなり左右される。しかし、そうした個人的な力関係も、その根底の部分で組織構造が個々の人たちに与えている役割と権限に左右されている部分が多いはずである。さらに、報告を中心とする組織の中の情報の流れも、組織構造次第で変わってくる。情報の流れが変われば、仕事の進め方や効率も影響を受けるであろう。

だから、組織構造が現場の実態を無視して作られると、組織内で余分な調整が増えて、ムダな努力が多くなる。その結果、行動のスピードが遅くなったり、仕事の中で誰も分担しない抜けが出たりするようになってしまう。そういったムダや抜けを小さくして、組織内の協働がうまくいくようにするのが、組織構造の設計の基本的な意義である。

もちろん、人間は役割が決まればその通りきちんと仕事をするわけではない。権限を与えられても、それを使わない人も権限以上のことをやってしまう人も出てくる。さらには、役割の実行を甘えをもってやる人も出てくるだろう。したがって、実際にみんなが与えられた役割をきちんと果たしているかをチェックし、あるいは果たしたくなるように誘導する（影響を与える）ために、何らかの形の管理の仕組みが必要になる。

図表4−1 事業部制組織と職能制組織

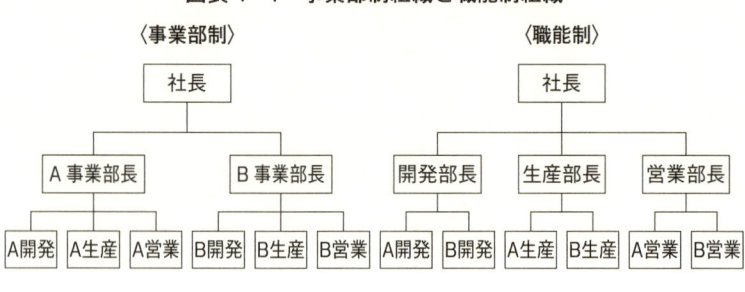

〈事業部制〉
社長 ― A事業部長（A開発、A生産、A営業）／B事業部長（B開発、B生産、B営業）

〈職能制〉
社長 ― 開発部長（A開発、B開発）／生産部長（A生産、B生産）／営業部長（A営業、B営業）

事業部制組織と職能別組織

そこで、管理会計システムが登場する。管理会計システムは、組織全体の組織構造に合わせて、実際に仕事が円滑かつ効果的に進むための、会計データを中心とした管理システムなのである。そうした役割をもつ管理会計システムは、原則として組織構造に依存して設計されなければならない。組織構造の設計は、戦略の実行を円滑にするための仕事の全体の体系の設計で、管理会計システムの設計の上位概念にあたるものである。

このような全社的な組織構造のもっとも代表的な例として、事業部制組織と職能別組織という2つの異なる構造設計がある。

2つの製品分野A、Bを対象に事業活動を行っている企業を考えよう。それぞれの製品について、開発、生産、営業という職能（機能）をもっている。それらを、A開発、B開発……というように表して、事業部制と職能制の組織図を描くと、図表4−1のようになる。

事業部制組織とは、1つの製品分野ごとに開発、生産、営業という職能を製品単位で束ねる事業部長というポジションを置き、2人の事業部長が社長に直結する組織形態である。

職能制とは、2つの製品の1つの職能（たとえば開発）を束ねる職能部長を置き、3人の職能部長が社長に直結する組織である。

2つの組織構造には、それぞれ長所と短所がある。

事業部制組織の長所は、大別して2つある。1つは、製品ごとの市場を単位にして組織ができているので、その製品市場のための開発、生産、営業という組織の焦点を絞りやすく、市場あるいは顧客を焦点にした事業活動になりやすい。

もう1つは、3つの職能を担当している人たちの間の組織的・情報的距離が短く、調整がやりやすい。なんといっても、1つの事業部に属しているのだから、連絡も接触の機会も多いのがふつうで、なにか問題があれば事業部長がすぐに職能間の調整をすることができる。

その裏返しが、職能制の短所である。組織の単位が職能であるために、職能がまず大切というのが組織の焦点になりやすく、したがって顧客志向から遠ざかる危険がある。また、3つの職能の間の調整を製品ごとに行うのがむつかしい。A開発担当者のボスは開発部長なのである。その担当者がA営業担当者と調整をしようとすれば、組織のルートとしては開発部長から営業部長へ話を通してもらい、それを受けて担当者同士で調整するということになる。

しかし、職能制の長所もある。何よりもまず、専門化の利益を享受できる。同じ開発に属しているからである。人員の繁忙に応じた使い回しも、同じ部署ならば楽にできるであろう。こうした職能としての効率性が、職能制組織の最大の長所である。

ハウを、B開発も容易に使える。A開発で蓄積したノウハウを、B開発も容易に使える。

それを裏返せば、事業部制の短所となる。人員の各事業部への重複配置が必要になり、それだけ効率性は落ちる。しかも、営業が事業部ごとに分かれているために、たとえば小売店を訪問する際には、事業部ごとにバラバラに行くことになる。

第4章 どの組織単位の業績を、何で測るか

不完全事業部制と分社・子会社

事業部制は、複数の事業を行っている企業ではふつうにとられる組織構造である。事業ごとに事業部を設け、事業部長にその事業の全体の責任をもたせるようにするのである。そして、事業部の中に職能別の組織をもつことになるだろう。ただし、そうしたきれいな分割の仕方が現実には多い。

たとえば、じつは不完全事業部制とでもいうべき組織構造がさまざまな無理をもたらすことも多く、営業については市場の流通チャネルとの対応を考えると事業部別の営業をもつことは非効率なことも多く、営業だけは全社的に共通の部門として、開発と生産を事業ごとに分割して事業部とすることも多い。開発・生産中心の不完全事業部制である。

逆に、1つの大きな工場が複数の事業の生産活動を担っている企業もある。歴史的経緯で、本社工場からさまざまな事業が派生してきた企業にはそういう例が多い。その場合には、営業部門を事業ごとに分割して擬似事業部組織（開発や生産をもっていないという意味で擬似）として、しかしその事業部が製品開発計画や生産計画などの企画・立案の責任をもつ、という営業中心の不完全事業部制もある。

いずれの場合も、事業部制と職能制が入り交じっている。その意味で不完全事業部制というのだが、それが多くの企業の実態である。

組織構造の最近の大きな流れの1つに、かなり広範な事業分野を抱えている企業や、M&Aによって異業種の企業を統合した企業などを中心に、事業部に分けるよりもさらに独立性と遠心力を効かせて、1つの事業を分社（あるいは社内カンパニー）や子会社とする組織構造をとるケースもある。

分社とは、法律的には独立の法人とはしないが、社内の規定の上で資産も資本もその独立性の高い所属するものをはっきりと本社から分け、ときには人事なども本社とは違う体系として、独立性の高い事業組織を1つの企業内に作ることをいう。子会社の場合は、その分社を法律的にも独立の法人とする。

面白いことに、100％の資本を本社がもっていても、独立の法人としての子会社になると、本社からの独立意識は分社よりもさらに高まるようである。法人としての独立性があり、かつ税務申告なども独自で行わざるを得なくなることが、独立意識・自律意識を高めるのであろう。その意識変化は、案外活用すべきかもしれない。本社におんぶに抱っこのこの分社では、甘えが出たり本社が要らざる干渉をしたりして、機動的な経営にマイナスになることも多いからである。

3 責任センターの設定と責任変数

何を責任変数とするか

管理会計システムの中の業績測定単位が設定されたら、次はそれぞれの業績測定単位に与えられている役割と権限に応じて、適切な責任変数を決める必要が出てくる。多くの場合、役割と権限の内容によって、自然に責任変数が決まるだろう。ただし、その変数の測定がどのくらい容易かは、場合によって異なる。

第2章の図表2－1（42頁）を思い起こしてもらうと、業績測定単位は、責任変数に応じて次のように分類できるだろう。

このように責任変数を決められた組織単位を「責任センター」といい、1から4までの責任センターはそれぞれ、次のように呼ばれる。

1. インプットつまり費用を、責任変数とする組織単位（たとえば、工場）
2. アウトプットつまり売上を、責任変数とする組織単位（たとえば、営業所）
3. 利益を、責任変数とする組織単位（たとえば、事業部）
4. 利益だけでなく、利益を生むために行った投資をも含めて、責任変数とする組織単位（たとえば、分社・子会社）

1. コストセンター
2. 売上（あるいは収益）センター
3. プロフィットセンター
4. 投資センター

ある組織単位をコストセンターとして位置づけるということは、そのセンターは生み出すべきアウトプットの水準は自分で制御できないが、そのアウトプットをどれだけ少ないインプットで生み出せるか、ということである。典型例である工場は、営業あるいは本社の指示のもとに生産量を決める。自分で生産量を自由に動かす権限は与えられていない。だから、

実際に生産した量をいかに安いコストで実現できるかが、工場の責任になる。

他方、営業所のように売上というアウトプットを大きくする役割を負っている組織単位では、人件費や経費は予算などによってほぼ決められており、その費用を有効活用してなるべく大きな売上をもたらすことが責任となってくる。だから、売上センターなのである。

ただし、原価が高い製品をたくさん売ってただ売上を大きくするだけでは企業としての利益にはつながらない場合が多いので、営業所といえども工場からの製品の仕入原価を支払った後の利益を責任変数とする方法も考えられる。その場合、営業所はプロフィットセンターとして位置づけられる。

事業部がプロフィットセンターという責任センターになるのは、自らの管理のもとに生産部門も営業部門も置いていることを考えれば、ごく自然である。営業所がプロフィットセンターとして位置づけられる場合と比べると、営業所には生産費用を低くする努力の余地はなく、工場からの原価を受け入れなければならないが、事業部は生産費用にも責任をもつのだから、当然にプロフィットセンターになるのである。

しかし、事業部と異なり生産費用を管理できない営業所を、あえてプロフィットセンターとして位置づけた方がいい場合が多い。それは、原価を踏まえて売るべき製品のミックスを決めてほしい、と営業所に期待する場合である。そうした製品ミックスを考える余地があまりないような製品分野なら、営業所は売上センターでいいだろう。

投資センターは、利益のみならず利益を生むための投資にも責任をもつ責任センターである。独立性の高い事業部や分社・子会社は、自分で勝手に投資の大きさを決める自由度はないかもしれないが、本社に投資を要求する程度の自由度があれば、その自由度を行使して投資を決めた責任をもつのが当

然である。

しかし、利益と投資の両方の責任をどのような業績指標で表現するか、どのように測定するかは、自然に決まる問題ではない。多くの場合、投資金額と利益との比率（投下資本利益率）が業績指標となるだろうが、利益から資産使用コストを差し引いて、残余利益という業績指標を用いる場合もある。この問題は、第7章でさらに議論することになるだろう。

責任と権限は一致しない

責任変数の設計は、その業績測定単位の役割と権限に基づくとはいえ、その単位に与えられる権限と責任変数が完全にフィットするとは限らない。そこが管理会計システムの面白いところである。よく「責任と権限の一致が原則」といわれるが、この原則が守れるように責任変数の測定をするのは、多くの場合かなりむつかしいのである。

典型例は、先ほど述べた営業所をプロフィットセンターとして位置づける場合である。営業所は、売る製品の原価まではコントロールできない。だから、工場の効率が悪いために製品原価が高くなってしまうと、営業所の利益は「自分の権限を超えた理由で」小さくなってしまう。つまり、営業所の責任変数である利益の構成要素の中に、自分の権限ではコントロールできないものが入っているのである。

だから、権限よりも責任の方が大きい。不等式で表現すれば、

　　責任 ∨ 権限

となっている。つまり、責任と権限の一致の原則は、厳密には守られていない。

じつはこの不等式がむしろふつうのことであろう。この不等式があまりに理不尽な大小関係にならないように管理会計システムの設計者は注意する必要があるが、ある程度はこの不等式が成立するような責任変数の設定になってしまうのは、仕方のないことなのである。

なぜなら、責任と権限をぴったり一致させるのがほとんどの場合でむつかしいことを考えると、逆の不等号（つまり責任∧権限）となるよりは影響システムとしては望ましいからである。責任よりも権限が大きいと、通常は権限の乱用による非効率が発生する危険性が高くなる。それを回避するように現場を仕向けるために、責任∨権限がかえって望ましいのである。

こうした責任と権限の不一致は、あらゆる責任センターで発生しうることである。コストセンターでも、自分の管理下の組織単位の費用のすべてがその組織単位のマネジャーにとって制御可能なものであることは稀である。しかし、発生する費用の全体に責任をもつのがコストセンターの常である。プロフィットセンターでも、売上の決定要因である販売価格が自分たちの裁量ではどうにも左右できないという事業部が、現実にはあまりないのに、プロフィットセンターとして扱うしかないのである。投資の自由度は自分たちにはあまりないのに、誰かが決めて投資した資産の有効利用を役割とするために、投資センターとしての責任変数を課される分社・子会社のマネジャーもいるだろう。

責任変数の測定可能性

こうして権限よりも幅の大きな責任変数が設定されることが多いのだが、しかし責任変数を決めたからといって、その変数を簡単に測定できるとは思わない方がいい。

第2章ですでに説明したように、売上にも費用にも、どう認識するかという問題がある。裁量的判

103　第4章　どの組織単位の業績を、何で測るか

断の余地が大きいのである。さらに投資センターの責任変数では、そのセンターが責任をもつべき投資に何を含めるかという認識の問題があり、そのうえ、投資と利益のバランスを考慮した業績指標にも、前述のようにいろいろな選択肢があるのである。

この測定可能性の問題があまりに恣意的にならないように、この章に続く3つの章では測定の方法として許されるべき範囲の問題が、コストセンター（第5章）、プロフィットセンター（第6章）、投資センター（第7章）という順序で議論されることになるだろう。

こうした測定可能性の問題は、責任と権限の不一致が大きなものになればなるほど、「責任をもたせるのはいいが、納得性の生まれる測定方法はあるのか？」という点で深刻になるだろう。その1つの例が、職能別プロフィットセンターでの利益あるいは利益に代替する責任変数の測定である。

典型的な職能制組織では、各職能のアウトプット（つまり売上に似たもの）の価値測定は非常にむつかしい。営業部門のアウトプットの価値は何で測定するのか。製造原価という答えがあり得そうだが、簡単に計算できるが、実際の顧客への販売額という形で簡単に計算できるが、それはインプットの価値を測ったものであって、決して生産部門のアウトプットを直接測ったものではない。さらには、開発部門のアウトプットの価値指標は何だろうか。

こうしたむつかしさはあるものの、それでも各職能をプロフィットセンターとして扱う経営の仕組みがありうる（第8章で説明する京セラのアメーバ経営がその例である）。その際にアウトプットの価値測定が問題となるのである。職能制組織だから、市場へと販売していない職能が多く（開発や生産）、市場価値が問題となるのではいかない。だから、なんとかしてその代替物を「関係者が納得できる範囲で」測定しようと努力することになる。

104

そうした問題があるにもかかわらず利益あるいは利益の代替物（京セラの場合は付加価値）を業績測定単位の責任変数としようとする企業が多いのは、やはり企業活動にとっての利益というものの重要性が背後にあるからであろう。だから、現場に利益意識を強くもってほしい、と経営者は思うのである。そのために、利益という責任変数をなるべく多くの業績測定単位の責任変数として設定したいのである。

こうして利益というものの重要性の認識が組織の中で共有されているために、コストセンターとなっている組織単位とプロフィットセンターとなっている組織単位の「社内的地位」を比較すると、コストセンターの方が地位が低い（あるいは社内での格が低い）という感覚が生まれるのが多くの組織の常であるようだ。「自分たちはコストセンターだから」という多少の卑下の入った表現や、「彼らはコストセンターに過ぎず、自分たちはプロフィットセンターだ」という多少の優越感の含まれた表現を、現場で聞くことが時々ある。だからこそ、測定可能性の問題をなるべく克服して、多くの業績測定単位をプロフィットセンターにしたいと経営者が思うのである。

4　最小単位をどこまで小さくするか

測定のコスト、管理の複雑さ

管理会計システムを設計する際に、そのシステムで使う変数の測定のコスト、そのシステムを使った管理の複雑さの問題は、避けて通れない。

「こうした測定ができるとこんな効果がある」というだけでは、システムの最適性の判断にはならな

い。そのシステムの運営コスト（測定コストと運用そのもののコスト）とそのシステムを使うことから得られるメリットの総合判断でしか、最適性は判断できないのである。

測定コストには、会計データならではの問題もある。会計データが外部報告や税務申告の基礎データとなることから、その取り扱いにはさまざまな会計基準や税法のルールなどの制約がある。その制約を守ったうえで、管理のための会計データを作らざるを得ない。だから、制約のあるデータから加工する際の別の測定コストが発生するのである。

別な観点で測定コストの問題が深刻になる1つの例は、業績測定単位をどの程度細かくするか、その測定単位の最小単位をどこまで小さくするか、という設計の判断である。

たとえば、5000人の社員が働く企業があったとして、それを1000人ずつの事業部に分け、それぞれの事業部の中には利益計算の単位を作らずに、合計5個の事業部を利益計算の最小単位とすることもありうるだろう。しかし、各事業部の中にさらに10人程度の規模の独立採算単位を業績測定単位として設定し、会社全体では500個の独立採算単位で利益計算をすることも考えられる。

つまり、業績測定単位の最小単位を1000人の組織にするか10人の組織にするか、という問題である。10人規模を最小単位とすれば、業績測定単位の数は100倍になるわけで、測定コストも管理の複雑さもかなり大きくなるであろう。そのうえ、小さな組織単位の独立採算計算を納得的に行うためには、測定の工夫がさらに必要になるであろうから、それも測定コストを上昇させそうである。

Small is beautiful

しかし、業績測定単位を小さくすることから、メリットも生まれる。それを、情報システムと影響

106

システムの2つの観点から考えてみよう。

情報システムとしての最大のメリットは、どこがうまくいっているか、何か問題は起きていないかといった実態を上司が把握しやすくなることである。1000人の事業部のように業績測定単位が大きいと、業績が悪化した場合でも、その原因がどこにあるのかを特定することはむつかしい。また、ある部門で起きている問題が同じ事業部内にある他部門の優れた成果によってかき消され、なかなか認識されないこともある。より細分化された組織単位の採算を計算することで、こうした問題は緩和される。

さらに、小さな業績測定単位に関する情報は、現場にフィードバックされることで、部下のための情報システムとしても機能する。現場の人々は、自分たちがとった行動の成果を数値で示されると、これまで通りのやり方でよいか、何か改善するべき点はないかを考えるようになる。その結果、上司からの指示がなくても、自主的に判断して行動し始めるだろう。

これが部下のための情報システムだが、それは組織単位が小さいほどうまく機能すると考えられる。1000人規模の事業部のように人数が多いと、個人の努力や工夫が成果（たとえば事業部利益）に反映されにくくなり、フィードバック効果が薄まってしまうからである。また、組織の規模が大きいほど、何かするたびに上司の承認が必要になり、なかなか物事を決められない。課題に素早く対処するという点からも、組織単位は小さい方が望ましい。

では、部下への影響システムという観点からは、どんなメリットが得られるのだろうか。まず考えられるのは、自律性が生まれ、そこからモチベーションにつながることである。同じように利益が計算されるとしても、組織単位の大きさによって、社員1人ひとりの利益に対する感度や責任感は異な

107　第4章　どの組織単位の業績を、何で測るか

るだろう。

たとえば、1000人が所属する事業部であれば、「自分では事業部利益などどうにもならない」と他人事のように利益を見る人が多いだろうが、10人程度の大きさの独立採算単位なら、「自分の行動がどう採算に影響するか」を自律的に考えることができるようになるだろう。当事者意識が生まれるといってもいい。その結果、自律的に行動し始める人が増える可能性が十分ある。

こうした当事者意識は、前述した情報のフィードバックとも密接に関連している。現場は、自分たちのアクションとの対応が明確だからこそ、利益を「自分たちの成果」として真摯に受け止め、いっそう努力するようになる。また、何か問題が起きた場合には、メンバー全員が一丸となって取り組まなければならない。その結果、メンバーの間に仲間意識が生まれやすくなる。

影響システムとしての第2のメリットは、社内の競争意識が高まることである。最小単位が小さいということは、業績測定単位の数が多くなることを意味する。つまり、各組織単位にとって競争相手・比較相手も多くなるということである。比較対象となる組織単位が多いほど、ライバル視する相手が増え、社内での競争は激しくなる。

また、比較の納得感のあるライバルをもつという点でも、似たような小さな規模の業績測定単位を設ける方がよさそうだ。大きな事業部だけの場合は、他の事業部と業績を比較しても、「うちとは事情が違うから」といって現場にはあまり響かない可能性がある。それに対して、小さな組織単位なら同じような仕事をしている集団が他にも多いはずで、より比較可能性の高い「横並び競争」が行われるようになる。

小さな組織単位がもつ影響システムとしての第3のメリットは、経営の基礎訓練となることである。

108

たとえば小さなプロフィットセンターのリーダーは、いわば小さな商店の主人に近い。彼らは自分たちの成果をきちんと受け止め、自分の判断でメンバーを動かすことにより慣れるだろう。それが、経営感覚の基礎訓練という効果をもつであろう。

もちろん、こうしたメリットは潜在的なもので、小さな業績測定単位を設けてもその管理会計システム全体の運用がまずければ、そのメリットは顕在化せず、かえって管理の複雑さだけが残ってしまうかもしれない。

しかし、多くの組織現象の常として、Small is beautifulである。それが組織の真理だと考えて細分化された組織全体のマネジメントの努力をするのが、おそらく多くの場合に適切であろう。

第5章 原価計算がもたらす情報と歪み

1 原価管理と原価計算

さまざまなコストセンターと原価管理

第2章と第3章では、会計利益とキャッシュフローという、企業全体の成果尺度の基本的な考え方について説明した。管理会計の基礎となる、測定の基本問題だからである。そして前章にあたる第4章では、1つの企業の内部に存在するさまざまな組織単位（責任センター）とその業績測定に用いられる変数（責任変数）の関係について解説した。

110

この章からは、前章で挙げた責任センターごとの業績をどうやって測るか、その測り方や管理のやり方が情報システムあるいは影響システムとしてどのように機能するか、について、基本的な考え方を説明していこう。

この章ではコストセンター、第6章ではプロフィットセンターを取り上げ、それぞれの管理会計の問題を考える。そして第8章では、それぞれの章で出てくる管理会計のあり方の1つの集大成の実例として、京セラのアメーバ経営とその管理会計システムを取り上げる。

コストセンターにおける管理会計の問題とは、言い換えれば原価管理の問題である。コストセンターにおいて発生する原価をいかに管理して、なるべく小さなコストで大きな成果をあげるように工夫するか。そういう意味の原価管理である。

コストセンターの典型例は、前章でも挙げたように、工場である。通常、工場は、本社や営業部門が作る販売計画に従って、その販売に必要な生産をいかに効率的に行うかを考えることを基本的役割としている。自分で生産量を自由に動かす権限もなく、またその生産量を大きくできるように販売側の努力をする責任もない。だから、あらかじめ決められた量をいかに安いコストで生産できるかが、工場の責任となる。

多くの工場は、複数の製品の生産を行い、その生産工程は複数の細かい工程に分かれているのがふつうである。レンズ工場であれば、複数のタイプのレンズを扱い、それぞれのレンズ生産のためにガラス材の研磨から複数のガラスを組み合わせたレンズの組立、などの工程があるだろう。ときには、購入したガラス材の加熱処理といった工程もあるかもしれない。

そうした複数の製品と生産工程がある工場の中には、さらに小さなコストセンターに管理会計上、分

かれていることも多いだろう。たとえば、異なる製品ごとに別々の製品の同一工程を担当する工程別の課があるかもしれない。それぞれの工場内組織単位が、コストセンターとなりうる。

工場の例を離れれば、コンピュータシステムの開発会社の場合、開発されるシステムごとにプロジェクトが組織されるのがふつうだろう。そして、それぞれのプロジェクトに従事する社員の人件費や作業の外注にかかる費用を主なコスト項目として、そのプロジェクト全体の原価管理をプロジェクトマネジャーが行っている。この場合、1つひとつのプロジェクトがコストセンターとなるだろうし、大きなシステム開発プロジェクトであれば、そこに含まれるサブシステムごとにコストセンターが設定されるかもしれない。

ここでいうコストあるいは原価の定義は、そのコストセンターが消費した経済的資源の総量を金額で表現したもの、ということである。特定の製品を作るためにどの程度のインプットを消費したのか。特定の部署（組織単位）でどの程度のインプットを使ったのか。それぞれのインプットの数量を測定し、それに単価を掛けて金額表示の「インプット消費量」が計算される。1つのコストセンターが消費したすべてのインプットの消費金額の合計として、そのコストセンターの原価が計算される。

このように言うと、原価は簡単に計算されるように見えるが、じつは原価計算のプロセスは案外複雑である。さまざまな「なかば恣意的なルール」によって、資源の消費量や単価を「みなしで」決めざるを得ない状況も出てくる。

さらに、コストセンターの実態は多様であり、そのすべてで原価計算が行われる必要がある。原価の測定値がなければ、コストセンターの管理のしようがないからである。したがって、多様なコスト

センターにある程度一定のルールを当てはめて原価計算をせざるを得ないことも多い。そうでないと、コストセンター間の原価測定値の比較可能性が保てないからである。だから、「多様な現実」と「一定のルール」がぶつかって、ときには原価測定に歪みが出ざるを得なくなる。さらには、現場の人々が、所属するコストセンターの原価測定を自分たちに有利な方向へ導こうとして、ルール内で許されたさまざまな裁量を利用しようとすることもある。そこにも、原価測定の歪みの1つの源泉がある。

原価計算の概要を説明したうえで、そこから出てくる原価という「歪み含みの」測定値をいかに原価管理に用いるかを考えるのが、この章のテーマである。

情報システムとしての原価計算の機能

原価管理のための原価計算は、情報システムと影響システムという、管理会計がもつ2つの機能に則していえば、影響システムとしての機能を果たすための原価計算、という色彩が強くなるだろう。現場の原価低減努力に対してどのようなよい影響を、原価計算とその測定値を利用した管理の仕方によって与えられるか、ということが最大の関心事になるからである。

しかし、管理会計システムの常として、情報システムとしての機能も原価計算にはある。むしろ、そうした情報システム的機能がそもそも最初に原価計算に期待された機能だった、というべきかもしれない。

もともと原価計算は、財務会計で要求される財務諸表を作成するうえで原価に関する情報が不可欠であるために行われる計算として出発した。たとえば、損益計算書の売上原価の計算である。当然の

ことだが、売上原価を計算するためには、製品を作るのにどのくらいのコストがかかったかを知る必要がある。

だから、出発点は製品別原価計算である。製品別の原価は、企業内のさまざまな意思決定に必要な情報となるだろう。典型例は、製品価格（製品の販売価格）の決定である。

製品価格を決める際、大半の企業はまず製品原価を計算し、それに獲得したい利益を上乗せして価格を決める。これを、コストプラス方式という。つまり、

製品原価＋利益＝製品価格

となる。式の上から順次決めていくイメージである。そして、その製品価格で売り出して実際に売れるかどうかを確認し、売れないと思えば、製品原価をいかにして下げるかを検討する。この検討プロセスを原価企画といったりする。達成したい原価水準を企画し、その企画に合わせて製品の性能や品質、生産方法などを工夫するのである。

製品価格のもう1つの決め方は、「この製品に顧客は最大限いくら払ってくれるか」を考える、マーケットベース方式である。市場に受け入れられる製品価格で利益が出るように、原価の水準を抑えるようにするのである。式で表現すれば、

製品価格－製品原価＝利益

となる。ある意味で製品原価とは関係なく、製品価格を市場の競争状態や顧客のニーズから決める。そこから製品原価を引くと利益が計算されるが、その利益が十分ならそれでよし、もし不十分なら価格を動かさないまま利益が出るように製品原価を下げる努力をするのである。この努力のプロセスが原価企画となる。

114

どちらの方式で価格を決めるにせよ、製品原価の情報は必須となる。だから製品別原価計算が必要となるのである。

原価計算の第2の情報システム的機能は、予算などの経営計画を策定するための情報を原価計算が提供する、というものである。たとえば、製品の生産計画を立てる際、そのためにどれだけの資金が必要になるのかを見積もるためには、生産量に応じた費用総額を推定しなくてはならない。そこで製品原価の情報が必要となる。あるいは、ある製品を作り続けるべきかどうかを判断する際にも、原価が役に立つだろう。市場価格の下落により、どれだけ努力をしても原価割れしてしまう製品であれば、生産をやめることも必要だからである。

もちろん、製品原価などの原価を組織ごとに集計して得られる原価情報は、それぞれの組織単位を管理するためにも、必要となる。すなわち、現場の原価管理がきちんと行われているかを上司が確認するための、そして必要ならば何らかの現場への介入行動をとるべきかを上司が決めるための、原価情報である。

これは、「上司が自分の行動を決めるための」情報システムという機能であり、原価計算の第3の情報システム的機能といえる。原価管理を円滑に行うための情報を提供する、重要な情報システムである。

2 原価はどのように計算されるか

原価計算の基本的流れ

そもそも原価は何から構成され、どのようなプロセスを経て計算されるのだろうか。まずそれらを理解しないと、原価計算がどのように原価管理に役立ちうるかを考えることはできないだろう。そこで本節では、製品の原価計算の基本的な考え方を説明しておくことにする。

図表5-1には、ある企業が製品Aと製品Bを受注生産すると想定した場合の、原価計算の流れが示してある。左から順に説明していこう。

まず、製造原価は材料費、労務費、経費の3つから構成される。そして各項目は、製品との対応関係が明確な直接費と、必ずしもそうではない間接費の2つに分類される。

たとえば、材料費のうち、自動車のタイヤや時計の針のように製品にいくら投入したかが明らかなものは、直接材料費と呼ばれる。一方、材料費には塗料などの補助材料費や工具などの工場消耗品費も含まれるが、これらは製品ごとに対応関係をつけるのがむつかしいものが多いため、間接材料費と呼ばれる。

労務費については、材料の加工や組立など、製品に直接関わる作業に充てられた分のみが直接労務費と呼ばれる。それ以外の、材料の運搬や機械の修繕などに充てられた労務費は、間接労務費に分類される。

製品を作る際に発生したコストのうち、材料費にも労務費にも該当しないものを経費という。外注

116

図表5-1　原価計算の基本的流れ

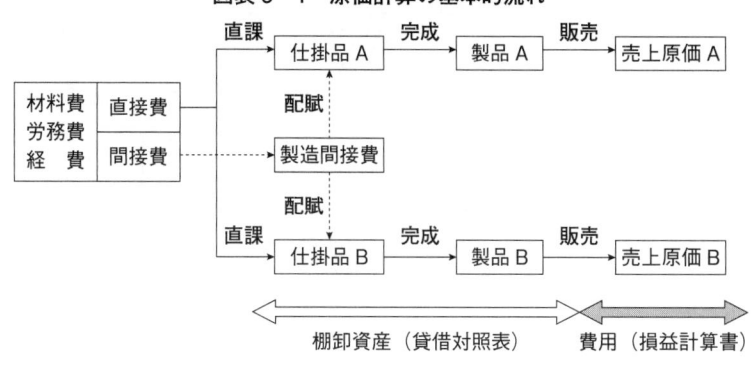

```
                          直課    完成          販売
                    ┌──→ 仕掛品A ──→ 製品A ──→ 売上原価A
材料費 ┌─直接費─┤      配賦
労務費 │            ├ ─ ─ → 製造間接費
経　費 └─間接費┘      配賦
                    └──→ 仕掛品B ──→ 製品B ──→ 売上原価B
                          直課    完成          販売
```

←──────棚卸資産（貸借対照表）──────→ ←費用（損益計算書）→

　加工費のように、個々の製品との対応がつけられるものは直接経費となるが、ほとんどの経費はそうした対応関係が明瞭でないため、間接経費に分類される。間接経費には、減価償却費、水道光熱費、支払保険料などが含まれる。

　図表5-1が示す通り、直接費と間接費は、それぞれ異なる原価計算上の手続きを経て製造原価に組み込まれる。

　まず直接費は、製品ごとにどれだけ発生したかが明らかなコストである。したがって、製造工程に投入されると、そのまま未完成品を意味する「仕掛品」の原価に組み込まれる。単価がいくらの材料を何枚使った、賃率がいくらの人が何時間の加工を施した、外注加工費がいくらかかった、といったコストの集計を、製品ごとに行うのである。直接費は、各製品の原価として直接、負担させることができるため、こうした手続きを「直課」と呼ぶ。

　それに対して間接費は、製品との対応関係が必ずしも明確ではない。そのため、直接費のように製品ごとの計算を行うことが不可能、もしくは、可能だとしても膨大な手間がかかってしまう。そうしたコストは、いきなり個々の製品の仕掛品原価に含めることはせず、いったん製造間接費として集計される。

製造間接費は、製品ごとにいくら使ったかが明らかではないものの、製造活動で発生したコストであるという点では直接費と同じである。したがって、何らかの方法で製造間接費を各製品に配分し、仕掛品原価に組み込む必要がある。そこで用いられるのが、「配賦」という手続きである。

製品Aと製品Bを作るにあたって、合計で100万円の製造間接費が発生したとする。この100万円を、製造間接費の発生と関連が強いと想定される変数（これを配賦基準という）を用いて、各製品に振り分けていくのである。

製品Aの加工に40時間、製品Bの加工に60時間の直接作業が必要だったとする。原価計算では、この直接作業時間をベースに間接費を配賦するという方法がしばしばとられる。つまり、直接作業時間が長い製品ほど多くの製造間接費を発生させている、と考えるのである。もちろん、後で述べるように配賦基準は1つに決まっているわけではないが、何かを基準にしないと配賦できないのである。

こうして配賦基準を決めた場合、直接作業1時間当たりの製造間接費は、100万円÷（40時間＋60時間）＝@1万円と計算されることになる。これを配賦率という。この配賦率の分だけ、各製品が間接費を使ったと考えて、製品Aには40万円（＝@1万円×40時間）、製品Bには60万円（＝@1万円×60時間）の製造間接費が配賦される。

このように、直接費は直課、間接費は配賦という手続きによって、それぞれ仕掛品原価に組み込まれていく。そして、すべての製造プロセスを経て仕掛品が完成すると、それは「製品」と呼ばれるようになる。

売上原価の計算

完成した製品は、いずれ顧客に販売される。第2章で述べたように、売れた製品の原価は「売上原価」と呼ばれ、損益計算書上の費用となる。それに対して、決算時点で未使用の材料や完成に至らなかった仕掛品、売れ残った製品は、「棚卸資産」として貸借対照表に資産計上される。

この手続きは、そこまで複雑には見えないかもしれない。ところが、同規格製品の大量生産を行っている企業では、売上原価と棚卸資産の切り分けがむつかしい場合がある。どういうことか、図表5－2を使って説明しよう。

図表5－2　売上原価はいくらか？

期首製品有高 @100円×100個	売上原価 （300個）
当期完成高 @120円×400個	期末製品有高 （200個）

図表5－2の左側は、ある製品について、前期の売れ残りが@100円×100個＝1万円分あり（期首製品有高）、当期さらに@120円×400個＝4万8000円分の製品が完成した（当期完成高）状況を示している。そして右側は、500個ある製品のうち300個が売れ（売上原価）、200個が売れ残った（期末製品有高）ことを示している。

この場合、今期に売り上げた300個に対応する売上原価はいくらだろうか。@100円と@120円という単価の異なる製品が存在するため、簡単には答えられない。そこで、何らかの前提に基づいて、いくらで作った製品が売れたか、という払出単価の計算を行う必要がある。ここでは、その代表的手法である先入先出法と平均法を紹介する。

先入先出法は、先に完成したものから販売されていくと仮定して払出単価を計算する方法である。図表5－2でいえば、まず@100円の製品が

100個払い出され、続いて@120円の製品が200個払い出される、と考えるのである。その結果、売上原価は3万4000円、期末製品有高は2万4000円と計算される。

一方、平均法（総平均法）という方法もある。この方法では、製品の加重平均単価を計算する。図表5-2の例では、（期首製品有高1万円＋当期完成高4万8000円）÷500個＝＠116円を、払出単価とするのである。したがって、売上原価は3万4800円、期末製品有高は2万3200円と計算される。

このように、先入先出法と平均法では、売上原価と期末製品有高の金額は異なる。じつは、これら2つの方法は、材料の払出単価の計算（どの材料から使ったか）や、仕掛品原価の計算（どの仕掛品から完成させたか）にも用いられる。同じ実態であっても、どちらの会計方法を選択するかによって、計算結果が変わってきてしまうのである。

3 原価計算で生まれがちな歪み

配賦基準によって原価が変わる

前節では、間接費の配賦基準の選択と在庫の払出単価の計算法という、製造原価や売上原価の計算の際に選択の余地がある事例を2つ紹介した。これらのうち、在庫の払出単価の計算方法に関しては、財務会計にある範囲内での一定のルールがあり、しかもいったんある計算方法を選んだ後で企業が頻繁にそれを変えることは許されていない。

しかし、間接費の配賦基準については、その選択の多くが企業に任されており（もちろん、どの基

120

図表5-3 間接費配賦の仮設データ

	製品A	製品B	合計
直接作業時間	40時間	60時間	100時間
機械作業時間	120時間	80時間	200時間
直接材料費	30万円	50万円	80万円
直接労務費	20万円	20万円	40万円

準を採用するかの根拠の説明は必要だが）、それゆえに間接費の配賦基準の選択次第で原価計算の結果が変わってしまうことには、注意が必要である。それを知らずに原価情報を鵜呑みにすると、意思決定や管理のやり方に歪みが生まれやすい。

たとえば、前節の例で配賦基準として想定した直接作業時間以外に、機械作業時間や直接材料費、直接労務費などが配賦基準として用いられる可能性がある。間接費がどの基準と連動している可能性が高いかという判断によって、配賦基準が選ばれるのである。もちろん、どのベースで配賦しても、間接費の合計金額は変わらない。しかし、各製品への配賦額は、配賦基準に何を用いるかによって異なり、配賦額が変われば各製品の原価も変わってしまう。

この点を理解するため、製品Aと製品Bを作るのに合計100万円の製造間接費が発生し、それ以外のデータは図表5-3の通りであったとしよう。

ここで、直接作業時間を配賦基準に用いた場合には、前節のように配賦率は間接費合計100万円÷直接作業時間合計100時間＝@1万円と計算される。そして、製品Aには@1万円×40時間＝40万円、製品Bには@1万円×60時間＝60万円といった具合に間接費が配賦されていく。

それに対して、機械作業時間を配賦基準に用いた場合には、配賦率は100万円÷200時間＝0.5万円と計算される。そして、製品Aには@0.5万円×120時間＝60万円、製品Bには@0.5万円×80時間＝40万円がそれぞれ配賦される。同様の計算を直接材料費と直接労務費を配賦基準

に用いた場合についても行い、各製品への配賦額をまとめたものが、図表5－4である。

図表5－4　間接費の配賦結果

配賦基準	製品A	製品B	間接費合計
直接作業時間	40万円	60万円	100万円
機械作業時間	60万円	40万円	100万円
直接材料費	37.5万円	62.5万円	100万円
直接労務費	50万円	50万円	100万円

図表5－4から、配賦基準の選択が各製品への配賦額に与える影響の大きさを実感できるだろう。配賦された間接費は各製品の製造原価の一部となるため、配賦基準の選択は販売後に計算される製品別利益にも影響を与えることになる。実態は同じまま配賦基準を変えるだけで、赤字を出していたはずの製品が黒字になるかもしれないし、その逆もまた起こりうるのである。どの配賦基準が正しいのか、という議論はできないことも多い。そうした計算上の変動が起きるということを、原価に関する情報を用いて経営判断を行う際には強く意識しておく必要がある。

集計範囲によって原価が変わる

これまでは、製造プロセスがシンプルな例で原価計算の基本を説明してきたが、その基本の中ですら、どの計算方法を選択するかによって原価が変わる可能性が十分あることが理解できただろう。

それでも、生産活動で発生する原価だけであれば、原価の追跡は比較的容易だといえる。しかし、管理会計上、試作から販売までの一連のプロセスで発生する原価を「製品原価」として把握しようとすると、「どこまでの原価を製品の原価に入れ込むか」という集計範囲の問題が生まれることがある。

たとえば、ある新製品の試験生産が行われたとして、そこで発生したコストが「製造プロセスでの

122

「試運転」によるものならば製品原価に含めればいいが、「試作品の開発」によるものならば製品原価ではなく研究開発費に分類した方がいいかもしれない。しかし、研究開発費に分類した途端に、その費用は研究所というコストセンターの費用と見なされ、工場というコストセンターの費用ではなくなる。

試験生産のプロセス全体でかかる費用のうち、どこまでを製品原価として集計すべきか、というのはやっかいな問題である。当然のことだが、製品原価として集計しなければ、それだけその製品の原価は低くなり、黒字になりやすくなる。もしかすると工場やその製品を担当する事業部は、自分たちが負担する費用を小さくするため、「試験生産で発生したコストはすべて研究所が負担する」というルールを主張するかもしれない。

あるいは、いったんある製品を生産して販売した後、生産工程での不良が発見された場合、その不良品の代わりとなる製品を提供するコストや顧客対応にかかるサービス費用を製品原価に含めるべきか、という問題も発生しうる。

工場は、自分たちに賦課される費用を小さくしたいので、集計範囲をサービス費用にまで拡げることに反対するだろう。しかしそれでは、不良品を少なくするように生産工程上で注意を払う動機を工場がもちにくくなるかもしれない。

もう1つの例を挙げれば、ある新製品を売り出す際に特別なコマーシャルを打った場合、その費用は素朴に考えれば製品原価の一部となりうる。しかし、財務会計のルールにおいて、広告宣伝費は販売費の一項目として計上される、すなわち製造原価には含まれないため、管理会計上も同様の処置が用いられることが多いだろう。しかし、製造にかかった費用だけを考えると黒字の製品が、宣伝費

123 | 第5章 原価計算がもたらす情報と歪み

まで含めるとじつは赤字、ということも起こりうる。

この項で取り上げている集計範囲の問題は、いずれも「ある製品を生産・販売するために会社全体でかかっているかなりの部分が、前節で説明した製造原価の範疇ではない、という例である。つまり、製品原価という概念の素朴な理解と会計上計算される製造原価とは違う、ということである。

こうした集計範囲の問題は、管理会計では常につきまとう。本来、原価の集計範囲は、それを発生させる担当者の責任範囲と同じでなければならない。しかしふつうは、つい、財務会計のために設定された集計範囲の中で考えてしまう。管理会計の基礎データとして、財務会計用に集計されたデータを使うことが多いからである。

本来は財務会計用のデータから修正した集計範囲で原価管理を考えなければならないのに、その修正が施されないことからさまざまな歪みが生まれかねない。その歪みを考えることは、経営管理のために会計データを使うという管理会計の基本目的のためには、ぜひとも必要なのである。

情報システムとしての歪み──コストが過大にもなり過小にもなる

そうした歪みを、情報システムとしての歪みと影響システムとしての歪みの2つに分けて、以下で議論しておこう。

まずは、情報システムとしての歪みから見ていこう。不適切な方法で間接費（減価償却費）を配賦したために、全社的に最適な意思決定とは異なる意思決定が行われてしまったという、笑えない実例がある。数値は仮想のものを使って、紹介しよう。

124

ある企業で、機械設備にかかる減価償却費を生産量に応じて各製品に配賦していた。機械Xの減価償却費は月額100万円であり、ある月に製品Aを500個作ったとする。この場合、製品1個当たりの減価償却費は、2000円（＝100万円÷500個）と計算される。一見すると、この方法が大きな歪みをもたらすとは考えにくい。

では、同じ工場で新製品Bを100個作ろうとしたらどうなるだろうか。その際、機械Xは生産余力がないため、ほとんど使われていないが機械Xと同等の性能を有する機械Yを使用したとする。

この企業の償却費負担のルールは、機械の償却費をその機械を使う製品が使用量に応じて負担する、というものだった。したがって、新製品Bの製造以外で機械Yが稼働しなかった場合、新製品Bは機械Yにかかる減価償却費の全額を負担しなければならなくなる。機械Yの減価償却費が機械Xと同じく月額100万円だとすると、新製品1個当たり1万円（＝100万円÷100個）の減価償却費が配賦されることになる。これは、製品Aの5倍の金額である。

このような原価計算をすると、どんなことが起こるだろうか。たとえば、新製品の原価が高く計算されてしまうので、コストプラス方式で販売価格を決めると、価格を高めに設定せざるを得なくなる。その結果、「そんなに高い値段では売れない」ということで発売が見送られたり、発売したとしても値段が高すぎて顧客には受け入れられなかったりするかもしれない。

もしくは、社内の設備を使うから製造原価が高くなると判断した新製品の担当者が、生産を外部の業者に委託する可能性もある。社内に未利用の設備があるにもかかわらず、それを使わずに外注するというのは、企業全体の最適な意思決定ではない可能性が高い。

こうした事態を防ぐためには、低稼働設備にかかる減価償却費の標準的な配賦率を設定しておくの

125　第5章　原価計算がもたらす情報と歪み

が1つの手だろう。たとえば、機械Yの減価償却費が月額100万円、標準生産量が月500個ならば、「この機械で製品を1個作るたびに2000円の減価償却費を負担させる」ということを、社内のルールとしてあらかじめ決めておくのである。そうすれば、よかれと思って空いている機械設備を使っても、過剰な金額を配賦されるということはなくなる。

意思決定が歪むこともある。たとえば、本来ならばその製品が負担すべき費用（前項の例でいえば、試作費、クレーム処理費、広告宣伝費）が製造原価に含まれないことで、現場はやたらと試作をしたり、品質管理の手を抜いたり、過剰な広告宣伝を行ったりするようになるかもしれない。現場の責任範囲の外で、過大や過小が起こるのである。

上述した減価償却費の配賦方法の例は、じつは集計範囲を過大にしてしまったことによる歪みの例にもなっている。すなわち、未利用の機械設備にかかる減価償却費の全体を、その機械設備の稼働可能時間の一部しか使わない製品の原価の集計範囲にすべて含めたことで、歪みが生じたのである。

影響システムとしての歪み——現場は配賦を回避しようとする

配賦がもたらすさまざまな歪みを議論すると、それなら配賦自体をやめたらどうか、という意見が出ることが多い。たしかに、財務会計上は配賦をして製造原価を計算する必要があるとしても、企業内の意思決定の際には恣意性のある配賦をせず、直接費のみに基づいて意思決定をした方がいいのではないか、という意見にも一定の理がありそうだ。

にもかかわらず現実にも多くの企業が間接費の配賦を行っているのは、影響システムとして配賦が機能することを狙っているから、と考えていいだろう。間接費の存在を現場に感じさせることで、その

126

間接費を無駄遣いしないような行動や、その間接費をカバーできるくらいの売上をあげられるように努力することを現場に期待できる。

ところが現実には、そうした管理会計システム設計者の意図を超えて、配賦が現場の行動に意図せざる影響をもたらしてしまうこともしばしばである。その本質は大半の場合、配賦を回避する行動を現場がとり、その行動が企業全体としては望ましくない結果をもたらす、ということである。

たとえば、直接作業時間に基づいて間接費が配賦されている工場では、原価に対して責任をもつ担当者が、工具による直接作業を代替できるような機械設備を購入しようとするかもしれない。直接作業時間が減り、それによって間接費の配賦を少なくすることができれば、製造原価を低く抑えることができるからである。もちろん、新しく導入する機械の減価償却費の分だけ全体の間接費は増えるが、それでも配賦基準の数値を低める方が現場にとって効果が大きいことも十分ある。その結果、ムダかもしれない機械の導入という意図せざる影響が出てしまう。

さらに、配賦の意図せざる影響として、不必要な契約社員の積極的雇用が始まってしまった例もある。なぜそんなことが起こるのか、以下で説明しよう。

あるシステム開発を行う企業では、本社費などの間接費を、正社員の工数に応じてプロジェクトに配賦していた。その配賦額が大きいので、自分のプロジェクトへの配賦を小さくしようとするプロジェクトマネジャーは、自分のプロジェクトの仕事に起用する正社員の数を減らし、その分の仕事を契約社員にやってもらうという行動をとった。プロジェクトが使わない正社員の人件費は、企業全体としては費用なのであるが、そのプロジェクトにとっては費用にはならず、そのうえに間接費の配賦額も少なくなるからである。

その結果、正社員はヒマをもてあましているのに、契約社員ばかりが忙しく働くということになってしまった。これも、現場が配賦を回避した例である。

じつはこの例には、さらなる意図せざる悪影響が存在する。契約社員に頼りすぎることで、正社員が経験を積む機会が減り、技術蓄積が阻害される、という悪影響である。その結果、将来における競争力の低下という、恐ろしい事態を招く危険がある。

前項で紹介した減価償却費の配賦の例でも、自社でできる仕事を外注に回すという事態が発生する可能性について述べた。当然のことながら、外注した作業に関する学習は、自社ではなく外注先が行う。その学習から生まれる技術蓄積は案外バカにならないかもしれない。それにもかかわらず、目先のコストダウンに目がくらんで外注に頼りすぎると、システム開発企業の契約社員のケースと同様に、社内で技術の蓄積が十分に行われず、将来的には競争力が低下してしまう恐れがある。

配賦に起因した現場の歪んだ行動は、単に配賦を避けるという直接的なものばかりではない。もう少し複雑な経路で原価を下げるような行動、それも企業全体としては望ましくない行動を現場がとってしまう、ということがある。その例としてよく見られるのが、第3章で紹介した、今期に計上される売上原価を低く抑えるための追加生産である。

あの数値例（76－77頁）を読み返してもらうと、生産量が多いほど製品1個当たりの間接費が低くなるので、売れる見込みがなくても追加生産をすれば、今期に売れた分の製造原価（売上原価）は下がるのがわかる。しかし、当然のことながら間接費の全体額が下がったわけではなく、間接費のうちの今期の売上原価に含まれない分は、棚卸資産の原価の一部となっただけである。

第3章では、そうした追加生産によって余分に現金が必要となるという悪影響だけを指摘したが、

在庫の量が増えれば当然、来期の販売計画に影響する。追加生産分は、いつかは売らなければならないからである。追加生産分の販売圧力がかかれば、安値で売らざるを得なくなるかもしれない。ある いは、追加生産分の販売圧力があるために、営業の現場は他の製品に割きたい販売努力をこの追加生産分に注がなければならなくなる。それは、他のもっと利幅の大きい製品の販売量を思うように増やせないという結果をもたらすかもしれない。

この項で紹介した例のみならず、配賦などの費用負担を現場にかければ、現場はそれを避けようとする。その避け方と、結果として生じる歪みには、じつにさまざまなパターンがある。原価計算の1つのルールがそこまでの歪みをもたらすとは、にわかには信じられないかもしれない。こうしたマイナスの効果は目に見えづらく、しばらくしてから発現するものも多い。原価計算の仕組みを設計し運用するマネジャーは、このことをよく理解しなければならない。

4 原価管理のむつかしさ

目標原価設定のむつかしさ

原価計算の大きな目的の1つは、原価の測定値をコストセンターの原価管理に使うことである。原価管理のプロセスでは、原価の実績値(実際原価)を何らかの目標値(目標原価)と比較し、それをコストセンターの責任者の業績評価のために使う、ということがしばしば行われる。すなわち、実際原価が目標原価を下回ればよしとし、反対に上回れば望ましくない状態だと判断して、その原因を突き止める努力を現場に要請したり、責任者のマイナス評価を行ったりする。

これを差異分析（目標と実績の差異の分析）というが、差異分析を実績が出た後に行うということを事前に現場に知らせることで、現場の期中の行動を適切なものに促すこともできる。現場への影響システムの典型例である。

差異分析のためには目標原価の設定が不可欠だが、それは決して簡単な作業ではない。もちろん、同じコストセンターの前期あるいは前年同期の実績値を目標値とするという簡便法もある。あるいは、類似のコストセンターの実績値の平均値を目標値とする、という別な簡便法もあるだろう。

いずれの目標値も、設定の方法は簡単だが、効果については疑問が残る。前期の実際原価を目標値にすると、改善への努力をしなくてもいいというメッセージになってしまいかねないし、全体の平均値が目標値であれば、全体での改善努力がふつうの努力でも上位になってしまうかもしれない。

こうした目標値は、現場の努力の実態を知るための情報システムの出発点としても意味があり、また現場の努力を引き出すための影響システムの基礎としても意味がなくてはならない。それだけ重要な値だが、情報システムの出発点として適切であり、同時に影響システムの基礎としても納得感がある、という目標設定は簡単ではない。

管理会計でこうした目標原価を算出するためによく使われる手法が、標準原価計算である。標準原価とは、予期される標準的な状況下で発生するはずの原価の数値である。しかし、「標準的な状況下で発生するはず」という計算が案外むつかしい。

ここで標準的な状況を「誰がやっても平均的に原価が発生する状況」と考えてしまうと、先ほど述べた、平均値という目標値のもつ弱みが出てくる。だから重要なのは、「どこまでムダを許容するか」

130

である。不可避的に発生するムダをある程度は許容したうえで、できる限り小さい原価、というものが標準原価としては望ましいであろう。

加工の失敗（仕損）や機械の故障がまったく発生しないといった、理想的な状況を想定して標準原価を設定する、という考え方もある。しかしその場合、標準原価を達成することは現実にはほぼ不可能である。そんな目標値を設定されると、現場で働く人々は「どうせ無理だ」と感じてやる気をなくすかもしれない。だからといって、ムダを許容しすぎて甘い目標を設定してしまうと、現場はついつい気が緩んで真剣にコストダウンに取り組まなくなるだろう。その加減がむつかしい。

あるいは、「前期よりも10％ダウン」というような、過去の実績値から一定割合だけ下回るような方法で、目標原価を設定することもよく行われる。政府の予算などがそれをやりたがる。しかし、そうした目標値に基づいてコストセンターの業績評価を行うと、かえって現場のコストダウン努力を抑制してしまう恐れがある。どういうことか。

今期の実際原価が次期の目標原価のベースになる、しかも必ず目標原価は下げられる、ということをあらかじめ意識している現場の行動を想像してみればいい。ある期に懸命に努力して大幅なコストダウンに成功してしまうと、翌期はさらに厳しい目標値が設定されることになる。現場で働く人々は、そうした事態を避けるため、期中に今期の目標原価を達成してしまうと、それ以上の努力を控えてコストダウンのネタを次期のためにとっておくという行動をとる可能性が十分ある。

また、挑戦的な目標ばかりを設定して現場に圧力をかけると、結果として目標を達成できないことが常になるから、現場はいつも責められることになる。それでは現場のモラルダウンが起きかねないし、不達成の理由をいつも現場に説明させていると、言い訳のうまい人を育ててしまうだけ、という

ことにもなりかねない。そうなってしまうと、現場には差異分析に対する「しらけ感」ばかりが残ることになるだろう。

何を原価の目標値とするかだけではなく、目標値をどのくらいの頻度で見直すか、というのも大切なポイントである。直感的には、経営環境の変化や生産方式の変更に合わせて目標値を変えるべきだと思うかもしれない。そうでないと、厳しすぎる目標値や、反対に甘すぎる目標値が放置されてしまうからである。

ところが、目標値をあえてあまり変えないことにも、じつはメリットがある。たとえば、同じ目標値を使い続けることで、現場で働く人々の間に共通の動かない目標をともに目指すという認識が生まれる。また、「後で変えられない」ことが徹底されていれば、そもそも最初に目標を設定するときから現場は原価について真剣に考えるようになるだろう。たとえば、製品の設計時点から「しばらくはその設計が標準原価を決めてしまう」という意識をもって真剣になるだろう。

つまり、現場を抑圧しすぎない、しかし甘すぎない、その「よい加減」の目標設定が大切なのである。そこには、単純な最適方程式はない。人間の心理と現場の実態を考え合わせた、マネジメントのもっともむずかしい勘所、といってもいいかもしれない。

その勘所の中核が、これまで繰り返し強調してきた現場想像力なのである。「こんな目標値を設定したら、現場はどんな行動をとるだろうか」ということをきちんと想像できなければ、差異分析に基づく原価管理をしたところで、いたずらに歪みをもたらすだけであろう。

「見える化」は、「見せる化」に？

そうしたむつかしさを考えると、1つの企業の中に原価管理を行ってもらわなければならない現場（すなわちコストセンター）が多数ある場合、「前年同期の実績値」や「前期よりも10％ダウン」という簡便な方法で目標原価を設定せざるを得ないのも、ある程度は仕方のないことなのかもしれない。目標設定者であるシンプルな方式を組織全体に当てはめる方がかえっていい、ということになる。

一定のやり方で細かく業績測定をして、現場の実態をより見えるようにしようという試みは、近年、現場の「見える化」と呼ばれて、原価管理の世界以外でも広く行われるようになってきている。しかし、「見える化」にはかなり深刻な問題が潜んでいることにも注意しておく必要がある。

それは、「見える化」のための仕組みが現場の行動を歪める、という危険である。前項で述べた、「前期よりも10％ダウン」という目標設定が現場のコストダウン努力を抑制するというのは、その一例である。現場がそうした行動をとるのは、ある一定の改善努力を見せれば、「見える化」の仕組みのもとでは叱られなくなるからである。しかしそれでは、真の努力の継続ではなく、見せるための努力だけをする、ということになりかねない。

原価計算のみならず、すべての業績測定は「見える化」の仕組みの例である。それらは原則として、現場の努力を促進することを期待して行われるものであろう。自分たちが取り組んだ仕事の結果が見えるようになると、現場は他者（とくに上司）がその結果を見ていることも気にしていっそう努力をする、ということを前提に、見える化のメリットが指摘されることが多いようだ。

第5章　原価計算がもたらす情報と歪み

しかし、現場の人たちも頭がいい。上司が現場の「見える化」のために作った仕組みを、現場は上司によく見せるための仕組みとして巧みに利用しようとするのである。つまり、「見える化」が「見せる化」に転化してしまうのである。その結果、測定値が現場の真の状態を表さなくなり、上司が適切な経営判断を下せなくなる。また、現場が上司へのアピール方法ばかりに気をとられていると、本来望ましい行動をとっていれば達成されたはずのパフォーマンスからは遠ざかっていくだろう。

そうしたマイナスは、「見える化」の結果を現場の業績評価などに使わなくても、ただ「測定するだけ」で、つまり「見えるようにするだけ」で、生まれてしまうこともかなり多い。人間は、測定されるだけで行動を変える動物なのである。

たとえば、ある製薬会社では、研究段階で医薬品原価の「試算」を始めた。医薬品の研究開発は、成果が出るかどうかだけでなく、政府に認可されるかどうかも不確実であるから、研究開始から実際に販売されるまで長い時間がかかる。したがって、医薬品原価の試算プロセスは、きわめて主観的なものにならざるを得ない。しかし、研究開発を管理する側は、それを早く知りたい。だから、現場に一切言わなくても、その測定を求められるだけで、行動が変わるのである。

その結果、開発現場の人たちの中には、たとえ試算であっても原価を測られることで、チャレンジングな行動を控えるようになる人が出てくる。試算結果は将来の業績評価に使われる、などということを一切言わなくても、その測定を求められるだけで、行動が変わるのである。それでは、かえって本来の成果が出にくくなる恐れがある。

原価管理のむつかしさの原点は、ここにある。測定することが、じつに多様な影響を測定対象者の行動に与えてしまう。その影響は、たんに現場の努力の促進だけではない危険がある。だから、慎重

134

に、現場の状況に応じて、原価計算と原価管理を行う必要がある。しかし、コストセンターの数が多い場合には、ある程度、共通のルールをもたないと、システム全体の管理がむつかしくなる。慎重に、しかし現場の挑戦を妨げないように。現場の多様性に配慮しつつ、しかし共通のルールも必要。そうした二律背反にも思える配慮の総合判断が、原価計算と原価管理、そしてすべての「見える化」の仕組みには求められている。

われわれはこの章で、原価計算と原価管理のむつかしさと歪みを強調しすぎているかもしれない。しかし、原価の測定と管理は、製造現場に限らず、企業の至るところで行われている。だからこそ、「見せる化」をはじめとするさまざまな歪みに深く配慮して、丁寧で抑制的な対応が必要なのである。

第6章 事業部の利益計算はむつかしい

1 プロフィットセンターの利益計算

さまざまなプロフィットセンター、典型例としての事業部

コストセンターを扱った前章に続いて、本章では、プロフィットセンターの業績測定について考えよう。プロフィットセンターとは、費用のコントロールだけでなく、売上を生み出すことに対しても責任を負っている組織単位を指す。売上から費用を引いたものが利益であるから、プロフィットセンターとは、利益という責任変数によって評価される組織単位のことである。

プロフィットセンターにはさまざまな組織単位がありうるが、その代表例が、事業部制組織における事業部である。開発、生産、営業というさまざまな職能をワンセットで備え、1人の事業部長がそれらを束ねる。それが、事業部である。本章では事業部をイメージして、プロフィットセンターの利益計算について考える。

事業部の営業部門は、主にその事業部が扱う製品の売上を大きくする責任をもつ。生産部門は、製造原価のコントロールを中心に、品質のよい製品をタイムリーに市場に提供する責任をもつ。開発部門は、研究開発費の適切なコントロールと、魅力的な製品を生み出す責任をもつ。そして事業部長の役割は、担当の事業部を「あたかも独立企業かのごとくに、すべての職能の総合的展開を自分の裁量で経営する」ことである。

事業部の利益を計算するためには、営業部門が稼いだ売上から、各職能で発生した費用（研究開発費、売上原価、販売費など）を引けばよい。そのほとんどは財務会計のデータとして入手可能であるから、事業部の利益は職能制組織における各職能の利益などよりは計算しやすく、したがって事業部はプロフィットセンターとして扱いやすいのである。

もちろん、こうした完全事業部でなくても、営業活動は本社で統一的に管理され、主に開発と生産を行う不完全事業部もあれば、逆にさまざまな事業分野の生産活動は1つの工場で集中的に管理され、営業活動を中心に組織される不完全事業部もあるだろう。それらについても、事業としての売上と費用を何らかの工夫で計算できれば、事業部の利益計算が可能となり、プロフィットセンターとして運営できる。

極端な例では、工場を「製品を作り営業へ売り渡すプロフィットセンター」と捉えて利益を計算す

137　第6章　事業部の利益計算はむつかしい

ることもありうるし、営業所を「工場から製品を仕入れて顧客に売り渡すプロフィットセンター」として捉えることも可能である。その結果、企業内にはさまざまなプロフィットセンターが存在しうるのである。

問題はコストセンターの3倍に

しかし、プロフィットセンターの業績測定すなわち利益計算は、決して簡単ではない。計算面でコストセンターとプロフィットセンターを比較すると、コストセンターはインプットの経済的価値のみを責任変数とするのに対して、プロフィットセンターはインプットの経済的価値だけでなくアウトプットの経済的価値も金額で測定し、その差額である利益を責任変数とする。

つまり、両者の管理会計の本質的な違いは、プロフィットセンターでは、インプットの経済的価値の計算に加えて、売上というアウトプットの経済的価値の計算をしなければならないということである。

第2章では、企業全体の売上と費用を測定する際に、発生の「認識」がかなり問題を含むことを強調した。いついくらの売上が発生したとみなし、いついくらの費用が発生したとみなすのか、それぞれに企業の裁量的判断が入り込む、という問題である。

プロフィットセンターの利益計算にも、同じ問題がつきまとう。それぱかりではなく、企業全体の利益を計算するよりも認識や裁量的判断の問題がより重要となることを、強く意識すべきであろう。

その理由は、1つの独立企業として扱ってもおかしくないような完全事業部の場合を除いて、プロフィットセンターの「売上」や「費用」は、多様な計算上の工夫をしなければデータとして入手でき

ないことが多いからである。その「計算上の工夫」は企業の裁量に委ねられているため、「こういう方法で売上や費用を認識する」という社内ルールを設ける必要が出てくる。

たとえば、ある企業のA事業部が生産する部品が、外販されるだけでなく、同じ企業のB事業部が作る製品の一部としても使われているとしよう。B事業部がA事業部に特注の部品を作ってもらった場合、その部品の「売上」をA事業部はどう計算したらいいのか。あるいは、その部品の「費用」（材料費）をB事業部はどう計算すればいいのか。特注だから、同じ部品は外販されていないのである。

単純に、A事業部でかかった費用をこの部品の社内取引価格に使えばいい、というわけにはいかない。これは、次節で議論する「振替価格」の決定に関する問題である。社内取引に用いられる価格の大小が、2つの事業部の利益に重大な影響を与えることは自明である。高く設定すればA事業部の売上は増えて利益も増えるが、反対にB事業部では費用が増えて利益は減ってしまう。2つの事業部の利害が対立するのである。

これ以外にも、売上や費用の認識に関するさまざまな社内ルールが、プロフィットセンターの利益に影響を与える。そのルールがじつに多くの問題をもたらすということが、「事業部の利益計算はむつかしい」という本章のタイトルの意味である。

コストセンターの原価を計算する際、間接費の配賦基準などの社内ルールが歪みをもたらすことについては前章で述べた。プロフィットセンターの利益計算では、原価計算についての社内ルールだけでなく、売上計算についての社内ルールの問題が加わる。しかも、1つのプロフィットセンターの中の原価計算のルールのみならず、全社的に発生する共通費用をどう配分するかも、プロフィットセンターでは問題になってくる。

139 　第6章　事業部の利益計算はむつかしい

いうなれば、コストセンターの原価計算で登場した業績測定の問題が、プロフィットセンターの場合には3倍になってしまうのである。3倍とは、プロフィットセンター内部の原価計算の問題に加えて、1つのプロフィットセンターが稼いだ売上の計算、1つのプロフィットセンターが負担すべき全社的費用の計算、という新しい問題が加わる、ということである。

情報システムとして、影響システムとして、意義がある

このように、プロフィットセンターの利益計算にはかなりの問題が潜んでいるのだが、それでも多くの企業が社内に多数のプロフィットセンターを設け、その利益計算を行っているのは、そこに意義があるからである。他の管理会計システムと同様に、情報システムと影響システムという2つの意義がある。

事業部という典型的プロフィットセンターの利益計算をイメージしながら、それぞれの意義について説明していこう。

まず、情報システムとしての意義は、事業部の利益が、事業部の運営に問題はないか、あるいは将来性のありそうな事業部はどこか、といった本社あるいは経営者が判断すべき事柄のための情報を提供してくれるということである。

たとえば、ある事業部の利益が減少した場合には、何らかの改善策を講じる必要があるだろう。赤字が何年間も続いている事業部がある場合には、その事業からの撤退を検討する必要があるかもしれない。反対に、将来性が高く、規模の拡大によってより多くの利益が見込める事業部には、追加投資を行うべきだと考えられる。経営者は、事業部の利益計算をすることで、事業ポートフォリオの管理や「選択と集中」を、より適切に行うことができるようになる。

事業部の利益計算は、影響システムとしても機能する。利益という尺度で評価されるとなれば、事業部長以下、現場で働く人々は、利益をあげるように努力するようになるだろう。あるいは、各事業部の業績を利益という共通尺度で横並び測定することによって、事業部間の競争意識が高まり、それがさらに現場の努力を大きくするということも期待できる。

あるいは、事業部の利益計算には、経営能力の育成効果を期待することもできる。事業部長は、仮想企業にとっての「社長」という位置づけになる。その場合、事業部を統括する事業部長は、仮想企業だと想定したうえで計算される利益である。事業部長は、仮想企業にとっての「社長」という位置づけになる。

したがって、実際の社長ほど多くの権限はもたないかもしれないが、事業部長には、経営者のように振る舞うことが求められるようになる。より多くの利益をあげるために、自部門の設備投資や人員配置、製品開発の方向性、マーケティングの方法といった経営のあらゆる側面について、あれこれ工夫する必要が出てくるのである。それを続けていくうちに、事業部長は経営者に必要な能力を備えていく。これも、影響システムとしての重要な機能である。

2 振替価格の決定

振替価格とは

事業部同士の社内取引に用いられる価格を、振替価格（Transfer Price）という。ある部門の製品を別の部門に移すことを会計では「振り替える」と表現することから、こうした名称が用いられている。事業部利益を計算する際の最初のポイントは、この振替価格をどのように決めるかである。

図表6-1 内部取引と振替価格

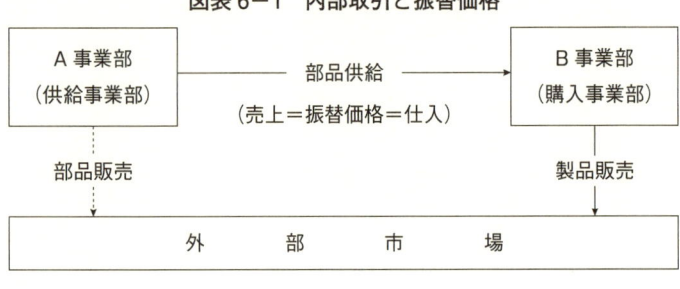

```
┌──────────┐      部品供給       ┌──────────┐
│ A事業部    │ ─────────────→  │ B事業部    │
│(供給事業部)│ (売上=振替価格=仕入)│(購入事業部)│
└──────────┘                    └──────────┘
     ┊部品販売                         │製品販売
     ▼                                ▼
┌─────────────────────────────────────────┐
│           外　部　市　場                  │
└─────────────────────────────────────────┘
```

図表6-1のように、B事業部が組立・販売を行う製品に使われている部品を、同じ企業内のA事業部が供給している状況を考えよう。各事業部の利益を計算するためには、当該部品の引き渡しが行われた時点で、B事業部の仕入原価つまりはA事業部の売上金額を、何らかの方法で決定しなければならない。

他の条件が等しければ、振替価格が高いほど売り手（供給事業部）の利益は大きくなり、反対に買い手（購入事業部）の利益は小さくなる。事業部利益に直接影響を与える振替価格をどうするかというのは、分権化された組織を経営するうえできわめて重要である。それを安易にやってしまうと、さまざまな問題が生じる。

たとえば、実態にそぐわない安い振替価格を設定すると、供給事業部の利益は過小に計算されてしまう。その結果、本当は競争力が高いにも関わらず、本社が歪められた利益に基づいて「採算が悪い」と判断して、その事業部への追加投資を控えたり、撤退を検討したりするかもしれない。

反対に、振替価格が高すぎると、最終製品の販売価格が歪められる危険がある。製品の組立を行う購入事業部において、部品の振替価格は材料費に含められる。したがって、振替価格が高いほど、製造原価も高くなる。その製品を売って利益をあげるためには、製品の販売価格を高く

142

設定せざるを得ず、結果として他社との競争に負けてしまうかもしれない。あるいは、部品の振替価格が不当に高いと感じた購入事業部は、外部から類似の部品を購入しようとするかもしれない。購入事業部にとっては合理的な行動といえるが、社内にある部品をわざわざ外から買うことで、企業全体ではコスト増となることもあるだろう。また、部品外注に頼りすぎて内部取引が停滞すると、供給事業部に部品に関する技術が蓄積されにくくなってしまう。

このように、振替価格の影響は、経営のさまざまなところに波及するので、その決定方法の選択は経営の大切な問題である。

さまざまな決定方法

では、具体的にはどのようにして振替価格を決めればいいのだろうか。代表的な方法として、市価基準、原価基準、交渉基準の3つがある。

供給事業部が部品を外部にも販売している場合（図表6－1の破線矢印）、もしくは類似の他社製品が市場に出回っている場合、その価格に基づいて振替価格を設定することができる。これを市価基準という。たとえば、内部取引は市場取引と比較して物流コストなどが安く済むため、市場価格からこうした販売経費の節約分を引いた金額を振替価格とするのである。

こうした市価基準は、振り替えられる部品の市場価格が入手可能な場合、もっとも合理的な方法であるといわれる。市場価格は、購入事業部が外部から調達すると想定した場合の仕入価格であり、供給事業部による生産活動の巧拙には関係なく決まっている。したがって、売り手にとっても買い手にとっても、フェアで納得性のある振替価格が得られる可能性が高い。

143 第6章 事業部の利益計算はむつかしい

しかし、当然のことながら、妥当な市場価格が入手できないことも多いだろう。事業部間で取引される部品とまったく同じものが市場で販売されていなかったり、あるいは市場価格の情報入手に手間ヒマがかかりすぎたりするかもしれない。そうした部品については、市価基準を用いて振替価格を決定することはむつかしい。市価基準の最大のポイントは、ベースとなる市場価格の入手可能性にあるといえるだろう。

振り替えられる部品の市場価格を入手できない場合、製造原価をベースに振替価格を設定する方法が考えられる。これを原価基準という。考え方としてはわかりやすいが、実際に原価基準を用いる場合には、少なくとも次の2点を決定する必要がある。

1つめは、原価をそのまま振替価格とするのか、それとも利益（マークアップ）を上乗せするのか、である。利益を上乗せする方法は、コストプラス法とも呼ばれる。この方法を用いる場合、マークアップをどれほどにするのかについて、検討しなければならない。他の条件が同じであれば、マークアップが大きいほど、供給事業部の利益は増加し、反対に購入事業部の利益は減少する。

2つめは、どんな原価を用いて振替価格を設定するか、である。たとえば、実際原価に基づいて振替価格を決定すると、購入事業部の仕入原価は、供給事業部の生産効率の影響を受けることになる。供給事業部の原価管理が下手で生産効率が悪ければ、原価は高くなり、その非効率をそのまま購入事業部が負担することになる。

また、コストプラス法を採用している場合には、供給事業部には必ず利益が発生することになる。ここでももちろん、非効率な原価で生産される場合には、その非効率さにもかかわらず、供給事業部は利益を保証されることになってしまう。

144

こうした問題を防ぐため、実際原価ではなく標準原価を振替価格のベースとする企業が多いようである。実際原価と標準原価の差額は、供給事業部の責任（あるいは貢献）と考えるのである。

これまでに述べた2つの方法では、本社がベースとなる価格を決めているに等しい。市価基準でいく場合も、原価基準でいく場合も、ベースとなる市場価格や原価を何にするかの選択は、事業部には任されていないことが多いからである。

それに対して、事業部間の交渉で価格を決める、という方法も考えられる。すなわち、外部市場での取引と同じように、企業内で売り手と買い手に交渉させる。そこで合意が得られた金額が取引価格となり、それを振替価格とするのである。この決め方を、交渉基準という。本社は、取引当事者である購入事業部と供給事業部の利害が対立し、なかなか交渉がまとまらない場合にのみ介入し、調停を行うことになるだろう。

一見、面倒なやり方に見えるが、振り替えられる部品についてよく知っている事業部同士で話し合いをさせるのは、現場のコミュニケーションをよくするためにも、案外意味のあることである。

ただ、交渉基準はときに過大な社内調整を必要とする危険もある。その手間に見合うメリットがあるかどうか、疑問がある場合もあるだろう。そのため、交渉基準を採用している企業は、それほど多くはないといわれる。しかし、第8章で詳しく取り上げる京セラのアメーバ経営では、事業部よりもずっと規模が小さいプロフィットセンター同士の交渉によって振替価格を決めるのが原則となっている。

また、社内ルールでは市価基準や原価基準で振替価格を決めることになっている場合でも、いつの

145　第6章　事業部の利益計算はむつかしい

このように、振替価格の決定にはさまざまな選択肢が存在し、どれも一長一短である。絶対的に正しい方法は存在しないため、振替価格の決定方法を選ぶ際には、情報システムとしての意義、影響システムとしての意義、そして振替価格設定の手間ヒマ、などを総合的に勘案して最終的な判断を下す必要がある。

その「総合的勘案」の中でももっとも配慮すべきは、影響システムとして現場の行動を歪めてしまうことであろう。現場の事業部が、全社最適ではなく、各事業部の部分最適のための行動を振替価格の決定方法ゆえにとってしまう、という歪みである。その歪みは、振替価格が高く設定されすぎても、低く設定されすぎても、いずれの場合にも起きるであろう。

こんな実例がある。ある企業では、ある部材の振替価格が「標準原価プラス5％の利益」のような低い利益率で設定されているために、供給事業部は社内への供給では十分な利益があげられないと判断した。その結果、その部材をもっと高く買ってくれる外部企業に、それも購入事業部の競争相手となる企業に売るようになってしまった。これは、原価基準でマークアップを低く設定しすぎたことが原因である。

振替価格が生む歪み

力の強い事業部が得をするように振替価格が決まることになるだろう。

時点の何の市価を採用するか、あるいは、どんな原価にするか、何を原価に算入するか、などについて判断の余地があり、実際の振替価格が当事者である事業部の力関係で決まってしまうことも多いだろう。形の上では市価基準あるいは原価基準、しかし実態は交渉基準、というわけである。その場合、

146

同じ社内の供給事業部が売ってくれないのだから、購入事業部はその部材を社外から調達しなければならなくなり、それだけキャッシュが流出する。さらに、（供給事業部の）販売先である競争相手には、高品質な部材の調達という競争力を与えてしまう危険がある。

反対に、振替価格が高く設定されすぎると、供給事業部の利益が実力よりも高く測定されることになり、供給事業部に気の緩みを生む危険もある。こうした危険は、供給事業部の利益が、国内の事業部が部品などを海外の生産子会社に供給する際に、大きくなりやすい。国内事業部は、自身の利益を大きくするために、振替価格を高く設定したくなるのである。

連結管理会計システムが十分に機能していない企業では、国内事業部の利益管理と海外子会社の利益管理が連動しないこともしばしばである。そのような場合、海外子会社の不利益のもとで国内事業部の利益が過大表示され、それが国内事業部の緩みにつながる。ときには、こうした利益捻出のメリットも考えて、ついつい甘い判断で海外子会社を設立してしまう、という投資の歪みも出るかもしれない。

もっとも、振替価格を利用して恣意的に海外子会社の利益を小さくすると、その子会社の課税所得も小さくなり、現地の課税当局が目を光らせるポイントとなる。したがって、こうした国際的な利益の配分の歪みには、ある程度のブレーキがかかるとも考えられる。

ここに挙げた2つの歪みには、振替価格の設定に現場の自由度がない場合と、現場にかなりの自由度が与えられている場合、それぞれの状況における歪みの例となっている。

第1の例は「標準原価プラス5％の利益」という自由度のないルール、第2の例は国内事業部が実質的に価格設定をできるルールである。つまり、振替価格がもたらす歪みには、現場に自由度を与え

147 第6章 事業部の利益計算はむつかしい

ないから生まれるものもあるし（第1の例）、逆に自由度を与えすぎることで生まれるものもある（第2の例）。

現場に測定の際の自由度を与えることのむつかしさは、交渉基準による振替価格の決定（つまり現場に任せる方式）を実践することのむつかしさにもつながりそうである。こうしたむつかしさが、振替価格の決定には凝縮されている。振替価格が社内の売り手である供給事業部の売上を決め、買い手である購入事業部の費用も同時に決める、というダブルインパクトをもつがゆえの「凝縮」である。

3 事業部が稼いだ売上、事業部が負担すべき費用

外部顧客への売上を配分するむつかしさ

振替価格は事業部の売上に影響を与える重要な要因であるが、それ以外にも「事業部が稼いだ売上」を決めるむつかしさは存在する。その典型例は、複数の事業部にまたがるような外部売上の配分である。

たとえば、1人の顧客に対して、A事業部が作る製品X、B事業部の製品Y、C事業部の製品Zを協力して販売したとする。定価は製品Xが50万円、製品Yが40万円、製品Zが30万円で合計120万円だが、まとめて買ってくれるということで100万円に値引きをしたとする。

この取引で売上として計上されるのは、製品一式での金額100万円である。しかし、事業部利益を計算するためには、この売上を各事業部に配分する必要が出てくる。どの事業部にどれほどの売上を帰属させるべきか、という配分である。配分法としては、各製品の定価に基づいて配分する、原価

148

に基づいて配分する、事業部長同士の交渉によって配分するなど、いくつかのやり方が考えられる。振替価格の決定と同様、唯一絶対の方法はないので、何らかのルールを設定しなければならない。

以上の例では複数の事業部の共同販売努力を想定していたが、ある事業部の売上が、別の事業部の販売努力によって生まれることもある。たとえば、A事業部が主力製品を、B事業部がその周辺機器や保守部品を、それぞれ担当している企業を考えよう。この企業では、主力製品を購入する顧客が、同時に周辺機器も購入するケースが多いとする。つまり、主力製品が売れると、ほぼ自動的に周辺機器も売れるのである。あるいは、主力製品を買った顧客は、いずれ保守部品を買う必要が出てくるだろう。

その結果、製品ごとの売上高が、必ずしも各事業部の努力を正確に反映しなくなる可能性がある。B事業部がほとんどマーケティング活動をしなくても、主力製品に合わせて周辺機器や保守部品も売れるからである。もしかするとA事業部は、「B事業部は何もしないで売上を稼いでいる」という不満を抱くかもしれない。

このような場合も、企業全体の売上（しかも、保守部品のように時間を置いて生まれる分を含んだ売上）を、何らかの方法で各事業部に配分するのがよいだろう。たとえば、2つの製品が同時に売れた場合に、B事業部がA事業部に販売手数料を支払うといった、事業部間で売上を再配分する仕組みがあった方がよいかもしれない。

事業部が負担すべき費用

前項で取り上げたのは、事業部の利益計算のうち、売上を決定するむつかしさであった。しかし、

事業部が負担すべき費用の測定にも、むつかしさがある。それは、複数の事業部が共同で利用しているような部門や施設で発生する費用を各事業部にどのように配賦するか、という問題である。

たとえば本社は、どの事業部にも属さない全社的な仕事をしている。そこでも、もちろん費用が発生している。本社スタッフ（役員を含む）の人件費、本社建物の減価償却費、さらには全社的な基礎研究にかかる費用などである。

複数の事業部が1つの大きな工場を共同利用している場合にも、類似の問題が発生する。工場の管理費用などの間接費は、事業部が共同して負担すべきものである。そして、各事業部の間接費が決まった後で、その間接費をその事業部での製品別原価計算においてどう配賦するか、という第5章で取り上げた問題が生まれるのである。

以上のような本社共通費は、事業部の活動との直接的な関連を特定することがむつかしい。また多くの場合、事業部長はこれらの費用をコントロールすることができない。したがって、そもそも本社共通費を事業部の利益計算に含めないという選択肢もありうる。しかし、多くの企業がこうした費用を各事業部に配賦している。その背景には、2つの理由が考えられる。

1つは、企業全体の最終的な採算は、本社共通費も控除したうえで計算されるということである。たとえば、財務会計の損益計算書では、本社費用や研究開発費は「一般管理費」として営業利益の計算過程で控除される。事業部の外で発生しているとはいえ、本社共通費は、まぎれもなく企業が存続していくうえで必要なコストである。

事業部がこうしたコストを無視して価格決定などを行うと、すべての事業部が黒字にもかかわらず、企業全体では赤字という状況に陥いる危険がある。こうした事態を回避し、事業部長に現状を認識し

150

てもらうために、本社共通費を事業部の利益計算に含めるのである。

もう1つは、本社共通費の肥大化の回避のためである。各事業部は、本社共通費が自分たちの利益に影響を与えない場合、本社に必要以上の協力を要請したり、間接部門に過剰なサービスを要求したりするかもしれない。その結果、企業全体ではコスト増となってしまう。

本社共通費を事業部の利益計算に含めれば、こうした問題はある程度、緩和されると考えられる。

さらに、各事業部は、発生する費用の一部を自分たちが負担することで、本社間接部門がコストに見合ったサービスを提供しているか、厳しくチェックするようになるだろう。

代表的な配賦方法

本社共通費の配賦方法は、一括配賦法と個別配賦法の2つに分けられる。一括配賦法は、本社共通費の発生と関連が強いと考えられる単一の基準を用いて、各事業部に配賦する方法である。その代表的な方法として、売上基準、投下資本基準、従業員基準、の3つを紹介しよう。

売上基準とは、売上高や販売数量を配賦基準に用いる方法である。売上高や販売数量が大きい事業部ほど本社のサポートを必要とする、という前提が成り立つ企業にとっては合理的な基準といえる。

ただ、売上基準を採用することで、現場の行動に次のような影響を与える可能性がある。たとえば、各事業部のマーケティングに対するマイナス効果がありうる。最後の営業努力をするかどうかという瀬戸際の時、どうせ売上が増えると本社共通費の負担が増えるから、とチマチマした計算をする事業部長が出てくるかもしれない。

また、販売数量が配賦基準に用いられると、各事業部は、単価が安い製品を避け、より単価が高い

製品をたくさん売ろうとするかもしれない。どの製品を売っても同額の本社共通費を負担するのであれば、高い製品を売った方が利益として残る分が多いからである。

第2の方法は、投下資本基準である。これは、どれだけの資本が投下され、どれだけの資産を使用しているか、に基づいて本社共通費を配賦する方法である。投下資本の金額で配賦するのがふつうだが、物量的基準もありうる。たとえば小売業では、店舗という業績測定単位への本社共通費の配賦に、その店舗の売場面積が用いられることもある。

投下資本基準については、次のようなメリット・デメリットが指摘されている。まずメリットは、カネの無駄遣いが抑制されることである。資産を増やすことでより多くの本社共通費を負担させられるのであれば、各事業部はうかつに資産を購入しようとはせず、今あるものを大切に使うようになるだろう。

デメリットは、こうした節約志向が行き過ぎると、成長機会をみすみす逃してしまうことである。投下資本基準を用いることで、将来に向けた設備投資が抑制され、新規事業の開拓に対する意欲が損なわれる恐れがある。

第3の従業員基準とは、従業員数や給与総額といった、ヒトに関する基準を用いて本社共通費を配賦する方法である。多くの日本企業が、こうした方法を採用しているといわれる。労働集約的な産業に属する企業では、合理的な基準といえるだろう。

従業員数に基づいて本社共通費を配賦することで、各事業部は少ない人数で利益をあげ、できるだけヒトを増やさないように努力するだろう。その一方で、必要なときにもヒトを増やさず、今の社員の負担が重くなりすぎたり、多くの業務を外注したりするようになるかもしれない。もしくは、研究

152

開発のように将来の利益を見据えた活動に人材を投入しなくなる、といった問題も起こりうる。給与総額を配賦基準に用いた場合には、トータルの人件費が高い事業部ほど多くの本社共通費を負担することになる。したがって、人件費そのものを減らそうというインセンティブは、従業員数を配賦基準に用いた場合よりも高くなるだろう。

ここで挙げた3つの方法以外にも、複数の基準（たとえば売上高、投下資本、従業員数）をウェイトづけした値を用いて、本社共通費を配賦する方法もある。いずれにせよ、一括配賦法は、第5章で取り上げた製造間接費の製品への配賦と同様、裁量の余地が大きい手続きだといえる。

本社共通費のもう1つの配賦方法である個別配賦法とは、本社や間接部門が提供するサービスごとに配賦基準を設定する方法である。たとえば、広告宣伝費は売上高、設備管理費は投下資本、人事部経費は従業員数、といった具合に、異なる基準を用いて配賦を行うのである。個別配賦法は、一括配賦法に比べて厳密な計算を可能にする一方、事務コストが増大するなどの問題点が指摘されている。管理会計システムの設計者は、長所と短所を両方とも考慮したうえで、本社共通費の配賦にも絶対的な方法は存在しない。振替価格の決定と同様、本社共通費の配賦にも絶対的な方法は存在しない。管理会計システムの設計者は、長所と短所を両方とも考慮したうえで、自社の実態に合ったやり方を決定しなければならない。あまり深く考えずに決めると、現場の行動に思わぬ歪みが出てしまう。かといって複雑にやりすぎると、手間が増えるうえ、現場が理解できなくなってしまう。そのバランスが肝心である。

本社共通費の配賦がもたらす歪み

本社共通費の配賦が現場の行動に与える影響については、前項でも簡単に触れた。ところが現実には、それをはるかに超えた事態が起こりうる。ここでは、実際の企業で起きた例をいくつか紹介しよう。

売上高や投下資本など、規模を測る指標には複数の候補があるものの、総じて本社共通費は、事業規模の大きい事業部により多く配賦される。ところが実際には、大きな事業部ほど自前で多くの機能を有しており、本社のサポートを必要としていない可能性がある。その結果、本社への依存度が低い事業部がより多くの本社共通費を負担するという、矛盾した計算が行われてしまう。

これが行き過ぎると、どんな問題が起こるだろうか。たとえば、本社への依存度が低い事業部の利益が過小に計算され、反対に依存度が高い事業部では過大に計算されることで、経営者は資源投入や撤退の意思決定を誤るかもしれない。

実際、ある企業では、規模に応じて本社共通費の配賦を行った結果、本社にほとんど依存していない大規模事業部の業績が圧迫され、設備投資予算を減らされるケースが起きているという。これは、情報システムとして問題があるだけでなく、本社に対する現場の不満がたまるという点でも望ましくない。

一方、影響システムの観点からは、本社共通費の配賦は現場の2つの行動変容を引き起こすと考えられる。1つは、第5章で取り上げた製造間接費と同様、現場が本社共通費の配賦を避けるための行動をとり始めることである。たとえば、人件費に基づいて本社共通費を配賦していたある企業では、多くの事業部が製造子会社を設立し、そこに多くの社員を出向させた。製造子会社の従業員は事業部の人件費にはならず、本社共通費の配賦基準に入らないからである。

当然、そんなことをしても会社全体の本社共通費が減るわけではない。しかも、みんなが同じように製造部門を子会社を設立した結果、当初に意図した配賦回避の効果も薄れてしまう。さらにこの企業では、製造部門を子会社として独立させたことで、事業部本体との連携が図りにくくなってしまったという。

本社共通費の配賦が現場の行動に与える2つめの影響は、事業部が自分たちでもできる業務を本社にやらせようとすることである。前述のように、本社共通費を配賦しない場合、事業部は必要以上に本社のサポートを要求するかもしれない。それと似たような「仕事のつけ回し」が、配賦をした場合にも起こる可能性がある。

たとえば、本社で発生した研究開発費の半分を事業部に配賦（残り半分は本社が負担）していた企業では、ある事業部が自身の生産技術部門を本社研究所に移転させた。事業部内にこの技術部門があるとすべての費用を自分で負担しなければならないが、本社に移せばその半分しか費用として配賦されないからである。しかしその結果、この事業部の技術力は低下し、開発に遅れが目立つようになってしまったという。

以上のように、本社共通費の配賦という1つの管理会計システムが、組織構造や社員の所属すら変えるという行動を引き起こすことがある。そして、配賦を避けるためにとった行動が、長期的には現実の企業活動にマイナスの影響を与える。事業部の利益計算方法が影響システムとして機能してしまう範囲は、かなり広いのである。

4 利益管理のむつかしさ

原価管理のむつかしさと、どこが違う？

前章で指摘した原価管理のむつかしさは、ほとんどそのまま利益管理にも当てはまる。というよりも、同じ問題がより深刻になる可能性が高いと考えた方がいいだろう。

深刻になる最大の理由は、じつに単純である。費用だけを考えればよい原価管理と比べて、利益管理では売上と費用という2つの変数が管理対象となる（正確には、両者の差額である利益が管理対象となる）ため、その分だけむつかしさが増すのである。

利益管理の場合は、費用の変動に対して適切な対応をとることが、原価管理を行う現場に期待される。これら2つの変動に対して適切な対応をとることが、原価管理を行う現場に期待される。利益管理の場合は、費用の変動はそのままに、製品価格の変動と販売数量の変動という2つの変動がさらに加わる。だから、利益管理を行う現場に要求される対応も2倍の複雑さになるのである。

たとえば、利益管理では利益予算のような業績目標を設定することが多いが、そこでは目標利益を設定する必要がある。そのためには、来期の製品価格、販売数量、インプット価格、生産数量、という4変数の予測をきちんと行わなければならないだろう。

ふつうは販売数量と生産数量を一致させたいだろうから、現実には製品価格、販売数量、インプット価格の3変数の予測が必要なのかもしれない。しかし、たとえ3変数であっても、経営環境がめまぐるしく変化する中で、きちんと適切な目標を設定するのは、決して簡単なことではない。

もちろん、前年度利益から5％アップというような、過去の数値に基づいて目標利益を設定するというやり方も可能である。しかし、こうしたやり方がさまざまな歪みをもたらすことは、前章で目標原価の設定を例に挙げて述べた通りである。

利益管理の場合には、現場が操作可能な変数が増える分、問題はより深刻になるかもしれない。たとえば、前章では原価管理の成果を小出しにするというような問題を指摘したが、利益管理の場合に

156

は小出しにできる余地が営業の現場にまで拡大されることになる。

目標値と実績値を比較する差異分析も、利益管理の手段としてよく行われる。しかしここでも、原価管理のための差異分析よりも問題が複雑になる。費用に加えて売上の差異の分析が必要になり、そのためには製品価格と販売数量の両方について、目標と実績の違いを検討する必要が出てくるからである。

もちろん、利益についての差異分析がより複雑になるからといって、それをやらないでいいという理由にはならない。ただ、われわれがそのむつかしさを強調するのは、管理する側が、差異分析の歪みが原価管理の場合に比べて倍増することを深く認識したうえで、歪みに対するきちんとした対策やスタンスをもつ必要があるからである。

前章では、原価管理の「見える化」が言い訳のうまい人を育ててしまう危険性を指摘したが、利益管理では、対象となる変数が増えている分、言い訳の材料が増えてしまっているとも考えられるのである。

利益責任をどこまで追及すべきか

こうしたむつかしさがありながらも、事業部に代表されるプロフィットセンターの利益計算も、それに基づく利益管理も、複雑な企業組織の経営には不可欠である。その最大の理由は、利益という、第2章で述べたように企業にとってもっとも大切な指標が、測定や管理の対象だからである。すなわちプロフィットセンターは、コストセンターよりも企業本来の目的に近い責任変数をもつ、意義の大きな責任センターなのである。

本章でわれわれが指摘してきた事業部利益の測定と管理についてのむつかしさの多くは、利益計算が影響システムとして機能してしまうことによって生まれている。経営者としては、各事業部の利益についての情報を、本社の経営判断や意思決定に使うためだけにほしいという場合もあるだろう。情報システムの観点から事業部の利益計算が必要なことは、誰しも認めるところである。

しかし、すべての管理会計システムに共通の問題として、管理会計システムを情報システムとしてだけ機能させたくても、実際には影響システムとしても機能してしまう。良くも悪くも、ときには事前の想定をはるかに超えて、機能してしまう。人間は測定されるだけで反応する動物なのである。それが利益計算の場合にはとくに深刻になる。

では、どうすれば利益計算を影響システムとして健全に機能させることができるのだろうか。それにはまず、利益計算をきちんと追及することが大切である。責任を追及されないことがあらかじめ分かっているような利益計算は、企業の管理会計としてはあり得ないといってもいい。

ただし、「利益責任をどこまで追及すべきか」ということに関しては、それがもたらすメリットとデメリットを熟知したうえで、深い配慮が必要だと思われる。利益責任を追及することの主なメリットは、それが現場の行動に適切な刺激を与えることである。事業部長などプロフィットセンターの長のみならず、その下で働くメンバーの利益意識が高まることによって、さまざまな現場で利益を増やすための行動がとられるようになるだろう。

営業の現場では顧客へのきめ細かな対応、生産の現場ではムダのない生産への多様な手配り、開発の現場では市場のニーズに合った製品を生み出す細やかな努力。企業の利益は、そうした現場の努力の集積で生まれてくる。利益責任をきちんと果たすという現場の意識は、努力のベクトルを合わせ、

158

長するのに貢献するだろう。しかも、利益はみんなが共有しやすい責任変数である。それを重視せよという刺激の与え方は、わかりやすく、納得的でもあるだろう。だから、利益責任の追及は、組織に不可欠である。

しかし、利益責任の追及が限度を超えると、現場が「見せる化」に走り出すというデメリットが顕在化する。これまでも繰り返し述べてきたように、原価管理で起こりうる歪みは、利益管理の場合にはより深刻になる恐れがある。たとえば、利益管理における「見せる化」の中には、第2章で述べた「数字をつくる」という歪んだ努力まで含まれてきてしまう危険がかなりある。

本章では、「見せる化」の危険だけではなく、実際の現場の行動が歪む事例についてもいくつか取り上げた。利益責任の追及がもたらすマイナスの影響は、かなり多様なのである。したがって、現実問題としては、案外早い段階で、利益責任を追及することのデメリットがメリットを上回ると思った方がいいようだ。

その歪みが一時的なものであるかのごとく考え、行動するような組織風土が生まれる危険もある。そうなると、利益が情報システムとしても機能しなくなることは、第2章で強調した通りである。

どの程度、利益責任を追及するのが適切なのか。それは、その組織の置かれた状況だけでなく、利益計算以外の管理システムのあり方や経営者の哲学にも依存する、むつかしい問題である。したがって、簡単な結論はあり得ない。ただ、責任追及が正味プラスの影響をもつ時間、正味マイナスとなるまでの距離は、案外と短い。その短さを、利益という責任変数のわかりやすさがしばしば覆い隠してしまう。それが、利益管理の最大の問題かもしれない。

第6章 事業部の利益計算はむつかしい

第7章 「ついつい」の資産増加を防ぐには

1　資産効率をなぜ考えるか

投資に対するリターンを得るのが企業の基本

利益をあげるのが企業の基本的な目的の1つ、あるいは少なくとも経済的側面では最大の目的、ということは言うまでもない。しかし、利益をあげるために過大な投資をしたのでは、効率はよくない。投資した金額との比較でのみ、稼いだ利益の大小を評価すべきなのである。100億円の投資をして10億円の利益をあげるのと、50億円の投資で10億円の利益を生むのとは、同じではない。

160

つまり、投資に対するリターンをどれくらい確保できているか、それを考えることが大切なのである。企業は、株主や銀行から調達した資金を使って投資をし、利益を生み出そうとする。だから、企業が投資に対する効率を問われるのは当然のことであり、投資への責任をもつ組織単位として投資センターを設定し、その効率を高めるためには、投資への責任をチェックする業績指標を設定することが重要なのである。

投資というと、設備投資に代表されるような固定資産への投資だけを思い浮かべがちな人が多いであろう。しかし、事業の発展のために資金を投入して、利益を生む活動を助ける、促進する、という意味では、流動資産への投資も立派な投資である。

たとえば、在庫の１つひとつは１年以内に現金化する可能性が高いから流動資産に分類されているが、１つの在庫が売れると別の在庫が増えるのであれば、在庫への投資の総額は相当なものになるであろう。

ただ、設備投資はしばしば案件ごとの金額が大きいために、社内の承認プロセスも確立しているし、注目もされる。しかし、在庫のように目立たないものに対する投資は、社内でその１つひとつが審議の対象になることは少ないだろう。その結果、在庫は「ついつい」増えてしまう傾向にある。したがって、在庫への投資についても、設備投資と同じように、その効率を追求すべきであろう。

当然のことながら、投資センターとして設定されるべきなのは、投資の権限がそれなりに与えられている組織単位である。投資の提案権をもつ事業部や子会社などが、その典型例であろう。そうした事業部は、プロフィットセンターとして評価されると同時に、投資センターとしても評価されるのである。

しかし、投資という概念に設備投資だけでなく在庫への投資も含めると、じつは企業内のかなりの種類の組織単位が、投資センターとして評価されるべき、ということになるかもしれない。少なくとも、プロフィットセンターとして評価されていて、かつ使用する資産の増減に大きな影響を及ぼすことができる組織単位は、投資センターとして評価することも検討する余地があるだろう。

ところが現実には、多くの日本企業が、投資センターのための管理会計システムを明示的にはもっていないようである。そうした企業でも、資産購入の決裁権限を工夫するなど、現場に資産効率を意識させるための仕組みがまったくないわけではないだろうが、管理会計システムと呼べるほどには徹底されていないと思われる。

それが、多くの日本企業の資産効率が低い、投下資本利益率などへの意識が低い、と海外から批判される1つの原因かもしれない。こうした問題意識をもちながら、本章では、投資センターの管理会計システムについて考えていく。

資産はついつい増えてしまう

コストが増えれば、そのネガティブインパクトを想像しやすい。しかし、資産増加には、いい面もあるものだから、コストや利益の場合に比べて、ネガティブインパクトが認識されない危険が大きい。そのため、資産の増加が健全な限度を超えても、人々の注意はそこに集中しにくい。だからこそ、現場に資産効率を意識させるための仕組みが必要なのである。

利益が減っても、そのネガティブインパクトはすぐに目につく。利益が減っても、そのネガティブインパクトはすぐに目につく。生産能力の増加のための設備投資や顧客対応のスピードアップのための在庫投資など、いい面もあるものだから、

162

しかも、在庫や固定資産は、その効率をきちんと意識しないと、ついつい増えてしまう傾向にある。「ついつい」が起こる理由はさまざまであるが、いくつか例を挙げておこう。

たとえば、顧客の要求に対応したいという営業上の理由である。顧客の注文にスピーディに応えるためには、在庫を多くもっておきたい。顧客がもっと製品を供給してほしいと言えば、増産のための設備投資をしたくなる。いずれも正当な理由で、現場で起きそうな話である。しかし、安易にそれをやってしまうと、どんどん資産は増えていく。資産の増加に見合った利益が得られるかどうかの判断が、ついつい甘くなるのである。

生産部門にも、資産がついつい増加する理由が多様に潜んでいる。営業部門から増産の要求が来たときにすぐに対応しないと叱られるから、原材料の在庫を多めにもっておきたい。あるいは、原材料はまとめ買いをした方が値引き交渉をしやすいから、ついつい多めに買ってしまう。さらには、第3章で売上原価を低く見せるために当期の生産量を大きくする事例を紹介したが、こんなことをやれば当然、製品在庫は増えてしまう。

あるいは、生産計画の変更に柔軟に応じるために、生産能力の余裕をもって(すなわち、本来必要な生産能力を上回る)設備投資をしたくなる。同業他社が積極的に投資を実施していれば、自分たちも横並び投資をしないと置いていかれるような気になって、ついつい経済合理性を伴わない投資をしてしまうこともある。

「ついつい」の資産増加は、開発部門を起点として起こることもある。たとえば、新しいことに挑戦したいために、新発売の実験装置を買いたくなる。あるいは、全方位的実験的製品開発をしたくなる。顧客のニーズの変動が激しい状況では、多種多様な製品の開発が必要だと思ってしまうからである。

163　第7章 「ついつい」の資産増加を防ぐには

しかし、開発するだけでは売上にはならないから、少量でも開発した製品はなるべく生産してみる。そのために生産設備も必要になって固定資産が増えるし、思ったよりも売れなければ在庫の山が築かれる。

ここで挙げた理由はすべて「一見もっとも」で、反対しにくい正当性をもっている。だから、「ついつい」が始まる。しかも、1つひとつは大きな資産増加にはならないようなものが多いから、「ついつい」が始まった後のチェックも簡単ではない。だから、個別の案件チェックではなく、トータルの資産効率を意識させることで1つひとつの「ついつい」が減るように仕向けることが、重要なのである。

増えた資産は、さまざまな悪さをする

ついつい増えてしまった資産がもたらすのは、その資産が有効に利用されないことによる直接的な悪影響だけではない。さらに間接的あるいは波及的にさまざまな悪さをして、現場の非効率な行動を引き起こしてしまうことがある。それが、資産の「ついつい」の増加がもたらすもっとも深刻な悪影響である。

もちろん、資産増加の直接的な悪影響も大きい。在庫の例でいえば、在庫の管理にはさまざまな費用がかかるため、在庫の増加は管理費用の増加をもたらす。在庫の出し入れの費用、管理の手間、保管のための倉庫代、などなどである。さらには、在庫として保管している間に材料が劣化したり、流行遅れで商品価値が下落したりすることもあるだろう。

では、在庫の増加がもたらす間接的な悪影響とは何か。たとえば、製品の在庫を抱えすぎると、営

164

業活動のフレキシビリティが失われる恐れがある。既存製品の在庫が大量に残っていれば、営業担当者は「まずこれを売り切らなくてはいけない」と感じて、新たに開発された製品の営業活動へのエネルギーを十分に割けなくなる危険がある。

あるいは、材料が在庫として残っていると、それを使い切るために、その材料を使った売れる見込みの小さい製品を楽観的に考えて生産しようとする。「もったいない」という心理が逆に悪さをするのである。ときには、在庫が文字通り物理的なスペースを占拠してしまうので、倉庫が散らかって材料の発注ミスが多くなることもありそうだ。

固定資産の「ついつい」の増加に関しても、同じようなことがいえる。その悪影響は、減価償却費やメンテナンス費用の増加といった直接的なものにとどまらない。波及的な悪影響の典型例は、遊休設備が製品開発に与える悪影響である。

たとえば、何かの理由で過剰な設備投資をしてしまったとする。そこで発生する減価償却費などの固定費を回収するためには、稼働率を高い水準で維持しなくてはならない、と誰もが考える。その影響で、開発部門の人々が「遊休の生産ラインを使って生産しやすいような製品を開発しなければならない」という考えをもつようになる。

その結果、顧客のニーズよりも既存設備との適合度を優先した製品開発が行われ、典型的なプロダクトアウト型の製品が市場に出て行くことになる、という悪影響が生まれうる。あるいは、開発の現場で新しい実験装置を購入した後、それを有効活用しているように見せるために、本来の目的とは必ずしも関係のない実験を繰り返す、などということもありそうだ。

このように、「ついつい」の資産増加が現場の行動を歪め、本来、現場がとるべき適切な行動に充

てる時間やエネルギーを浪費させてしまうのである。過剰な在庫や設備の場合も、先に挙げた波及的悪影響の事例の背後のメカニズムは同じである。過剰在庫の場合も設備の場合も、先に挙げた波及的悪影響の事例の背後のメカニズムは同じである。過剰な資産が、それを有効利用したいという現場の活動を誘発するのである。現場の動機はもちろん、正しい。しかし、動機が正しくても原因が過剰資産であるために、結果としてとられる現場の行動は経済合理性を欠いたものになってしまうのである。

この「有効利用への動機」というメカニズムだけなら、まだいいかもしれない。もっと困るのは、過剰な資産が目に見える形で現場に存在してしまうことによって、現場のコスト意識が甘くなる、という心理的悪影響が出ることである。

「巨額の投資をしたのだから、これくらいはコストを使ってもいい」「あんなに在庫がたまっているのだから、懸命に小さなコストダウンをしても、焼け石に水だ」などという現場の緩みを過剰な資産が誘発してしまうと、他の費用項目まで大きくなる恐れがある。これくらいはいいか、とついつい考えてしまう「甘えの許容」というメカニズムである。

こうして、「有効利用への動機」のメカニズムにしろ、「甘えの許容」のメカニズムにしろ、過剰な資産の存在はいくつものメカニズムを現場で発動させてしまう危険がある。その結果、現場の歪んだ行動を誘発してしまうのである。

ここで紹介した悪影響の中には、「そんなことが本当にあるか」と言いたくなるようなものも含まれていたかもしれない。だが、そうしたことが誘発されかねない現場のメカニズムまで、経営者の現場想像力の視線は届かなければならない。

166

2 比率か、差額か——ROIとRI

資産と利益の相対関係の測定

 本章のテーマである投資センターの資産効率とは、どれだけ資産をうまく活用して利益を生み出しているか、その度合いのことである。つまり、利益に貢献しないムダな資産をもっている組織単位ほど、資産効率は低くなる。

 利益は、規模が大きい組織単位ほど大きくなるのがふつうである。規模が大きいとは、ふつうはたくさんの資産を保有していることであり、それだけ多くの資産を使っていれば、利益という成果が大きくなるのは当然だということになる。

 したがって、規模の異なる組織単位の利益をそのまま比較しても、資産効率の良し悪しまではわからない。利益の大きさを、それを生むために使った資産（使用資産）の大きさに応じて相対化することによって、投資センターの業績を測定する必要があるのである。こうした相対関係を表現できる業績指標はふつう、比率で表現されるか、差額で表現されるか、ということになる。

 比率とは、利益の金額を使用資産の金額で割り算して、使用資産の何パーセントの利益を生み出したか、という指標（つまり利益率）を考えるということである。差額とは、使用資産の大きさに応じて投資センターが払うべき費用のようなものを計算して、その資産使用コストを利益から引いた金額を業績指標として使う、ということである。

 いずれの指標を使っても、使用資産の大きさに比して利益が十分な大きさでなければ、利益率は低

167　第7章 「ついつい」の資産増加を防ぐには

ROI＝投資センターの利益÷使用資産　　　　　　　　　　　　　　　　(1)
RI＝投資センターの利益－使用資産×資産コスト率　　　　　　　　(2)

くなるし、利益と資産使用コストの差額もまた小さくなるだろう。つまり、利益に貢献しない資産を抱えているほど、ネガティブな評価を受けるのである。

投資センターの業績指標のうち、比率で計算されるものの典型例が、投下資本利益率 (Return on Investment：ROI) である。これは上の (1) 式によって求められる指標であり、投資センターの使用資産は本社がその事業に投下した資本であると考えることから、投下資本利益率と呼ばれる。本社からすれば、「投資1円当たりいくらの利益を生み出しているか」を明らかにする業績指標である。

一方、差額で計算される業績指標の典型例が、残余利益 (Residual Income：RI) である。これは上の (2) 式によって求められる指標で、使用資産に対して投資センターが支払うべき利率のようなものを資産コスト率としてあらかじめ定めておいて、本社にその費用（資産使用コスト）を支払った後でいくらの利益が残るか、を計算したものである。

本社からすれば、投資センターが使用している資産は、もともと本社が調達した資金で購入したものである。したがって、資金調達にかかるコストを支払った後でも利益が出ていなければ、投資としては失敗ということになる。

本節では、これら2つの指標の意義や関係、その計算に必要とされる情報などについて解説していく。

168

ROI——投下資本利益率

この本のこれまでの章では、売上や費用の発生の認識や、2つの変数の差額である利益の計算がはらむさまざまな問題点を指摘してきた。それだけでなく、投下資本利益率の計算ではさらにもう1つ、簡単には測定できない変数が登場する。分母の使用資産である。

企業全体が使用している資産の金額は、貸借対照表の資産の部（左側）に表示されている。それに対して、1つの事業部のような投資センターが使用している資産は、どのように計算すればいいのか。投資センターの業績指標として投下資本利益率を使いたいのだから、その事業部がコントロールする権限が与えられている資産を使用資産とするのが、1つの原則であろう。その事業部がまったくコントロールできない資産が使用資産に含められてしまうと、投下資本利益率はその事業部の経営努力とは関係のない変数に左右されることになる。それでは、業績指標として不適切である。

したがって、事業部制組織を例にとれば、各事業部が管理している在庫や売掛金などの流動資産、各事業部が使用している工場設備のような固定資産、などをきちんと計算して、その総額を事業部ごとの「使用資産」とするべきであろう。

しかし、「1つの事業部が使用している資産の総額」の計算は、案外むつかしい。たとえば、同じ工場内で複数の事業部の製品を生産している場合、その工場が保有する土地や建物、機械設備を、どうやって各事業部に割り振るのだろうか。明らかに、事業部が直接的に工場資産を使っている。しかし、その割り振りがむつかしい。間接費の配賦と同じように、何らかの社内ルールが必要になるだろう。

$$\frac{利益}{使用資産}（ROI） = \frac{利益}{売上高}（ROS） \times \frac{売上高}{使用資産}（資産回転率） \quad (3)$$

さらに、企業が保有する資産の中には、本社や基礎研究所の資産のように、個々の投資センターが直接、使用しているわけではないが、しかし企業全体としては必要な資産が多く含まれる。こうした「本社共通資産」の存在を、投資センターの業績を測定する際に考慮すべきだろうか。なかなかむつかしい問題である。

この問題に対する1つの答えとなりうるのは、前章で取り上げた本社共通の配賦である。この配賦によって、事業部利益（投下資本利益率の分子）は、本社共通資産の使用コストを考慮したものになる。

あるいは、本社共通費は配賦しない（分子の利益計算には含めない）が、本社共通資産そのものを各事業部に割り振る（分母の使用資産に含める）、という方法もある。ただしこの方法には、事業部がコントロールできない資産を事業部に負担させることで、責任が権限よりも大きくなり過ぎてしまうという望ましくない側面もある。

このように、使用資産の計算は一筋縄では行かない。しかし、だからといってその計算をやめてしまっては、資産効率を意識させる管理会計システムをスタートさせることができない。あまり計算の完璧さを追い求めようとはせず、どこかで腹をくくって使用資産を計算し、業績指標に含めるのがよいだろう。

なお、投下資本利益率は、売上のうちどれほどが利益として残るかを意味する売上高利益率（Return on Sales：ROS）と、使用資産の何倍の売上高をあげているかを意味する資産回転率という、2つの意味のある指標に分解することができる。

170

上の(3)式を見てほしい。これまでの章では、「売上ー費用＝利益」をベースとして、原価管理や事業部利益の計算など、もっぱらROSと深く関わる管理会計手法を取り上げてきた。しかし、投下資本利益率には資産回転率というもう1つの決定因子が存在することを、この式は示している。それが、「資産を効率的に活用する」ということの別表現である。

事業部長など投資センターの長は、投下資本の回転効率を考えた経営をすべきなのである。

RI――残余利益

残余利益を計算する際に、なぜ資産使用コストを引く必要があるのだろうか。まずそこから議論を始めよう。

事業部などの投資センターが使用している資産は、自然に発生したわけではなく、もともと本社が資本市場から調達した資金やこれまでに稼いだ利益を使って買ったものである。外部の資金提供者である株主や銀行は、配当や利息、値上がり益といった見返りを期待するからこそ、企業にカネを出してくれる。利益を配当せず資産への投資に回すのも、その投資が将来的に大きなリターンを生んでくれると期待すればこそである。

こうしたリターンは、投資センターが使用している資産への見返りであり、投資センターからすれば株主や銀行、あるいは本社に支払うべきコストといえる。つまり、投資センターが使用する資産には、資金提供者（外部の投資家であれ、本社であれ）の期待というコストがかかっており、そのコストを上回る利益をあげなければ、事業活動としては合格とはいえない。

以上のような考え方に基づいて、残余利益を計算する際には、使用資産に資産コスト率を掛けるこ

とによって、資産使用コストの金額を求めている。そして、投資センターの利益が資産使用コストよりも大きければ、残余利益はプラスになり、その事業部は最低限要求される水準を上回る利益をあげていると解釈することができる。

前述の（2）式からわかるように、投資センターが資産使用コストを上回る利益を生まない資産に投資すればするほど、使用資産は増えるが利益が十分には増えないため、残余利益は低下する。したがって、後で残余利益によって評価されるとわかっていれば、投資センターの長の投資判断基準は、資産使用コストを上回る利益があげられるかどうか、ということになるだろう。

また、不要な資産がある場合には、それを処分しても利益はとくに減らず（だから不要なのである）、むしろ処分によって資産使用コストが減るので、残余利益は増えることになる。だから、できるだけ早く不要な資産を処分しようとするだろう。

このように、残余利益を業績指標として用いることにメリットはあるのだが、残余利益の最大の問題は、資産コスト率の「客観的数値」を得ることがむつかしいことである。投下資本利益率では使用資産の計算が問題だったが、残余利益では使用資産の計算という問題はもちろん残ったまま、さらに資産コスト率の設定という別の問題が出てくるのである。

残余利益が他の会計指標と決定的に異なるのは、使用資産つまり投下資本にコストがかかっていることを斟酌している点である。しかし、具体的には何パーセントのコストがかかっているのか、簡単にはわからない。コーポレート・ファイナンスの教科書では、加重平均資本コスト（Weighted Average Cost of Capital：WACC）など、株主や銀行といった外部の資金提供者の期待収益率を推定する方法が紹介されているものの、それを実践するにはきわめて複雑な計算や多くの見積もりが必

172

要になる。

さらに、資産コスト率を社内に複数存在する投資センターごとに変えるかどうかについても検討する必要がある。事業部制組織でいえば、残余利益の計算に必要な項目のうち、資産コスト率はもちろん事業部ごとに計算する必要があるのだが、資産コスト率についても、事業部の特性と使用資産に基づいて、利益の変動が大きい事業部ほど資産コスト率を高く設定するという方法も考えられる。たとえば、ハイリスク・ハイリターンの原則に基づいて、利益の変動が大きい事業部ほど資産コスト率を高く設定するのである。

このような計算の精緻化は、情報システムの観点からは意義のあることかもしれない。しかし、現場で働く人々への影響を考えると、それはあまりやらない方がよい。ただでさえ、資産コスト率を計算するのはむつかしい。それを、現場が納得する方法で事業部ごとに推定するというのは、至難の業であろう。よほど工夫してやらない限り、高い資産コスト率を設定された事業部が不公平感をもち始める、反対に資産コスト率が低い事業部の気が緩むなど、さまざまな悪影響が出てきそうである。

こうしていろいろなことを考えると、残余利益を業績指標に用いたい企業は、最後は「総合的判断」で資産コスト率を設定する必要があるだろう。それは、「総合的判断」という名の「エイヤの設定」にならざるを得ないかもしれない。社内の納得性を担保したうえでの、エイヤである。

投下資本利益率と残余利益の関係

投資センターの代表的な業績指標である投下資本利益率と残余利益は、じつは密接に関連している。
それは、残余利益を定義した168頁の（2）式を数学的に展開してみればわかる。（2）式から、残余利益をプラスにするためには次頁の（4）式を満たす必要がある。

投資センターの利益 − 使用資産 × 資産コスト率 > 0　　　　　　　　　(4)

(4)式の左辺第2項を移項し、両辺を使用資産で割ると、(5)式が導かれる。

$$\frac{投資センターの利益}{使用資産} > 資産コスト率 \quad (5)$$

前述のように使用資産とは投下資本のことだから、(4)式から導かれる(5)式の左辺は、投資センターの投下資本利益率と見なすことができる。つまり、「残余利益をプラスにせよ」という指示と、「資産コスト率を上回る投下資本利益率を達成せよ」という指示は、数学的には同じなのである。

ところが、これら2つの指示は、現場への影響システムという観点からは微妙に異なると考えられる。その根拠は2つある。

第1に、投下資本利益率と残余利益では、達成できなかった時の心理的インパクトが異なる可能性がある。資産コスト率が10%のときに、自部門の投下資本利益率が9%だったとすると、投下資本利益率で評価されている事業部長は、「惜しかった」「1%足りなかったが、そこまで悪くはない」と感じるだろう。

しかし、同じ条件で残余利益を計算すると、結果はマイナスになる。つまり、赤字である。その赤字の大きさは、使用資産1%分の経済的損失を意味する。1%というと小さく見えるが、赤字となること自体の心理的インパクトは、小さくないであろう。多くの人々にとって、赤字を出してしまったことの心理的ダメージは、利益率目標に届かなかったことよりも大きいはずである。

つまり、残余利益は「赤字を嫌がる」という人間の心理的特性に沿った指標であることから、投下資本利益率よりも現場に与える影響が大きいと考え

174

図表7-1 投下資本利益率と残余利益の関係

A事業部	現在	+ 投資A	= 実施後
事業部利益	300	30	330
使用資産	1,000	200	1,200
投下資本利益率	30.0%	15.0%	27.5%
資産コスト率	10.0%	10.0%	10.0%
資産使用コスト	100	20	120
残余利益	200	10	210

B事業部	現在	+ 投資B	= 実施後
事業部利益	50	16	66
使用資産	1,000	200	1,200
投下資本利益率	5.0%	8.0%	5.5%
資産コスト率	10.0%	10.0%	10.0%
資産使用コスト	100	20	120
残余利益	−50	−4	−54

られる。細かい話に聞こえるかもしれないが、影響システムについて考える際には、こうした点にまで気を配らなくてはならない。

第2に、投下資本利益率と残余利益が違う場合がある。図表7-1は、資産コスト率が10％の企業における2つの事業部について、同じ金額の新規投資が投下資本利益率と残余利益に与える影響の仮設例を示したものである。

A事業部長が残余利益で評価されている場合、投資Aは資産使用コストを上回る利益を見込めるため（つまり残余利益を大きくするから）、実施されるだろう。

しかし、A事業部長が投下資本利益率で評価されている場合には、投資Aの実施を見送るかもしれない。新規投資によって、事業部全体の投下資本利益率が低下するからである。仮に（資産コスト率さえ上回っていれば）投下資本利益率の低下によってネガティブな評価を受けることがないとしても、現在の投下資本利益率を下げるような投資に対しては、心理的抵抗があるだろう。

一方、B事業部長が残余利益で評価されている場

合、投資Bの実施を見送るだろう。新規投資によって、残余利益がより悪化してしまうからである。
ところが、B事業部長の評価が投下資本利益率に基づく場合、投資Bは実施されるかもしれない。
資産コスト率には届かないにせよ、投下資本利益率の上昇が期待されるからである。しかしその結果、
現時点ですでにマイナスであるB事業部の残余利益は、より悪化することになる。

このように、業績指標を投下資本利益率とするか残余利益とするかによって、投資センターの行動
が変わってくる可能性がある。そして、投下資本利益率に基づく業績評価は、投下資本利益率が低
い事業部における過少投資（残余利益を高める機会を逃すという意味で）、そして投下資本利益率が高
い事業部における過剰投資（残余利益を悪化させるという意味で）という問題を引き起こすかもしれ
ない。

投下資本利益率あるいは残余利益を投資センターの業績指標に用いている日本企業は、それほど多
くないかもしれない。多くの企業がプロフィットセンターとしての評価にとどまっているからである。
そして、投資センターの評価にいずれかの指標を使おうとする企業の中では、おそらく投下資本利益
率を使おうとする企業の方が多いと思われる。その理由は2つ考えられる。

1つは、投下資本利益率の計算には、資産コスト率のむつかしい計算が必要でないからである。も
ちろん、目標となる投下資本利益率は多くの企業が設定するだろうが、それを資産コスト率として業
績指標に入れ込むとなると、計算の納得性の観点から躊躇するのである。

もう1つの理由は、投下資本利益率が投資センターの規模に関係のない「比率」の指標になってい
るために、投資センターの横並び比較に便利だからである。残余利益は金額で計算されるため、測定
対象となる投資センターの規模の影響を受けてしまう。資産コスト率と投下資本利益率が同じ事業部

176

が2つある場合、使用資産が大きい事業部ほど、残余利益は高く計算されてしまうのである。したがって、業績の横並び比較という観点からは、比率で計算される投下資本利益率の方が、規模の影響を受けないという点で望ましい。

3 資産効率管理がもたらす歪み

過少投資という歪み

投資センターに資産効率を意識させるような業績指標を工夫することは、管理会計として重要な課題である。しかし、これまでの章でも繰り返し指摘したように、ある指標で責任センターの業績を測定すると、その計算法が責任センターで働く人々の歪んだ行動を誘発してしまう危険がある。投資センターにおいても、業績指標が投下資本利益率であるか残余利益であるかに関係なく、同じような問題が発生する恐れがある。

歪みの本質も、これまでの章で述べたものとほぼ同じである。たとえば、責任変数にネガティブインパクトを与えるような行動を避けるようになる。その回避行動が、現場としては無理もないことであっても、企業全体としては経済合理性を欠いた行動になってしまうのである。そうした回避行動には、大きく2つのパターンがある。

1つは、そもそも使用資産を大きくしないために、投資を控えるようになることである。もちろん、「ついつい」の資産増加を現場がやってしまわないように資産効率を意識させる管理会計が必要なのだが、「ついつい」どころか本来は必要な投資すら避けてしまう、という歪んだ行動がとられる危険

第7章 「ついつい」の資産増加を防ぐには

がある。

もう1つの回避パターンは、投資はするが資産化を避ける、というパターンである。投資はするのだが、使用資産の増加にはつながらないような方法を選ぶのである。その方法が発生することになる。

これら2つの行動パターンのうち、本項では過少投資という第1のパターンを、次項では資産化回避という第2のパターンを、解説することにしよう。

投下資本利益率と残余利益、どちらの業績指標を使っても、過少投資への歪みが生まれる危険がある。なぜなら、投資をしてもその成果が利益という形で実現するには、時間がかかるからである。それに対して、使用資産は投資後すぐに増加する。その結果、投資直後の投下資本利益率も残余利益も、投資をしない場合と比べて悪化することになる。それで、現場は投資を渋りたくなるのである。

この危険が投下資本利益率と残余利益でどちらが大きいかといえば、おそらく残余利益であろう。とくに、大きな投資をすれば残余利益はマイナスになってしまうかもしれない。赤字を避けたいという人間の心理的特性を考えると、残余利益の方がネガティブインパクトを強く感じることになりそうだからである。

残余利益がもたらす過少投資への歪みが顕在化した例が、一時期のソニーであろう。かつて同社は、経済付加価値（Economic Value Added : EVA）と呼ばれる指標を業績評価に用いていた。EVAは、米国のコンサルティング会社スターン・スチュワートの登録商標であり、その基本的な考え方は残余利益と同じである（ただし、厳密に計算するためには会計数値の細かい調整を必要とする）。ソニーがEVAを本格的に導入した2000年当時、役員のボーナスは、EVAの目標値を達成し

178

たか否かに基づいて決定されていたという。さらに、四半期ごとのEVAに応じて、会議での役員の席順までが決まっていたそうだ。つまり、目標未達成者に対して、金銭的なペナルティを与えるだけでなく、社会的な恥をかかせていたのである。

当然のことながら、現場はEVAの目標未達成を恐れて、投資に対して消極的な態度をとるようになった。同社の経営企画部門に所属していた森本博行氏は、「各事業の責任者は足元のEVAを極大化するために、先行投資をやめてしまった。そこで、今は金食い虫だが、将来の柱になる技術にカネが回らなくなった」と語る（『日本経済新聞』2011年10月16日付）。

こうした過少投資の歪みを小さくするためには、投資促進のためのインセンティブを何らかの形で与えるしかない。投資とは、使用資産の増加分である。それに対してはインセンティブを与えつつ、しかし使用資産をコントロールする、という2方面作戦が必要となるのである。この2方面はたしかに矛盾する。しかし、一見すると矛盾するようなことに総合的判断を下すことが、経営の本質であるはずである。

資産化回避行動がもたらす歪み

資産効率を斟酌した業績指標がもたらしかねない第2の歪みは、使用資産を小さく見せるような工夫を現場がしてしまうことで、かえって企業全体としては費用がかかったり、技術蓄積が進まなかったりすることである。この場合、前項の歪みと違って、投資に類似した行動を現場はとるが、会計的に資産として計上されない（だから、使用資産は増えない）ような手段をとる、ということである。

それを、「資産化を避ける」と表現しよう。

典型的な例としては、設備投資はするのだが、その設備をリースにするという例である。自社購入にすれば、その設備は固定資産に計上される。結果として、投資センターの使用資産は大きくなる。しかし、その設備をリース契約で手に入れれば、資産としては計上されないことがある（財務会計のルールでは、一定の条件を満たす場合には、リース契約であっても資産計上することが義務づけられている）。

しかし、リース契約を結んだ場合には、設備を使わせてもらう対価として、リース会社にさまざまな費用を払う必要がある。そこで発生する費用の総額は、自社購入した場合の減価償却費などの費用と比べて、高くなるのがふつうであろう。リースの場合には、購入資金を現金で払わなくてもいいのだから、設備利用のための資金調達をリース会社に手伝ってもらっていることになる。その金融費用が上乗せになるのである。

設備は利用したいが自社購入できるほどの資金がない、という場合にはリースをするしかないだろう。しかし、本社には資金が潤沢にあるのに、事業部が自分たちの使用資産を増やしたくないという理由でリースを利用するのであれば、企業全体としてはネガティブインパクトになる危険が十分ある。あるいは、自社内で生産するためには設備投資が必要で、そうすると使用資産が増えて困るから、生産活動を外注するということもありそうだ。この行動は、リースよりもさらに深刻な問題を引き起こす危険がある。リースの場合は、生産活動そのものは自社内で行われ、したがって設備を使った経験やノウハウは自社の社員に蓄積される。しかし、同じ仕事を外注してしまうと、自社の社員が行うのは外注先の管理だけとなり、技術的な蓄積は行われないことになる。そこで失われる技術蓄積の機会が、将来的に大きなマイナスにならないようなものならば、外注を

180

してもいい。しかし、使用資産を増やしたくないという動機で外注をやりすぎると、しばしば長期的な競争力の低下につながる。日本の家電メーカーの多くが、海外の受託生産専門企業に生産を、製品設計まで外注に出した結果、長期的に競争力を失ってきた。その背景に、使用資産の増加を回避したいという現場の心理が存在した可能性は十分ある。

固定費の削減を本社が叫べば叫ぶほど、安易な外注化が進むということもある。固定費の中には減価償却費があるから、その費用負担を避けようとして外注に頼るのである。この傾向は、本社が資産効率を厳しくチェックすることによって、さらに加速するだろう。設備投資をすれば、減価償却費が増えて利益が減るだけでなく、使用資産も増えてしまうからである。

現場に資産効率を意識させないと、資産はついつい増えてしまう傾向がある。しかし、資産効率の管理が厳しすぎると、過少投資や資産化の回避といった、また別の歪んだ行動を現場はとり始める。投資センターの管理会計システムは、企業が置かれた状況に応じて、最適と考えられるものを設計していくしかないだろう。

4 さまざまな影響システム

購入ルールを作る

前節の歪みの議論は、資産効率を斟酌した業績指標による管理のむつかしさで終わった。資産効率管理のみならず、原価管理でも利益管理でも、何らかの業績指標を設定してそれで単純な管理をすればいい、ということにはならないのである。

資産効率を管理するためには、利益だけでなく資産にも注目しなければならないため、そのむつかしさやそれがもたらす歪みの深刻度は、利益管理を上回ると考えられる。そのためもあってか、資産効率管理については、業績指標以外の影響システムがさまざまな企業によって工夫されてきた。それを、この章の最後の節で紹介しておこう。

1つの工夫は、資産購入についてのルールを作ることによって、「ついつい」の資産増加を防ごうとすることである。そのルールの一例が、京セラの稲盛和夫氏が著書の中で紹介している、「当座買い」である。これは、材料などをまとめ買いせず、当座に必要な分だけ購入するというルールである（『稲盛和夫の実学』93頁）。

当座買いを徹底することで、現場の行動はどのように変化し、そこからどんなメリットが期待できるだろうか。材料を例に考えてみよう。

第1に、必要な分だけを購入することで、材料の使い残りが減る。その結果、材料の劣化や蒸発による損失を抑えられるだけでなく、在庫の管理コストも節約することができる。さらに、当座買いを実施することで、売れる見込みのない製品の生産が抑制される。第1節で述べたように、材料が余っていると、現場はついついそれを使って製品を完成させようとしてしまう危険がある。

第2に、材料を大切に使うようになる。当座買いは、こうした気の緩みを防ぐ効果をもつ。さらに、必要な分しか材料を買っていない場合、加工の失敗（仕損）によって材料が足りなくなり、注文通りの製品を作れなくなる恐れがある。そのため現場では、歩留まりを上げるために生産工程の改善が促進される可能性がある。

182

第3に、当座買いを現場に経験させることで、材料の消費数量に関する見積もりの精度が向上すると考えられる。見積もりを誤って購入量を少なくしすぎると、生産ができなくなって大変なことになるからである。しかし、当座買いしかできないということであれば、自然に見積もりを上げようと現場は努力するようになるだろう。

第4に、材料の候補が複数ある場合、担当者は発注のたびにどれを購入するか検討するはずである。当座買いによって発注サイクルが短縮化されれば、より優れた材料、最新の材料が選ばれる可能性は高くなる。そしてそれは、製品全体の性能や品質の向上に寄与すると考えられる。

このように「当座買い」は、単に過剰在庫を防ぐためという直接的な資産効率管理の効果を超えて、多様な影響システムを機能しうる。もちろん、まとめ買いには値引きなどのメリットもあるので、すべての材料を当座買いにすべきとは限らない。両者のメリットを比較考量したうえで、購入ルールを決定する必要がある。

投資の二次的マイナスを意識させる分析を義務づける

もう1つの資産効率管理のための影響システムの例は、資産増加がもたらす二次的マイナスを意識させるような分析を現場に義務づけることである。

たとえば、在庫への投資がもたらすネガティブインパクトを意識させるために、営業キャッシュフローの分析をさせる。第3章で説明したように、在庫を増やすと営業キャッシュフローは悪化する。しかし他方で、在庫を増やさないと売上は増えない（在庫が少ないと、販売機会を逃す恐れがある）。この両者を比較考量するような分析を、義務づけるのである。

図表7-2　設備投資が損益分岐点に与える影響

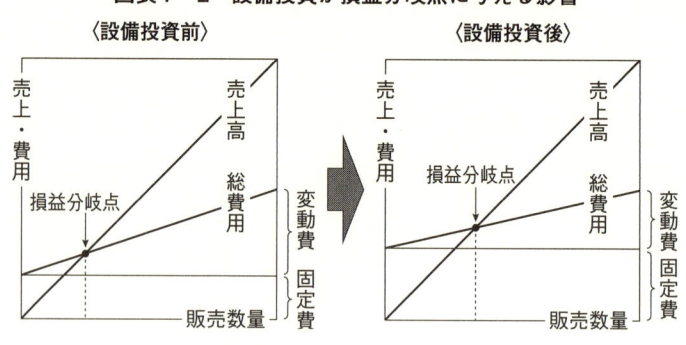

〈設備投資前〉　〈設備投資後〉

在庫は1つの大きなアクションで一気に増えるというよりは、日常業務の中でじわじわ増えていくものである。その現場で、キャッシュフローの悪化というマイナスと売上の増加というプラスのバランスを常に意識するような分析が行われていれば、在庫へのムダな投資は防げるだろう。

一方、設備投資のネガティブインパクトを意識させるための分析の好例は、図表7-2に示したような損益分岐点分析であろう。

この図は、縦軸に売上と費用、横軸に販売数量をとり、設備投資前後で売上線、固定費線、総費用線がどのように異なるかを示している。ここで、売上線と総費用線の交点は、損益分岐点と呼ばれる。この点より右側では（売上が総費用を上回っているため）利益が計上され、反対に左側では損失が計上されることから、こうした名称がついている。

左右の図を比較すると、まず売上線は、（製品の販売価格が変化しない限り）設備投資の影響を受けない。同じ傾きで、販売数量に応じて比例的に増加していく。一方、固定費線は、設備投資によって上に平行移動する。新たに固定資産を取得することで、減価償却費などが増加するためである。最後に、総費用線は、設備投資後に傾きが小さくなるのが一般的であろう。新しい機械は

184

これまで使っていた機械よりも性能が高く、材料のムダや不良品も発生しにくいからである。これの結果として、図表7-2では、設備投資後に損益分岐点が右上方にシフトしている。これは、変動費の減少というメリット以上に固定費の負担が重くなったため、全体としては赤字になりやすい費用構造になってしまったことを意味する。少しでも売上が減少すると、たちまち赤字になってしまう費用構造なのである。

設備投資を提案する現場に以上のような分析をやらせることで、現場は、「これだけ販売数量を増やさないと、赤字の危険がある」と理解するようになる。投資の採算計算で長期的に採算が合うというような計算ができていても（この採算計算については第10章で取り上げる）、採算計算に使った将来の売上予想がどの程度の赤字のリスクをはらんでいるか、現場は意識せざるを得なくなる。その赤字のリスクに対する認識が、甘い将来予測に基づく投資提案を抑制し、「ついつい」の資産増加を防ぐのである。

資産処分のルールを作る

どれだけ資産効率に気を配っていても、経営環境の変化によって売れる見込みのない在庫を抱えることになったり、これまで使っていた設備が要らなくなったりすることはあるだろう。その結果、組織に不要な資産が滞留していく。第1節で指摘した通り、そうした資産はさまざまな悪さをしてしまうため、早めに処分することが大切である。

しかし現実には、不要な資産は放置されたままになっていることが多そうだ。その背景には、2つの心理的要因があると考えられる。

第1に、「捨てるのはもったいない」「いずれ誰か使うだろう」と、現場の人々がついつい思ってしまうことである。たしかに今はカネを生まない資産に見えるが、将来、何かの役に立つかもしれない。そうした淡い期待が、ついつい不要な資産の処分を遅らせるのである。

第2に、自分や上司の失敗を認めたくないという心理である。せっかく買った資産を処分することによって、投資判断を間違ったことが周囲に知れ渡ってしまう。自らの判断を正当化するため、もしくは投資を後押しした上司の面目を保つために、現場の人々は、ついつい資産の処分を先送りにしようとする傾向がある。その結果、貸借対照表に過去の過ちとでもいうべき「負の資産」が累積していく。

現場で働いているのが悪い人たちだから、負の資産が累積するのでは必ずしもない。善意の結果として、起こる場合もある。しかし、人は性善なれど弱し、なのである。この考えをわれわれは「性弱説」と呼びたいが、性弱の人が自主的に負の資産と処分するように、仕向ける必要がある。本社では、負の資産の処分を促進するために、資産効率を斟酌した業績指標はもちろん意味をもつだろうが、それほどもっと直接的に資産処分を促進するのルールを設ける必要があるかもしれない。資産処分というのは、それほど踏み切るのに勇気が要る行動なのである。

その勇気を後押しする処分ルールは、必ずしも資産そのものをターゲットにしたものではないかもしれない。たとえば、2年間赤字の製品は生産を中止する、3年間赤字が続く事業は撤退を検討する、というような製品や事業についてのルールであることも多いだろう。それが、資産処分の引き金にな る。

186

しかし、そうした中止や撤退のルールを作っても、関連する資産を同時に処分すべしというルールを同時に作っておかないと、製品は生産中止になったのに設備は相変わらず残る、というようなことが起こりかねない。そうなっては、第1節で強調した「増えた資産は悪さをする」という歪みが残り続ける危険があるのである。

人は性善なれども弱し。そうした人間像を念頭に置いて、管理会計システムをはじめとするさまざまな影響システムを設計・運用する必要がありそうだ。

第8章 アメーバ経営と時間当たり採算

1 アメーバ経営とは何か

アメーバと事業部の違い

第4章でSmall is beautifulと表現したように、業績測定の対象となる組織単位を小さくすることで、さまざまな経営上のメリットを期待することができる。もちろん、何でもかんでも細分化すればよいというわけではないが、原則としては、小さな組織単位を現場に近いところでたくさん作り、その業績を細かく測定するのがよい。

では、一体どうすれば、組織単位をできるだけ小さくし、なおかつその業績を利益のようにインプットとアウトプットの両方を斟酌した指標で測ることができるのだろうか。それを考える際に多くのヒントを与えてくれるのが、京セラのアメーバ経営である。

アメーバ経営は、組織全体を「アメーバ」と呼ばれる小集団に切り分け、それぞれのアメーバを独立採算組織とする経営システムである。現在の京セラには約3000のアメーバが存在しており、そのリーダーにはアメーバの経営全般が任されている。

アメーバも事業部も、広い意味ではプロフィットセンターに分類していいだろう。しかし、典型的な事業部とアメーバとの間には、3つの大きな違いがある。

第1に、規模の違いである。先ほどアメーバは小集団であると述べたが、具体的には数名から数十名、平均すると10名前後の社員で1つのアメーバが構成される。これは、一般的な事業部と比べてきわめて規模の小さい組織単位である。

第2に、事業部が1つの事業の複数の職能（たとえば、開発、生産、営業）を束ねた組織単位であるのに対して、アメーバは1つの職能を細かく切り分けて編成される、「職能別プロフィットセンター」である。たとえば、工場では生産工程ごとにアメーバが設定される。具体的な方法については後述するが、ある製品が2つの工程を経て完成する場合、前工程を担当するアメーバの売上と費用はいくら、後工程を担当するアメーバの売上と費用はいくら、といった計算を細かく実施するのである。多くの企業では、各工程はおろか、工場全体がコストセンターというケースが多いであろう。

第3に、業績指標の違いである。事業部は、利益や利益率によって評価されるのが一般的である。それに対してアメーバは、アメーバの売上から人件費以外の費用を引いて付加価値を求め、それをア

189　第8章 アメーバ経営と時間当たり採算

メーバが使った総労働時間で割った、1時間当たり付加価値を業績指標としている。この数字が、京セラでは「時間当たり」と呼ばれている（この章のタイトルの一部となっている言葉である）。1時間当たりにそのアメーバがどれくらいの付加価値を生み出したか、それが業績指標となっている。したがって、アメーバも事業部もプロフィットセンターに分類される、と先に述べたが、厳密にはアメーバは、プロフィットセンターではなく、「付加価値センター」である。

アメーバの編成

アメーバ経営にとってもっとも大切なのは、採算計算の最小単位であるアメーバを、どんなルールに基づいて編成するかである。稲盛氏によれば、アメーバとは「会社全体を構成するひとつの機能を担いながらも、それぞれが自主独立採算で活動を行う組織の単位」であり、次の3つの条件を満たすことが必要となる（『アメーバ経営』98－99頁）。

条件1　アメーバが独立採算組織として成り立つ単位であること。つまり、アメーバの収支が明確に把握できること

条件2　ビジネスとして完結する単位であること。つまり、リーダーがアメーバを経営するのに、創意工夫をする余地があり、やりがいを持って事業ができること

条件3　会社の目的、方針を遂行できるように組織を分割すること。つまり、組織を細分化することで、会社の目的や方針の遂行が阻害されないこと

190

図表8−1 セラミック製品に関するアメーバの例

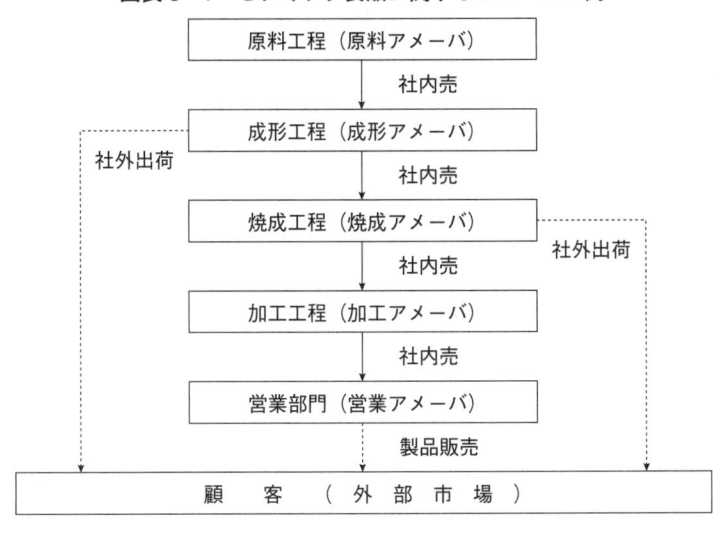

```
原料工程（原料アメーバ）
    ↓ 社内売
成形工程（成形アメーバ）  ……→ 社外出荷
    ↓ 社内売
焼成工程（焼成アメーバ）  ……→ 社外出荷
    ↓ 社内売
加工工程（加工アメーバ）
    ↓ 社内売
営業部門（営業アメーバ）
    ↓ 製品販売
顧　客（外　部　市　場）
```

このように、アメーバ経営では、たんに組織を細分化すればよいというわけではなく、「合理的な範囲内でなるべく小さく分ける」というスタンスがとられている。

しかし、前述のように、結果として編成されるアメーバは、事業部よりもずっと規模が小さい「職能別プロフィットセンター」であることに注意が必要である。

たとえば、4つの生産工程（原料工程、成形工程、焼成工程、加工工程）を経て完成するセラミック製品があったとする。その場合、工程ごとにアメーバが置かれ、さらに、完成品を顧客に販売する営業部門もアメーバとなる。

各アメーバの間の関係を示した図表8−1にあるように、まず原料アメーバが材料を購入・調合し、それを成形アメーバに売る。成形アメーバは、原料アメーバから購入した原料をプレス成形し、それを焼成アメーバに売る。こういった具合に、1つひとつの工程をあたかも独立の

191　第8章　アメーバ経営と時間当たり採算

ビジネスのごとくに考え、社内売買を繰り返していくのである。

このように、アメーバ経営はきわめてユニークな経営手法である。その考え方には共鳴する企業が多いが、実際に管理会計システムとして採用している企業は少ない。

なぜ、京セラはアメーバのように小さな組織単位を設定しているのだろうか。そしてなぜ、アメーバの業績指標に用いているのだろうか。それよりもずっと小さいアメーバの売上や費用を、どうやって測定しているのだろうか。また、事業部の利益すら計算がむつかしいのに、それらの点について考えていく。

なお、京セラのアメーバ経営は、これまでの章で指摘したさまざまな管理会計上の課題についても綿密に考えられた経営システムである。その意味で本章は、本書前半のトピックを総合的に論じる章と位置づけることができるだろう。

2 時間当たり採算表によるアメーバの業績測定

アメーバの売上の計算

アメーバ経営の要諦の1つは、アメーバの採算をどうやって計算するかにある。小さな組織単位、それも工程ごとの組織単位であるだけに、その採算計算にはさまざまな工夫が必要となる。

採算計算のためには、アメーバごとにインプットとアウトプットの金額（つまり費用と売上）を集計し、利益のような差額指標を計算する必要がある。そのために作成されるのが、「時間当たり採算表」である。図表8−2には、製造部門に所属するアメーバの時間当たり採算表の一例が示されている。

192

図表8-2 製造部門の時間当たり採算表

項　目	計算式	金額（円）
総　　出　　荷	A（＝B＋C）	650,000,000
社　外　出　荷	B	400,000,000
社　　内　　売	C	250,000,000
社　　内　　買	D	220,000,000
総　　生　　産	E（＝A－D）	430,000,000
控　　除　　額	F	240,000,000
（内訳）原　材　料　費		20,000,000
金　　具　　費		
⋮		
修　　繕　　費		9,000,000
電　力　水　道　料		10,000,000
⋮		
旅　費　交　通　費		2,000,000
事　務　用　品　費		300,000
⋮		
保　　険　　料		300,000
賃　　借　　料		900,000
⋮		
固　定　資　産　金　利		5,000,000
在　　庫　　金　　利		10,000
減　価　償　却　費		20,000,000
営業・本社経費		40,000,000
差　　引　　売　　上	G（＝E－F）	190,000,000
総　　　時　　　間	H	35,000（時間）
当　月　時　間　当　た　り	I（＝G÷H）	5,429
時　間　当　た　り　生　産　高	J（＝E÷H）	12,285

（出所）稲盛和夫『アメーバ経営』日経ビジネス人文庫、136－137頁を基に作成

時間当たり採算表は、損益計算書と同様、売上から費用を引くという計算構造になっている。しかし、この採算表と損益計算書は、いくつかの点で異なる。両者の違いは些細なものに見えるかもしれないが、その細かな違いこそが、管理会計システムとして重要な意味をもっている。上から順に見ていこう。

まず、総出荷（A）はアメーバにとっての売上高であり、社外出荷（B）と社内売（C）の合計によって求められる。各アメーバは、社内だけでなく、社外に販売することも認められている（図表8－1の破線矢印）。

そして図表8－2には、社外への売上が比較的大きい例が示されている。焼成アメーバであれば、自分たちが焼成した半製品（市場性のある未完成品）を外部顧客に売った場合には社外出荷となり、次工程の加工アメーバに引き渡した分は社内売にカウントされる。こうした焼成アメーバでは、社外出荷は原則として認められていたとしても、小さい可能性が高い。

ここで問題になるのは、社内売の取引価格、すなわち振替価格をどのように決めるかである。京セラでは、アメーバ間の取引ごとに売り手アメーバのリーダーと買い手アメーバのリーダーが交渉し、双方が納得したうえで取引価格が決められていく。第6章で紹介した、交渉基準である。

稲盛氏は、企業経営における「値決め」、すなわち価格決定の重要性を強く主張する経営者である。

同氏によれば、「値決めはたんに売るため、注文を取るためという営業だけの問題ではなく、経営の死命を決する問題である。売り手にも買い手にも満足を与える値でなければならず、最終的には経営者が判断するべき、大変な重要な仕事」だという（『稲盛和夫の実学』36頁）。

京セラでは、売り手アメーバと買い手アメーバに社内取引における値決めをさせることで、リーダー

194

の経営能力を高めようとしているのである。

もちろん、この仕組みを実際に運用するのは決して簡単なことではない。振替価格はアメーバの採算に直結するから、売り手はできるだけ高く売ろうとし、買い手はできるだけ安く買おうとした結果、アメーバ同士が激しく対立する可能性がある。また、リーダーが、「そんなに値段が安い(高い)なら売らない(買わない)」と言って取引自体を拒否することもあるだろう。もっとも、リーダーが、外部からの購入の可能性は小さい場合も多いだろうから、価格が決まらないままに取引が行われるということになるのかもしれない。

京セラでは、アメーバ間の対立が深刻になって振替価格が決まらない場合には、上司が介入し、最終的に振替価格を決めることになっている。この上司には、フェアな判断が常に求められる。下手に決めると、あるアメーバは楽に採算をあげることができるのに、別のアメーバはどんなに努力しても赤字、というような不公平が生じてしまうからである。そうなってしまうと、現場から採算をあげるための十分な努力を引き出すことはできない。

では、「フェアな判断」とは具体的に何をするのか。京セラでは、最終製品の販売価格をベースとして、各工程があげる1時間当たり付加価値(「時間当たり」)がおよそ同じような数字になるように、アメーバ間の売値を調整するのが原則である(『アメーバ経営』68頁)。

図表8-1の例でいえば、完成したセラミック製品を顧客にこの価格で販売するから、焼成アメーバが加工アメーバに売る価格はこの程度、加工アメーバから営業アメーバにわたる価格はこれだけ、と全体を見渡して、各アメーバがあげられる「時間当たり」が大きくばらつかないように、と配慮するのである。

195　第8章　アメーバ経営と時間当たり採算

もちろん、そうした上司の実際の介入はあまり頻繁には起きないだろうが、京セラでは、同じような「時間当たり」で、という相場観が社員の間で共有されているのであろう。その全社的相場観の中で、個々のアメーバの力関係などが実際の振替価格に反映されることになる。そうすれば、アメーバ同士が価格交渉でいたずらにもめることも少なくなるだろう。

市場の変動を組織の末端に伝える仕組み

なお、振替価格をいったんは交渉基準で決めた後に実際の最終製品の市場価格が下落した場合には、それを反映してただちに振替価格が改定されることになっている。言い換えれば、価格改定のためのアメーバ間交渉が、市場価格と直面している営業アメーバを起点として始まるのである。

図表8–1でいえば、営業アメーバから「引き取り価格を下げたい」という要望を受けた加工アメーバは、実際に市場価格が下がっていれば、それを受け止める必要がある。そうすると、加工アメーバは自分の売上が減るのだから、自分の担当分野でコストダウンの努力をすると同時に、焼成アメーバからの仕入価格の値下げ交渉を始めることになるだろう。

こうして、市場価格の変動に応じて、各アメーバがコストダウンの努力をするとともに、川上にさかのぼるようにアメーバからアメーバへと振替価格改定の要求が動き始めるのである。

この点をとらえて稲盛氏は、アメーバ経営は「市場のダイナミズムを、社内の隅々にまでダイレクトに伝えられるだけでなく、会社全体が市場の変化にタイムリーに対応すること」を可能にする経営システムである、と書いている（『アメーバ経営』42頁）。

図表8–1の原料アメーバにすれば、最終製品の市場価格が下がったことは自分の責任ではない。

しかし、その下落への対応を原料部門といえども機動的にしなければ、企業全体としては市場変動への対応ができないことになる。ふつうの原価管理では、原料部門は一定の標準原価で供給することが目標になったりするのだろうが、それでは不十分で、最終製品の市場の変動にもっとも川上の部門も対応することを、アメーバの値決めの方式は強制しているのである。

じつは、生産管理の分野で有名なトヨタのかんばん方式も、市場の変動を組織の末端に伝えるという点でアメーバ経営とエッセンスを共有している。

「かんばん」とは、後工程（たとえば組立工程）が前工程（部品生産工程）に納入や生産を指示する際に用いられる紙のカードであり、納入時期や生産量が記載されている。前工程が指示なしに出荷することは認められていないため、最終工程が市場の変動に応じて生産量を調整すると、その情報は「かんばん」を媒体として工程をさかのぼって伝達されていく。それで、川上工程も市場での需要量変動に追随して生産レベルを変化させることができる。それゆえに、過剰な仕掛品在庫を作ってしまわずに済むのである。

こうして市場における「量」の変動を伝えるのがかんばん方式だとすれば、アメーバ経営は市場の「価格」の変動を伝達する仕組み、と整理することができるだろう。需要量の変動と価格の変動を、それぞれに組織内を駆け巡る情報の種類は違うのだが、市場の変動を組織の末端にまで迅速に伝えられるという点で、両社の仕組みは共通しているのである。

市場変動への対応能力の高低は、企業経営を左右するきわめて大切な要因である。トヨタと京セラという、日本企業の中でもユニークな経営で知られる2つの企業がともに、「経営システムとして」市場変動への対応に取り組んでいるということは、もっと広く知られてもいいだろう。

197　第8章　アメーバ経営と時間当たり採算

何をアメーバの費用とするか

続いて、アメーバの費用について見ていくことにしよう。

時間当たり採算表において、売上高にあたる総出荷（A）から最初に控除されるのが、社内買（D）である。これは、社内の他のアメーバから買ったモノの金額である。焼成アメーバであれば、前工程にある成形アメーバが成形を行った半製品の振替価格に購入数量を掛けたものが、この社内買にカウントされる。

総出荷から社内買を引いたものは、総生産（E）と呼ばれる。先ほど総出荷がアメーバにとっての売上高であると述べたが、これは、そのアメーバだけでなく前工程までのアメーバの努力も踏まえた成果物に対して、次工程のアメーバが払ってくれた金額である。総生産は、総出荷から前工程に支払った対価（社内買）を引いて計算されるため、そのアメーバ自らが生み出した売上高と捉えることができる。

総生産の下に表示される控除額（F）とは、社外から購入した分の原材料費や電力水道料、旅費交通費、保険料など、主として外部への支払費用である。有形固定資産の減価償却費も、ここに含まれる。時間当たり採算表の控除額は、財務会計で作成される損益計算書の費用と比較した場合、大きく3つの特徴をもっている。

第1に、時間当たり採算表の控除額には、労務費（人件費）が含まれていない。損益計算書では、社員に支払った賃金や給料は、利益を計算する際に費用として差し引かれる。それに対して京セラでは、あえて労務費を控除せずに各アメーバの採算を計算しようとしている。稲盛氏によれば、それには2つの理由があるという。

1つめは、ヒトはコストではなく、付加価値を生み出す源泉だと考えられているからである（『アメーバ経営』195頁）。第2章でも述べたように、付加価値が企業活動の成果となる。社員を外部から調達したインプットと見なせば、労務費を引いた後に残る利益が企業活動の成果となる。それに対して、社員はアウトプットを生み出す主体であると捉えるのであれば、労務費を控除せず、付加価値を成果指標とするのが論理的には正しい。京セラは、後者の考え方を採用している。

もう1つの理由は、アメーバのリーダーが労務費をコントロールすることが困難だからである（同書、142頁）。労務費は賃率（1時間当たり賃金）に労働時間を掛けて計算されるが、賃率については、会社の給与体系や人事方針によってそのほとんどが決まってしまう。それにも関わらずアメーバの業績指標に労務費を含めてしまうと、賃率の高いメンバーが所属するアメーバほど採算をあげにくくなり、それを不満に感じた現場が創意工夫の意欲を失う恐れがある。

労務費と同様、第6章で取り上げた本社共通費も、アメーバのリーダーが十分にコントロールできないコストである。ところが、図表8−2からわかる通り、本社共通費は「営業・本社経費」として控除額に含まれている。稲盛氏によれば、現場が本社共通費の存在を意識し、間接部門の仕事ぶりをチェックするために、合理的な基準に従って本社共通費の配賦を行っているという（同書、192頁）。

時間当たり採算表に表示される控除額の第2の特徴は、購入した材料を購入した時点ですべてその期の費用にすることである（同書、189頁）。損益計算書では、購入した材料のうち、製品として完成し出荷した分のコストのみが、売上原価として費用計上される。そして、未使用の材料や仕掛品などの在庫は、棚卸資産として貸借対照表に資産計上される。

ところが、第3章で述べたように、在庫を資産計上すると、会計利益とキャッシュフローが乖離し、

経営の実態がわかりにくくなってしまう。そこで京セラでは、材料を必要な分だけ購入する「当座買い」（詳細は前章）を徹底するとともに、その購入代金をすべて当期の費用として計上することで、アメーバの採算にできるだけ現金の裏づけをもたせようとしている。

このように時間当たり採算表は、「キャッシュベースの経営」を下支えする影響システムとしての機能をもつ構造になっている。

時間当たり採算表における控除額が損益計算書の費用項目と異なる第3の点は、じつは前章で取り上げた資産効率と関連する項目が含まれていることである。その項目とは「固定資産金利」と「在庫金利」の2つであり、これらはアメーバが保有する資産に一定の利率を掛けて算出されるものと推測される。

そこで京セラでは、時間当たり採算表における控除額に、アメーバの業績指標に資産使用コストのような項目を含めることで、資産効率に対する現場の意識を高めようとしているのであろう。

アメーバのリーダーは、貸借対照表については明確な責任を負っていないようである。しかし、だからといって自分たちが使用している資産に無関心ということでは、経営を任された者として問題がある。

このように、時間当たり採算表における控除額には、さまざまな工夫が施されている。そして、総生産と控除額の差額として計算されるのが、差引売上（G）である。これは、アメーバの売上から他のアメーバに支払った費用と外部に支払った費用（ただし、労務費を除く）を引いたものであり、そのアメーバが新たに生み出した付加価値と位置づけることができる。

200

なぜ、付加価値を総労働時間で割るのか

利益か付加価値かという違いはあるにせよ、損益計算書と時間当たり採算表は、いずれも売上から費用を引いて組織単位の成果を測ろうとしている。損益計算書であれば利益を計算して終わりだが、時間当たり採算表では、付加価値の下にもう1つの工夫が施されている。

それは、アメーバに所属するメンバーの総労働時間を総時間で割っているという工夫である。総時間には、アメーバに所属するメンバーの総労働時間（定時間と残業時間）だけでなく、共通部門や間接部門の労働時間も一部含まれる（『アメーバ経営』199頁）。しかし、その大部分はアメーバに所属するメンバーの総労働時間と考えてよいだろう。また、総時間にパートタイマーの労働時間は含まれない。パートタイマーの総労働時間については、その労務費を外部への支払い費用である控除額（F）に含めることとしている（同書、200頁）。

図表8－2からわかる通り、時間当たり採算表では、差引売上を総時間で割って当月時間当たり（I）が計算される。これは、そのアメーバが1時間当たりに生み出した付加価値の平均金額である。一方、総生産を総時間で割って求められる1時間当たり売上高は、時間当たり生産高（J）と呼ばれる。アメーバの業績としてとくに重視されるのは、前者の当月時間当たりであり、短縮して「時間当たり」と呼ばれる。

同じ付加価値の金額であれば、少ない労働時間でそれを生み出した方が「時間当たり」は大きくなる。そのため、総労働時間を減らすことで「時間当たり」を高めようとするリーダーも出てくるだろう。しかし、社員はどんなに仕事が少なくても定時間（8時間）は必ず拘束され、その分は総時間にカウントされる。

201　第8章　アメーバ経営と時間当たり採算

したがって、各アメーバには、時間を有効活用して付加価値を生み出すことが要求される。そのためには、ムダな時間をなくし、より多くの仕事に取り組めるよう創意工夫をこらさなければならない。

また、余剰人員を他のアメーバに応援として貸し出すことも認められている。その場合、貸し出したメンバーの作業時間は、貸出先アメーバの総時間に含められることになる。

先ほど、時間当たり採算表に労務費が出てこないのは、アメーバのリーダーが労務費を十分にコントロールできないからだと述べた。しかし、それは厳密には賃率のことであり、労務費のもう１つの決定因子である労働時間については、リーダーの裁量で増やしたり減らしたりすることが可能である。京セラが付加価値の総額をアメーバの業績指標とせず、わざわざ総労働時間で割るという手間をかけている最大の理由は、リーダーに労働時間の管理を徹底させることにあると考えられる。

さらに、付加価値を総労働時間で割ることによって、アメーバ同士の横並び比較がしやすくなるというメリットが得られる。アメーバに所属する人数が多ければ、当然、付加価値も大きくなる。それを、１時間という共通の時間尺度ごとの金額に調整することで、規模の異なるアメーバ同士の効率比較をすることが可能になる。

こうした業績の「横並び比較可能性」が高まることは、管理会計システムとして大きな意味をもつ。たとえば上司は、たくさんのアメーバの成果を共通の指標で測定することによって、どのアメーバに問題があるか、異常や問題点を察知しやすくなる。また、リーダーとして優れた人材が誰なのか、見当をつけやすいということもあるだろう。これらは主に、上司のための情報システムとしてのメリットである。

また、社内の競争意識を高めるという影響システムの観点からも、横並び比較可能性は意味をもつ。

202

時間当たり採算表は社内に公表されるため、社員は、自分が所属するアメーバだけでなく、他のアメーバの採算も知ることができる。同じような仕事をしている他のアメーバに「時間当たり」で負けた場合、どうすれば勝てるのか、あれこれ考えて行動するようになるだろう。

このように、付加価値を総労働時間で割るという、一見すると些細なプロセスが、じつは重要な意味をもっている。現場に労働時間管理の意識をもたせることはもちろん、たくさんの組織単位を共通で評価できる指標をもつことは、企業を経営するうえで非常に大きな強みとなるだろう。

3 営業部門と研究開発部門の採算計算

営業アメーバの時間当たり採算表

前節では、製造部門に所属するアメーバの時間当たり採算表について詳しく取り上げた。続いて本節では、営業部門と研究開発部門において、アメーバの採算計算がどのように行われるのかを見ていく。

図表8－3には、営業部門の時間当たり採算表が示されている。項目名は若干異なるが、基本的な構造は、図表8－2に示した製造部門の時間当たり採算表と同じである。

すなわち、アメーバが生み出した売上（総収益）から労務費以外の費用（経費合計）を引いて付加価値（差引収益）を計算し、それをメンバーの総労働時間（総時間）で割って1時間当たり付加価値（当月時間当たり）を求める。

ここで問題になるのは、どうやって営業アメーバの収益を測定するかである。図表8－3からわか

203　第8章　アメーバ経営と時間当たり採算

図表8−3 営業部門の時間当たり採算表

項　目	計算式	金額（円）
受　注	A	360,000,000
総　売　上　高	B（=B1+B2）	350,000,000
受注生産　売　上　高	B1	350,000,000
受注生産　受　取　口　銭	−	28,000,000
受注生産　収　益　小　計	C1	28,000,000
在庫販売　売　上　高	B2	0
在庫販売　売　上　原　価	−	0
在庫販売　収　益　小　計	C2	0
総　収　益	C（=C1+C2）	28,000,000
経　費　合　計	D	12,000,000
（内訳）電　話　通　信　費		260,000
旅　費　交　通　費		980,000
荷　造　運　賃　費		3,500,000
⋮		
販　売　手　数　料		360,000
⋮		
広　告　宣　伝　費		130,000
減　価　償　却　費		130,000
固　定　資　産　金　利		120,000
在　庫　金　利		19,000
⋮		
本　社　経　費		530,000
⋮		
差　引　収　益	E（=C−D）	16,000,000
総　時　間	F	2,000（時間）
当月時間当たり	G（=E÷F）	8,000
時間当たり売上高	H（=B÷F）	175,000

（出所）稲盛和夫『アメーバ経営』日経ビジネス人文庫、140−141頁を基に作成

まず、受注生産方式における営業アメーバの収益（C1）は、顧客に販売した製品の売上高（B1）に一定率（図表8-3では8%）を掛けた受取口銭である。

これは、受注生産の場合の営業アメーバの仕事は、製造アメーバと顧客の売買を仲介することであり、したがって一種の商社のように売上高の一部を手数料として製造アメーバから受け取るのが適切である、と考えているのである。この手数料は、営業アメーバとして製造アメーバに支払うコストである。そのため、製造アメーバにとっては営業アメーバに支払うコストだが、製造アメーバにとっては営業・本社経費として費用計上される。

このように、受注生産方式では、製品の市場価格をベースとして、製造アメーバが営業アメーバに仲介手数料を支払い、それを営業アメーバの収益とする方法をとっている。

ではなぜ、製造アメーバ同士の取引のように、営業アメーバと製造アメーバの交渉によって振替価格を決めさせないのだろうか。それは、「両者は値決めで激しく対立し、事業全体の利益を考えようとしなくなる傾向がある」ためである（『アメーバ経営』171頁）。

どちらも独立採算の営業アメーバと製造アメーバが価格交渉を行えば、営業アメーバはできるだけ安く買おうとし、製造アメーバは高く売ろうとするだろう。それが行き過ぎると、営業アメーバは、一番大切な顧客をないがしろにして、社内交渉での買い叩きによって採算をあげることに専念し始めるかもしれない。それよりは、売上が増えることで、どちらのアメーバもメリットを享受できるような方法をとるほうが、京セラではうまくいっているようだ。

それに対して在庫販売方式の製品では、まず営業アメーバと製造アメーバが相談をして製品の希望小売価格を定め、それに基づいて両アメーバ間の振替価格が決められる。市場価格をベースに交渉によって振替価格を決めるという点では、製造アメーバ同士の振替価格の決定方法に似ているといえる。そして、実際の売上高（B2）から、振替価格に販売数量を掛けた売上原価を引いたものが、営業アメーバの収益（C2）となる。

在庫販売方式が受注生産方式と決定的に異なるのは、どれだけの量を生産するかを事前に決めなければならないという点である。京セラでは、営業アメーバが市場の動向を踏まえて販売予測を行い、製造アメーバに生産指示を出すというやり方を採用している。そして、予測が外れて製品在庫を抱えることになってしまった場合には、営業アメーバがその分の在庫金利を支払い、在庫の評価損も負担する（同書、178頁）。

このように、在庫販売方式では、営業アメーバに多くの権限と責任を与えている。おそらくその理由は、市場の変化に迅速に対応するためには、より市場に近い組織単位にパワーをもたせるのが妥当だからであろう。

研究開発部門はどうするか

製造部門であれば、日々の生産活動を通じて、製品などのアウトプットが毎日何かしらの形で生み出される。営業部門であれば、まったく売れないという日もたまにはあるだろうが、基本的には売上や手数料といった収益を毎日得ることができる。したがって、これらの部門をプロフィットセンターにしてインプットとアウトプットを管理するという発想自体は、それほど突飛なものではないだろう。

206

では、その考え方を研究開発部門に持ち込むと、どうなるだろうか。研究開発活動の成果は、製造や営業のように毎日出てくるものではないし、そもそも成果が出るかどうかもわからない。さらに、長年の努力が実って成果が得られたとしても、その価値を金額で測定することはきわめて困難である。たとえば、研究開発アメーバと製造アメーバが研究成果の振替価格を交渉によって決めるとして、果たしてうまくいくだろうか。そうとは思えない。

アメーバ経営における研究開発部門の位置づけについては、多くが明らかにされているわけではない。どうやら基礎研究を行う部門では採算計算は行われていないが、事業化を見据えた開発部門では、製造や営業と同じように時間当たり採算表が作成されているようだ。しかし、開発部門の売上は、試作品を売ったり技術提供のロイヤルティを受け取ったりする程度で、毎月の採算は赤字だという（『アメーバ経営論』117頁）。

それでも採算計算をするのは、「時間当たり」を管理するというよりは、開発部門のメンバーに発破をかけることが目的のようである。たとえば、「開発の担当者は、日々、死にものぐるいでコストダウンに取り組むアメーバリーダーの前で、赤字の採算表をみせられる。これでは、自分たちがどれほどの赤字を出しているかを強烈に意識せざるをえない。彼らが、自分達の研究を支えてくれていることが伝わるので、少しでも早く開発を事業化しようという励みになる」という（同書、118頁）。

アメーバ経営は、現場で働く人々にインプットとアウトプットのバランスを意識させる経営システムである。研究開発においてもこのバランスは大切であるから、何らかの形で研究開発部門にアメーバ経営を導入することには意義がある。しかしその際には、基礎研究なら5年に一度、開発なら1年に一度、といった具合に、製造や営業とは業績測定の頻度を変えた方がよいのかもしれない。

第8章 アメーバ経営と時間当たり採算

また、金額による成果の測定の問題については、腹をくくって何らかの社内ガイドラインを設けるしかないだろう。第11章で紹介するように、売上の何パーセントかを研究開発部門の収益とする、といった管理会計上のルールによって研究開発部門の業績測定を行っている企業は実際に存在する。どうやっても完全に公平にはならないと思うが、現場ができるだけ納得するよう工夫するしかない。

4 アメーバ経営のメリットとむつかしさ

アメーバ経営が現場の努力を引き出す理由

このように京セラでは、一部の部門を除いて、時間当たり採算表による業績測定が徹底されている。

現場で働く人々にとって、これらの仕組みはどのような意味をもつのだろうか。これまで述べてきたアメーバ経営の特徴を踏まえると、以下の3点が考えられる。

第1に、アメーバのメンバーが、自分たちの行動の結果を理解しやすいことである。時間当たり採算表では、とりわけ費用については細かく項目が分けられているものの、経理部にしかわからないような会計の専門用語はほとんど使われておらず、現場の行動に直結するものばかりである。そのため、採算がどれほどだったかを誰でも容易に把握することができる。

現場にわかりやすい採算計算は、「部下のための」情報システムとして機能すると考えられる。現場の人々は、自分たちの行動の結果を知ることで、これまで通りでよいと判断したり、問題が起きている場合には解決しようとしたりする。もし現場に対する業績のフィードバックがまったくなかったり、あったとしても現場がその意味を理解できなかったりすれば、こうした効果は得られないだろう。

第2に、時間当たり採算表に表示される項目は、アメーバがコントロール可能なもの、すなわちリーダーの決定やメンバーの行動によって影響を及ぼすことができるものばかりである。たとえば、振替価格はリーダー同士の交渉を経て決まるため、アメーバの売上と社内買いによる費用は、アメーバにとって管理可能な項目といえる。優れたアウトプットを生み出せば、それだけ他のアメーバに対する交渉力が高まり、高い値段で取引されるようになるからである。

また、時間当たり採算表には、労務費が含まれていない。その理由の1つは、賃率が会社全体の方針で決まるものであり、アメーバのリーダーにとって管理不可能な項目だからである。それに対して、メンバーの総労働時間（総時間）はリーダーの裁量で動かせるため、「時間当たり」の分母として採算表に表示されている。

このように、時間当たり採算表には、管理可能性の高い変数だけを扱おうとするさまざまな工夫が施されている。管理可能性が高い業績指標ほど現場の努力を正確に反映するため、現場は業績悪化の原因を自分たちがコントロールできない要因に求めることが困難になり、言い訳しづらくなる。その結果、現場は業績を真摯に受け止めるようになり、業績が上がるとやりがいを感じたり、反対に下がると深く反省したりするようになるだろう。

第3に、「時間当たり」による横並び比較が、競争意識と連帯感を醸成することである。時間当たり採算表は社内で公表されるため、同じ工程を担うライバルの方が自分たちよりも「時間当たり」が高ければ、負けたアメーバのメンバーは悔しいと感じるはずである。その結果、必ずしも上司が檄を飛ばさなくても、コスト削減や品質向上に向けた努力を自主的に行うようになるだろう。

アメーバ経営は、以上のような競争意識だけでなく、現場の連帯感も高めると考えられる。ここで

第8章 アメーバ経営と時間当たり採算

いう連帯感には、1つのアメーバにおけるメンバー同士の連帯感と、異なるアメーバの間に生まれる連帯感という、2つの意味がある。

まず、アメーバは少人数からなる組織単位であるから、採算をあげるためにはメンバー全員の協力が欠かせない。困っているメンバーがいれば、助け合うことも必要だろう。共通の目標に向かってみんなが努力することで、アメーバ内の連帯意識が高まると考えられる。

さらに、先ほど他のアメーバはライバルだと述べたが、厳しく採算をチェックされているという意味では同志でもある。そのため、「他のアメーバに迷惑はかけられない」という意識が現場に芽生え、品質や納期により注意を払うようになるだろう。また、必要があれば自発的に協力関係を築くこともあるだろう。

たとえば、アメーバのリーダー同士は、普段から値決めをめぐって交渉がある。両者の仲がよほど悪くない限り、交渉の場で振替価格以外のことも相談するはずである。現場の情報を豊富にもつリーダー同士が話し合うことによって、上司の判断を仰ぐよりも早く適切な解決策を見つけられると考えられる。さらに、上からの命令ではなく自主的に生み出した解決策であれば、実行に向けた現場のモチベーションも高いだろう。

このように、アメーバを独立採算とし、振替価格をリーダーに交渉させることによって、社内コミュニケーションが活発になり、部門間連携が頻繁に行われるようになると期待される。アメーバ経営とは、じつに多様な波及効果をもつ経営システムなのである。

210

なぜ、アメーバ経営をやる企業は少ないのか

こうしてアメーバ経営のメリットを挙げていくと、多くの企業が飛びついて採用してもいいように思える。しかし現実には、アメーバ経営を経営システムとして自主的に取り入れようとする企業は、決して多いとはいえない。

アメーバ経営の最近の大きな導入例は稲盛氏が再建に乗り込んだ日本航空であるが、それはやや例外的で、そこでも最初はアメーバ経営への無理解や反発が大きかったようだ。稲盛氏の信念と京セラから持ち込まれたアメーバ経営の無数のノウハウが、結局は日本航空の現場でもアメーバ経営を実現する力となり、日本航空の再建に大きな貢献をしたといわれている。

では、なぜ多くの企業はアメーバ経営のような仕組みを取り入れていないのだろうか。その主たる原因として考えられるのは、次の3点である。

第1の原因は、アメーバ経営を導入し、運営するのに大変な手間がかかることである。京セラは、企業規模がそこまで大きくない時期にアメーバ経営を編み出したため、仕組みを変えても大きな負担はなかったかもしれない。しかし、大企業であればあるほど、すでに自社の会計システムが確立されており、そこから抜け出すのはむつかしい。とくに問題がないものを変えるのは面倒だと反発する人も多いだろうし、万が一、新しいシステムが不具合を起こしたら、本業や財務会計の決算にも影響が出てしまうからである。

うまくアメーバ経営を導入できたとしても、その後には運営コストの問題が発生する。たとえば、これまでは10個の事業部で済んでいた利益計算を1000個のアメーバでやるとなると、事務コストが増加する。

211　第8章　アメーバ経営と時間当たり採算

この点について稲盛氏は、「組織を細分化できるときは、多少の経費増となっても、それを上回るような受注、売上、採算をあげて、それぞれの事業を伸ばしていくことを考えるべき」だと述べている（『アメーバ経営』108頁）。細分化によるメリットがコスト増というデメリットよりも大きい、もしくは大きくあるべきと考えているようだ。

アメーバ経営の採用が少ない第2の原因は、アメーバの経営を担うリーダーの人材不足である。アメーバの数だけリーダーが必要だと聞いて、「自分の会社には、リーダーに相応しい人材がそんなにたくさんいない」と思った読者も多いはずである。そう思えば、アメーバ経営の導入に二の足を踏むだろう。

しかし、組織構造と人材のマッチングは、双方向で考える必要がある。今の人材に見合った組織構造を選択する、というのが基本的な方向だが、仕事が人を育てる、すなわち組織構造が人材を生み出すという逆方向の効果も考えるべきである。

アメーバ経営には、まさに後者の考え方が当てはまる。稲盛氏によれば、「たとえ現段階で十分な経験や能力がなかったとしても、リーダーとなる可能性のある人材を発掘し、その人材にアメーバリーダーを任せていくことが大切」だという（同書、105頁）。つまり、リーダー候補がいないからといってあきらめるのではなく、先に仕組みを作って、リーダーが育つのを待つのである。

第3の原因は、アメーバのように自律的な組織単位をたくさん作ると、それぞれが好き勝手に行動し始め、組織全体がバラバラになってしまう恐れがあることである。アメーバの業績指標として重視される「時間当たり」は、アメーバが分子（付加価値）も分母（総労働時間）もコントロールできるため、結果について言い訳をすることがむつかしい。だからこそ、各アメーバは採算をあげるため懸

命に努力をするのである。

しかし、それが行き過ぎると、かえってよくないことが起こるかもしれない。たとえば、振替価格をめぐってアメーバ同士が激しく衝突し、収拾がつかなくなるかもしれない。また、言い訳を許さない指標で厳しく採算をチェックされることによって、現場で働く人々が自信をなくしたり、心が荒んでいったりする恐れもある。その結果、各アメーバは自身の便益のみを追求するようになり、職場全体が殺伐とした雰囲気に包まれる。そんなことでは、1つの企業のもとで協働している意味がなくなってしまう。

どんなことに気をつけて、アメーバ経営をやるべきか

前項で紹介した3つの原因のうち、多くの経営者がもっとも心配しているのは、最後に挙げたセクショナリズムの弊害ではないだろうか。この問題を緩和するために、京セラでは3つの工夫がなされている。

1つめの工夫は、経営理念を浸透させることである。稲盛氏は、「人間として何が正しいのか」を判断基準とする自身の経営哲学を「京セラフィロソフィ」と呼んでいる。京セラでは、このフィロソフィに関する冊子や手帳を社員に配布し、社内教育を徹底的に行うことで、理念や価値観の共有を図っている。

稲盛氏によれば、「アメーバ経営とは、フィロソフィをベースに部門間の利害対立を正しく解決することによって、個と全体の利益を同時に追求」することを狙った経営システムである（『アメーバ経営』76頁）。経営理念が十分に浸透しないままアメーバ経営を実践してしまうと、みんなが自己中

213　第8章　アメーバ経営と時間当たり採算

心的に行動し、社内は滅茶苦茶になる危険がある。社員に行動指針や判断基準を提供し、ある程度の自制を促すためにも、経営理念は大切である。

セクショナリズムを回避する2つめの工夫は、振替価格をめぐってアメーバ同士の交渉が紛糾した場合には、上に立つ上司が仲裁に入って事情を聞き、最終的な判断を下す。したがって、上司は「つねに公正、公平であり、みんなを説得するだけの見識を持ち合わせていなければならない」（同書、69頁）。

また京セラでは、「コンパ」と呼ばれる、社員が車座になって酒を飲み、議論を交わすためのイベントが頻繁に開催されるという。飲み会のようにソフトなコミュニケーションの場であれば、上司も部下も本音で語り合うようになる。その結果、上司と部下の間だけでなく、部下同士の間でも誤解が生まれにくくなり、日常業務における無用な対立は減るだろう。

3つめの工夫は、業績と金銭的報酬を連動させすぎないことである。京セラでは、あるアメーバが「時間当たり」を高めた場合、長期的にはリーダーの処遇などに反映していくが、その年に多額のボーナスを与えるようなことはしていない。その代わり、会社に大きな貢献をしたアメーバには、一緒に働く仲間からの賞賛や感謝という「精神的な栄誉」が与えられる（同書、80、134頁）。

なぜ、京セラは金銭的インセンティブをそこまで重視しないのだろうか。稲盛氏によれば、業績と報酬を連動させる成果主義は、業績があがった場合には社員のモチベーションを高める一方、反対に報酬が減ると、多くの社員が恨みつらみをもつようになるからだという（同書、85-86頁）。

ヒトが努力をする源泉には、ボーナスのような金銭的インセンティブだけでなく、周囲からの尊敬などの社会的インセンティブも含まれる。稲盛氏も指摘するように、前者に頼りすぎると、長期的に

は社内の雰囲気が悪化する恐れがある。業績を厳しく管理するからといって、必ずしも業績と報酬を大きく連動させればよいというわけではないのである。

このように京セラは、アメーバごとの採算計算というアクセルを踏むと同時に、経営理念やコミュニケーションの重視といったブレーキを踏んでいる。企業を経営するうえで、アクセルだけでは現場が殺伐とする危険があるし、かといってブレーキばかりではなかなか前に進めない。両方を同時に踏むのがよい経営なのである。

それでも、アメーバ経営をやった方がいい

本章でこれまで述べてきたように、アメーバ経営は、上司のための情報システムとしても、部下への影響システムとしても、細部までじつによく考えられた仕組みである。さらに、時間当たり採算表をフィードバックすることによって、現場は何をすべきかを自主的に判断できるようになる。これは、アメーバ経営が部下のための情報システムとしても機能することを意味している。

アメーバ経営にはさまざまなメリットがあるものの、本章を一読した時点では、多くの読者が「自分の会社でやるのは無理だ」と感じたのではないだろうか。たしかに、アメーバ経営を実際にやるのは大変である。しかし、じっくり考えてみると、案外うまくいきそうだという結論になるかもしれない。やろうと思えばできるのであれば、やった方がいい。その根拠を3つ挙げて、本章のまとめとしよう。

第1に、「どんぶり勘定」は問題だ、ということである。多くの企業は、ビジネスがうまくいっている部分とそうでない部分をきちんと把握しておらず、京セラのずっと手前でとどまっているのでは

215　第8章　アメーバ経営と時間当たり採算

ないか。そうだとすれば、何か問題が起きた場合に、経営者が原因を特定するのに時間がかかり、手を打つのが遅れてしまうだろう。

また、現場で働いている人々も、自分たちの行動が成果をあげているのか、会社の業績に貢献しているのか、よくわかっていない可能性がある。それでは仕事の達成感を得にくいし、反対に深く反省することもないだろう。アメーバ経営では、組織を細かく切り分けて採算を計算するため、どんぶり勘定は排除される。

第2に、みんなが1つの業績指標を意識することには、大きな意味がある、ということである。京セラでは、ほぼすべてのアメーバが「時間当たり」（1時間当たり付加価値）によって評価される。経営者は、このような共通尺度を用いることで、業績の相対比較が可能になり、異常を察知しやすくなるだろう。

さらに、共通の業績指標は、現場の横並び競争を誘発する。その結果、経営者がわざわざ発破をかけなくても、現場は他人に負けたくない一心で努力するようになり、組織全体が活性化する。なお、そこで用いられる業績指標は、シンプルでわかりやすく、現場の管理可能性が高いほど望ましい。

第3に、社員に経営の基礎訓練の場を提供できることである。多くの企業の経営者にとって、後継者選びは大きな悩みの種であろう。アメーバのリーダーには、値決めを含め経営全般が任されている。そのため、アメーバの業績を見れば、誰に経営能力があるのか、早いうちから見当をつけることが可能である。

アメーバの数だけリーダーが存在するわけだが、その中で実際に経営者になるのは、ほんの一握りかもしれない。しかしそれでも、事業部のように大きな組織単位の末端で働くよりは、小さな組織単

位のリーダーとしてメンバーを引っ張っていく方が、人は活き活きと働くことができる。やはり、Small is beautifulなのである。

予算管理のウソ・マコト

第 9 章

1 予算管理システムの2つの顔

2つの予算

予算というものを、ほとんどの企業がさまざまな形で作っている。企業全体の売上予算や利益予算、事業部の利益予算、営業所の売上予算、工場の製造原価予算、研究所の開発費予算、などなど、組織の部署に応じて多様な種類と詳しさの予算が作られているだろう。毎年、新しい年度を迎える前にそうした予算編成が行われるのが恒例である企業も多いだろう。

予算は、目標管理に使われることも多い。現場がボトムアップで作る予算でも、最後は（あるいは最初から）トップダウンで降りてくる予算でも、予算がその部署の業績目標となり、その達成を目指すことが現場の義務となる。そして、予算の対象となる期（たとえば週次、月次、年次）が終わると、その期間の実績と予算が比較され、両者の差異をもとにさまざまなチェックや評価の行動がとられることになる。予算を出発点とする、事後的な業績評価である。

予算管理と一般に呼ばれている管理のプロセスは、最初に例示した「期が始まる前の予算編成」と、次に例示した「期が終わった後の業績評価」という、2つの管理のステップからなる。その両方に予算というものが登場するために、予算管理に登場する予算、ひいてはその管理システムには2つの顔があることになり、その2つがなかなかつながりにくい。

予算の第1の顔、「期が始まる前の予算編成」で登場する予算の意義は、「計画と資源配分としての予算」といえるだろう。来期はこれこれの活動を計画しています、それを実行するとこうした業績があがる予定で、そのためにこれだけの費用が必要でしょう、という計画と見積もりが予算である。予算が組織の中で承認されると、そこで示された計画と費用の見積もりに基づいて、カネやヒトなどの資源配分が行われることになる。

予算の第2の顔、「期が終わった後の業績評価」で登場する予算とそれを用いた管理のプロセスは、「目標管理と予実比較のための予算」といえるだろう。予実比較とは、予算と実績を比較するという意味である。

つまり、一般的な予算管理とは、期初に予算を業績目標として設定し、期末に予算と実際に生み出した業績（実績）を比較することによって、現場の目標達成努力を引き出したい、という管理手法で

219　第9章　予算管理のウソ・マコト

ある。広義に目標管理と呼ばれる管理手法の一例が、このタイプの予算管理である。

なぜ、期末に予実比較をすることが、現場の努力につながるのか。

第1は、期中の努力を促進する効果である。実績が予算を上回れば期末にプラスの評価が、予算を下回ればマイナスの評価が出るだろう、と現場の管理者が陰に陽に考えるからである。それが、期中にきちんと業務を執行しようとする努力、予算を達成しようとする努力に影響する。

第2は、次期以降の努力への影響である。予実比較をすると、期初の予算編成がどのように間違っていたか（あるいは正しかったか）に関する情報が得られる。その結果、次期の予算とその背後にある計画策定の質が上がる、という効果を期待することができる。

こうして、予算管理は2つの顔をもつことになる。事前（期初）の計画策定のシステムとしての顔と、事後（期末）の業績評価システムとしての顔、である。予算管理の問題の多くは、この2つの顔をつなぐことのむつかしさから生まれる。それを、この章では詳細に見ていこう。

その前に、この本全体の中での本章の位置づけについて触れておく。第1章ですでに紹介したが、本書ではまず、「ダーウィンの海」を泳ぎ切るための事業活動において管理会計が果たす役割について考えてきた。それが、第4章からこの章までの6つの章で、いわば「ダーウィンの海」シリーズの最後にあたるのが、本章である。

次章にあたる第10章では、視点がダーウィンの海から「死の谷」に変わり、死の谷を渡らせるかどうかを判断する際に行われる投資採算計算を論じる。そしてさらに第11章では、イノベーションの関門の最初のものである「魔の川」に視点をさらに移し、魔の川を渡らせるかどうかという研究開発プロジェクト管理の問題を論じることになる。

220

2つの予算管理のアウトプットは？

2つのタイプの予算とそれにまつわる管理のプロセスは、それぞれ予算管理なるもののアウトプットが何なのか、という点で異なっている。

第1のタイプの予算管理のアウトプットは、その予算の背後の活動計画とそれに基づく資源配分である。期の始まる前に活動計画を現場に作らせ、その計画に応じて本社が資源配分をするために、予算管理のプロセスが動いている。だから、第1のタイプを「計画と資源配分としての予算」とここでは呼んでいる。

第2のタイプの予算管理のアウトプットとしてわかりやすいのは、業績評価のための予実比較であり、予算と実績の差異分析を期末にきちんと行う仕組みがあると、期中の業務行動が状況変化に対応した適切なものになりやすい。なぜなら、事前の想定とは違う状況が生まれたときに、それに適切に対応する行動をとれば、実際の業績がきちんとしたレベルに維持される可能性が高く、それが評価されるからである。

大切なのは、業績目標を決めること自体ではなく、その業績目標を達成できるように事前にきちんとした活動計画を作ること、その活動計画を実行できるように資源配分が事前に行われること、この2点である。つまり、活動計画と資源配分が最終的なアウトプットなのである。

こうした現場の対応を「期中適応行動」と呼ぶとすれば、第2のタイプの予算管理が究極的に目指すものは、期中適応行動の適切さの確保である。だから、現場の期中適応行動が第2の予算管理の究極のアウトプット、といえるだろう。つまり、第1の予算管理は事前の適切な計画作りを目指すもの、第2の予算管理は期中における現場の適切な適応行動を目指すもの、と整理することができる。

第1のタイプの予算管理として日本で一番有名なのは、政府の年度予算であろう。毎年8月の各省による概算要求から始まり、年末に財務省が政府予算案を提出し、翌年の3月に国会審議を経て予算が決定される。この決定により、4月に始まる新年度での予算執行が行政の現場で可能になる。

同じようなイメージで、全社の予算を長い時間をかけて作る企業は多いだろう。まず、本社が次期の経営環境についての予測を現場に伝え、本社として達成したい企業全体の業績目標も伝える。それをインプットとして、現場の事業部や営業所、工場がそれぞれの責任変数についての予算とその背後の活動計画を作る。それらが本社に集められ、本社による検討を経て修正要請という形で現場に案が戻され、その後に改正案が本社の予算会議で承認される。国の予算と同じように、予算が決まるとそれに応じた資源配分も決まることになり、期が始まると計画の実行が始まる。

一方、第2のタイプの予算管理として多くの読者がイメージしやすいのは、第5章で詳しく論じた原価管理のプロセスであろう。期初に標準原価などの目標となる原価が決められ、期末に原価計算システムによって実際の原価が測定され、製品や部署ごとに差異分析が実施される。そこでは、差異が有利差異かどうか（実際原価が目標原価を下回ったかどうか）、なぜそうした差異が生まれたのかを詳しく検討する。そうすることで、現場のコストダウン努力、ゆるみない原価管理の努力が促進されることが期待されている。

工場の生産現場では定型的な業務も多く、生産条件などの想定外の変動も、生産量の変動を除けばそれほど大きくはないことが多い。だからこそ、差異分析をきっちりと行える可能性が高く、だから生産現場の適切な期中適応行動を原価管理プロセスが促しやすい。

それに対して、全社の利益目標や事業部ごとの利益予算については、差異分析に基づく厳しい管理

が行われ、それによって現場の適切な期中適応行動が促されている、という実感をもっている企業人は少ないのではないか。その最大の理由は、第6章でも述べたように、利益管理のための差異分析が、原価管理のための差異分析と比べてはるかにむつかしいからである。

たしかに、利益目標を達成することを厳しく求める企業は多いだろうが、そのプロセスはあくまで「業績確保」のためのプロセスであって、現場を適切な期中適応行動へと誘導する（それへの現場の努力を促す）ためという意識はそれほど強くないだろう。だから、しばしば現場が利益創出圧力に負けて、不適切な行動をとってしまう。

その例が、短期的な利益確保のために将来の芽を摘む行動であり、ひどいときには不適切な会計処理で利益の過大計上をしてしまうこともあるかもしれない。そこまでいかなくても、第6章で述べた事業部利益計算のむつかしさを考えると、じつに多様な歪んだ行動（現場の適切な期中適応行動とはいえない行動）が「利益の尻たたき」から生まれる危険がある。

すでに述べたように、こうした予算管理の2つのアウトプットが連動するのは、かなりむつかしい。しかし、いかにむつかしいとはいえ、理想的な予算管理のあり方は、予算管理のもつ2つの顔が連動して機能することである。さもないと、予算そのものが歪み始め、言いっ放しに終わる危険がある。

したがって、2つの顔の連動を少しでも大きくして、より適切な予算管理を行うこと、それを目指すのが現実的な予算管理の姿であろう。

情報システムとして、影響システムとして

すべての管理会計システムが、情報システムとしての機能と影響システムとしての機能という、2

つの機能を否応なしにもってしまう、という二面性をこの本では強調してきた。予算管理システムの場合も、同じである。

「計画と資源配分としての予算」の場合、情報システムとしての機能が中心であろう。本社から現場へ、経営環境の予測や全社目標のような情報が最初に流れる。つまり、こうして上から下へと情報を流すシステムとしての機能が予算編成にはある。

次に、現場から現場の考えを取り入れた予算案が上がってくる。それは下から上への情報の流れが発生しているということで、この情報をもとに、本社がすでに表明している全社目標の実現可能性を検討したり、現場の予算案のどこに修正を求めるか、本社としての対応を決めたりする。

そうして最終的な予算ができあがると、その一部として、各部門が期中の活動で達成すべき業績目標が伝達される。その結果、ふたたび上から下への情報の流れが生まれることになる。

このように、本社と現場の間にさまざまなタイプの情報が流れるプロセスが、予算編成プロセスによって確保されている。本社は、予算を作る際、現場から本社への情報の流れがきちんと起きるよう工夫をすることで、現場の状況を知ることができる。まさに、情報システムとしての機能である。

しかし、それだけではない。現場を巻き込んだ予算編成と本社によるチェックのプロセスの仕組みは、じつは現場が策定する活動計画の質を高めるための影響システムとしても機能している。

たとえば、本社によるチェックがあることを知っているから、現場はきちんと計画を立てようとするだろう。また本社からのフィードバックによって、現場の複数の部門同士で計画の調整が図られることもあるだろう。こうした影響が生まれることを期待して予算を作れば、それは立派な影響システムである。

224

こうした「計画の質を上げる」という影響システムとしての機能は、「計画と資源配分としての予算」という予算管理システムの第1の顔においては、副次的な機能といえるかもしれない。しかし、大きな組織全体の予算を作るという複雑な作業では、しばしば重要な機能である。

予算管理システムの第2の顔、すなわち「目標管理と予実比較のための予算」においては、現場の期中適応行動への影響システムが主な機能であろう。期末に予実比較が行われることが現場に理解されることによって、期中の適切な適応行動への現場の努力が大きくなる、という影響が出ることが主に期待されている。

しかし、期末に予算と実績が比較されることを現場が知っているがために、予算管理は意図せざる影響システムとして機能してしまうこともある。たとえば、予実比較で自分たちが不利にならないように、現場は事前の予算編成プロセスで甘めの目標設定をしてもらえるような行動をとり始めるかもしれない。こうした歪みは、影響システムとしては意図したものではない。ただ、あらかじめ覚悟しておいた方がいい。

また、予実比較のプロセスは、うまくいけば、本社と現場の両方にとって次期の計画の質の向上のための情報システムとしても機能しうる。予実比較によって、事前に何を間違って想定したか、期中の適応行動の何がまずかったのか、それぞれが学習できる可能性があるからである。それによって、次期に作る予算とその背後の活動計画をより適切なものにできるかもしれない。

こうして2つの顔をもった予算管理システムは、さまざまな形で情報システムとしても影響システムとしても機能する。その機能の中には、予算管理システムを設計する立場の人間が意図しない歪んだ影響もありそうである。

225　第9章 予算管理のウソ・マコト

予算管理のもつ多様なメリットを活かし、ありうべきデメリットを小さくするような予算管理システムの設計は、決して容易ではない。予算管理システムの設計者は、こうした機能の全貌とそのむつかしさを理解したうえで、現実的な予算管理システムを作らなければならない。

2　必要なのは、事後評価基準値

2つの顔はつながりにくい――期初予算と期末実績の間の溝

予算管理システムの2つの顔はつながりにくい、と前節で述べた。その最大の理由は、期初に作られる予算と、期中のさまざまな状況変化と現場の行動が掛け合わさって期末に測定される実績の間に、概念的に見てかなり大きな差があることである。その差を理解するために、予算と実績をあえて簡単な式で表現すると、次のようになる。

> 期初予算＝想定環境×計画された行動、という掛け算で導かれる業績値
> 期末実績＝実現環境×現実の行動、という掛け算で導かれる業績値

ここで期初予算とは、次期の経営環境を想定し、そのもとでの活動計画を作った場合、その計画を実行するとどのくらいの業績を達成できるか、ということを意味する。予算管理システムの第1の顔では、この事前の計画策定という作業が適切なものになるように、予算編成プロセスを整えることが主眼になる。

しかし、期初予算はあくまでも事前に想定された環境（想定環境）をベースにしたものであり、想定外の環境変化が起きるのが、世の常である。環境変化に直面した現場は、自分たちに任せられた業務を、実際に起こった環境（実現環境）に合わせて調整していく。それが、2つめの式の「現実の行動」である。それが最適な適応行動になっているかどうかは、現場の能力と努力次第であろう。

期末の予実比較によって現場を評価するという予算管理システムの第2の顔では、現実の行動が期中の適応行動として適切なものとなるように仕向ける。そうした現場への影響を促せるように業績評価システムを駆動することが、予算管理システムの第2の顔の主眼になる。

しかし、そうした影響が期待される事後的な評価基準としての役割を、期初に設定された予算が本当に果たせるのだろうか。われわれがそんな疑問を抱くのは、期初予算と期末実績の間に、大きな溝があるからである。その溝ゆえに、期初予算はじつは事後的な評価基準としては使えないようなものに「理論的に」ならざるを得ないのである。

なぜ、「理論的に」といえるのか。それを解説するために、期末実績から期初予算を引いたものを予実差異と定義し、先の2つの式に基づいて単純に表現してみると、次のようになる。

予実差異 ＝ 実現環境 × 現実の行動 − 想定環境 × 計画された行動

つまり、期初予算と期末実績では、掛け算の2つの項が両方とも異なっているのである。環境についていえば、実現環境と想定環境は当然、異なるだろう。期中の行動についても、現実の行動と計画された行動が同じではない困る。環境変化に応じて適切な期中適応行動をとるのが現場の役目だからであ

227　第9章　予算管理のウソ・マコト

しかし、この予実差異が事後的に計算され、しばしばその答えがプラスであるかマイナスであるかに基づいて自分たちは評価される（原則として、プラスであれば褒められ、マイナスだと叱られる）と現場が思っていると、現場はさまざまな歪んだ行動をとり始める。

たとえば、計画された行動通りに実行して、「事前に決められた通りにやりました」ということにしようとする行動パターンがありそうだ。しかし、その場合も、環境変化があるがために予実差異は生まれる。その時は、「環境変化のせい」というストーリーの言い訳を考える。現場の細かな環境変化を知らない本社や上司は、それで丸め込めるかもしれない。だが、環境変化にきちんと対応せず硬直的な行動を現場がとるのだから、それは歪んだ行動というべきである。

あるいは、予実差異をゼロにすることで、目標達成という姿を取り繕おうとするかもしれない。しかし、実現環境のもとで期初予算と同じ水準の業績を実現するような行動は、必ずしも業績を「もっとも」よくする行動と等しいとは限らない。経営環境が好転した場合には、努力を控え気味にすることで予実差異はゼロになるからである。

正当な評価基準とは何か

だから、期初予算を事後的な評価基準として用いるのは、理論的に間違っている。では、どのような評価基準を作ろうとするのが、環境変化に適切に対応した現場の行動を促すという予算管理システムの第2の顔のために、理論的に正しいのか。

それは、「実現した環境のもとで最適な期中適応行動をとったとしたら、どの程度の業績になった

228

はずだ」という事後的(期末という意味で)に推定される業績値である。それを「事後評価基準値」と呼ぶとすれば、その概念的定義は、次のようになる。

事後評価基準値＝実現環境×最適な期中適応行動、という掛け算で導かれる業績値

この値を中間項としてはさんで予実差異の式を書き直すと、次のようになる。

予実差異＝（期末実績－事後評価基準値）＋（事後評価基準値－期初予算）
　　　＝（実現環境×現実の行動－実現環境×最適な期中適応行動）
　　　＋（実現環境×最適な期中適応行動－想定環境×計画された行動）

こうして計算される予実差異の計算式の2つの括弧のうち、最初の括弧は事後的な業績評価で使われるべき差異（事後評価差異、と呼ぶことにしよう）であり、第2の括弧は事前の予算と事後評価基準値の差がなぜ生まれたかを説明する差異である。

ここでさらに事後評価差異の式を書き直せば、次のようになる。

事後評価差異＝実現環境×（現実の行動－最適な期中適応行動）

この事後評価差異は、現実の行動が最適な適応行動であればゼロになるし、そうでなければ必ずマ

第9章　予算管理のウソ・マコト

イナスの値になる。なぜなら、最適な期中適応行動とは、その名の通り実現した環境にもっとも適切に対応した行動なのだから、現実の行動ではそれ以上の業績をあげることはできないはずだからである。

したがって、最適な期中適応行動と現実の行動の乖離が大きければ大きいほど、現実の行動が不適切であればあるほど、事後評価差異のマイナスは大きくなる。その意味で、現実の行動の適切さを評価するための指標として理論的には正当なのである。このような指標を期末の業績評価に使えれば、経営環境が変化した場合でも現場の適切な努力を促すことができるだろう。

事後評価基準値の計算は、きわめてむつかしい

すでに多くの読者もお気づきだと思うが、前項で述べたような理想的な事後評価基準値を実際に計算するのは、きわめてむつかしい。ほとんど不可能といってもいいかもしれない。なぜなら、この評価基準を作るのは上司（あるいは本社）の仕事であるが、事後評価差異の式には上司にとって知ることがほとんど不可能な2つの変数が含まれているからである。

第1に、「実現環境」である。実際にどんな経営環境の変化が現場で起こったのか、上司が詳細に知ることはきわめてむつかしい。そもそも、現場の実態をよく知らない上司が大半であろう。上司は環境変化への適応行動についての権限を現場に委譲しているので、その現場にいる部下ほどには現場のことを知らないのが当たり前なのである。

たしかに、実現環境を知ろうとして現場から情報を上げさせることは、ある程度はできる。しかし、そのディテールをすべて伝えるのは現実には不可能だろうし、さらにその情報が自分の事後評価基準

値の設定に使われると部下が思えば、正しい情報伝達が部下から上司へ行われなくなるのがふつうである。

第2に、部下にとって都合の悪い情報が隠されるという、歪んだ情報伝達になりやすい。「最適な期中適応行動」である。仮に実現環境がどんなものであったかを細かく知り得たとしても、そこでの適切な期中適応行動が何であったかまでは、上司にはわからないことが多いだろう。そもそも、自分が細かく現場に干渉しなくてもいいようにするために、現場に仕事を任せているのである。だから、ある環境変化があったらこんな行動をとるべきだった、と上司が幅広く的確に推測するのは、きわめてむつかしい。

このように、「正確に計算するのはきわめてむつかしい」という限界を原理的にもった事後評価基準値なのだが、業績評価にそれを用いることの正当性については、多くの人が認めるところであろう。だから、なんとかしてその理想形に近い業績評価ができるように仕組めるかどうかが、予算管理システムの成否のカギを握るのである。

そのためには、予算管理システムの設計者とそれを使って実際に管理をする運用者、その両方に現場想像力が必須となる。すなわち、予実差異の大きさ、そして経営環境の変化について自分たちが知っていること、その2つの情報をもとに「現場ではこんなことが起きていたはず」と想像し、「その現場の状況においてはこんな行動が適切だったはず」と想像する力である。

こうした現場想像力を身につけ、事後評価基準値に近い値の「見当をつける」ことが、上司にできる限界であろう。細かい計算などによって正確な事後評価基準値を求められない以上、その近似値の見当を現場の状況に応じてつけられる能力が、真の業績評価の出発点にせざるを得ない。その近似値の見当を現場の状況に応じてつけられる能力が、真の予算管理マネジャーに要求されているのである。

231　第9章　予算管理のウソ・マコト

近似値の見当をつけるための場として、巧みな予算検討会議が機能している例について聞いたことがある。ある企業では、事業部長から現場のマネジャーまで、上から下までみんな集まって、各部署の予実差異の内容を検討する会議を頻繁に（たとえば月例で）開いているという。

その会議で、明確な「事後評価基準値」が出てくるわけではない。しかし、実現環境や最適な期中適応行動についての共通理解が、その場のコミュニケーションのおかげで生まれてくる可能性は十分にある。その共通理解が、一種の相場観となって、各部署の事後評価基準値はおよそこんなものではないか、という近似値の見当がつけられるようになるのである。

事後評価基準値を計算することは、きわめてむつかしい。しかし、一種の代用物として、この例のように社内で「相場観」を共有する仕組みを作ることは、重要である。その相場観の共有のためには、じつは事後評価基準値のような概念が理論的には正しいという共通理解が必要だろう。実際には計算のできない事後評価基準値だが、その概念の内容と意義を理解することが、近似値を推定するためにはどうしても必要なのである。

3　ありがちな歪み

予算設定のウソ——予算は、予想するもの、降ってくるもの、使うもの

前節で、予算というもののあるべき姿を、「想定環境×計画された行動、という掛け算で導かれる業績値」と概念的に定義した。しかし、現実の予算管理で登場する予算は、この概念に従っていない方がむしろふつうであろう。それが予算設定のウソで、そのウソがさまざまな歪みを生む。ここでは、

3つ挙げておこう。

まずは、予算とはただ予想するもの、となってしまう歪みである。その歪みは、概念的定義に登場する「計画された行動」を明確には決めないままに予算を作る場合に起きやすい。たとえば、過去の延長線上で「前年比X％の改善」を業績目標とする、ただの予想あるいは希望に過ぎないような予算がかなりあるようだ。こんな予算では、期末に予実比較をやったところで、予想の精度を確認するだけの作業になってしまう。

次は、予算とは上から降ってくるもの、となる歪みである。現場に予算を作らせるのではなく、トップダウンで目標としての予算が与えられることがしばしばある。あるいは、一応はボトムアップで、たとえば現場が予算案を本社に提出することで予算編成プロセスがスタートしても、最後は「そんな低い目標では全社的な利益が確保できない」と本社側の事情を押し付けられてトップダウンで予算が決まる、という企業も多いだろう。ときには、本当にいきなり上から予算が降ってくることもありそうだ。

いずれの場合でも、予算の背後に現実的な活動計画があるかどうかにかかわらず、その予算は達成すべき目標となって、現場の尻をたたくのに使われる。そんなことでは、現場が目標達成の意欲をもつかどうかは、「尻たたきの巧みさ」だけに依存することになってしまう。自分たちで計画を立てたという自律感など、現場はもてないのである。

第3の歪みは、予算とは使うもの、となる歪みである。費用に関する予算を作る場合にとくに起きがちで、一応は背後の活動計画を作って予算を獲得するのだが、その後は「獲得額」が「使える金額」とイコールになってしまって、計画通りに予算を消化することが現場の目的と化してしまうことであ

わかりやすい例は、国の予算配分であろう。年度末の予算消化のための道路工事は、よく見られる光景である。企業の中でも、それを笑うわけにはいかないような現実はかなりあるだろう。

この歪みのもたらす問題は、予算消化がどの程度、成果につながるかの意識が低くなることである。したがって、当初の活動計画に従っていると言いながらも、じつは多少異なった用途に予算が使われることも多くなる。予算を枠一杯に使い切れるかどうかが、現場の管理者の能力指標と見なされてしまう危険すらある。

こうした3つの歪みが発生する主な原因は、2つある。第1の原因は、そもそも、概念通りに想定される環境と背後の活動計画を掛け合わせて予算を作る、ということが現実にはむつかしいことである。だから仕方なく、過去の延長線などの簡便法を使うことになる。その簡便法ゆえの歪みが、発生してしまう。

第2の原因は、予算が事後的な評価基準としてあまり機能しないことである。予実差異は計算できても、その有効な解釈ができない。だから、実際には真の管理（期中の適切な適応行動を促すこと）のためには使えない、とみんながあきらめている。したがって、予算というものが作りっ放しになる傾向が出る。

それで、ただの予想でも、上から降ってくるのでも、予算としては構わない、ということになってしまう。もちろん、予実差異を説明する努力は必要となるのだが、そこが単に言い訳の世界となってしまう危険が大きいのである。

コミットメントの強調がもたらす歪み

予算が、言いっ放し、作りっ放しになってはいけない、と誰しも思う。達成すべき目標として予算を使う場合には、なおさらである。そこで、予算にコミットさせる、という経営行動がしばしばとられる。

コミットさせるとは、予算という目標の達成を約束させることである。日産自動車の経営改革でカルロス・ゴーン社長がさかんに強調して有名になった言葉である。現実には、約束を守れなかった場合にはそれ相応のペナルティが科されることを現場に覚悟させる、ということを意味することが多いだろう。

予算に対する現場のコミットメントを強調するということは、予算を達成したか否かを期末の業績評価の軸とする、ということである。そうすれば、前節で述べた事後評価基準値などという面倒な概念なしに、しかし実現した環境のもとで懸命な現場努力を引き出す、ということが可能になることも、ときにはあるかもしれない。

たとえば、実現環境が想定環境よりもやや悪いときには、予算にある業績目標を懸命に目指すことで、期中の適応行動が促され、ある程度の実績が達成される可能性はある。しかし、実現環境があまりに想定環境よりも悪いときには、とても予算は達成できないとあきらめが先に立ち、言い訳を考えることを優先する危険もある。

反対に、実現環境が想定環境よりも恵まれている場合には、懸命に努力しなくても業績目標を達成できることになる。そこでは、業績を上げるせっかくのチャンスを逃すような緩みが現場に生まれる危険がある。

どの危険を重く見て、現場にどの程度のコミットメントを要求するかは、最終的には予算管理システムの設計者や運用者が判断するしかない。その際の留意点として、実現環境が想定環境よりも良くなるか悪くなるかにかかわらず、コミットメントの強調がもたらしがちな歪みを2つ指摘しておこう。

1つは、業績目標が低めに設定されるように、予算編成の段階で現場がさまざまな努力をし始めることである。低い業績目標なら、コミットしても達成しやすいからである。上司に流す情報を操作して、現場は苦しいと思わせようとする、という努力がその典型例であろう。そうした低い目標設定がはびこってしまうと、組織全体としての努力は低水準になるであろう。

もう1つの歪みは、現場が上からコミットさせられる予算が、実現可能性の低い予算になることである。予算を達成できない状態が続けば、期末にペナルティを受けることが当たり前になり、現場のモチベーションが下がってしまう。いつも叱られてばかり、ということになるからである。そうした心理的な害ばかりでなく、資源の非効率的利用という実害も発生しがちである。コミットさせられる事業部の販売予算を考えてみよう。口先だけで高めの目標を宣言するだけなら大きな実害は出ないかもしれないが、その販売予算を達成するための生産計画などを整合的に作ろうとすると、じつはさまざまな形で資源配分に歪みが出る。

たとえば、売上を増やすために高い販売目標が設定されると、生産計画も高めに作らざるを得なくなる。そうでないと、予算全体のつじつまが合わなくなるからである。そして、高めの生産計画を実行するためには、原材料や人員などを多めに手配する必要がある。しかし、実際にその販売目標を達成できなければ、製品は売れ残り、原材料も使い残しが出る。その製品を作るために確保しておいた

236

生産ラインに、空きが生まれてしまうこともあるだろう。いずれも、非効率な資源配分の例である。予算はコミットさせるべきもの、というのは予算管理のウソの1つである。マコトは、予算は現場が自分で考えるもの、ということである。単なるコミットメントの強制が大切なのではない。自分で考えるからこそ、現場は真にコミットできるのである。

4　予算管理のマコト

それでも、予算を作ることには意味がある

自分で考える、つまり現場が自分たちの次期の活動について、予算編成プロセスの中で考える。それが、予算を作ることの最大の意義である。

たしかに、概念的に考えても、期初予算は期末の業績評価にはそのままでは使えない。それが、予算管理のマコトである。そこを誤解して、無理やり予算を業績評価に使おうとする人が出てくる。そこから、さまざまな歪みが、ウソが、生まれる。

だから、業績評価の際に期初予算を単純には使わない方がいいのだが、そうはいっても期初予算を作るという作業自体に意義がないわけではない。予算編成には、その予算の背後の活動計画を事前に現場に考えさせる、というきわめて大きな意義がある。

多くの企業で、予算管理システムは、企業内のありとあらゆる部門が参加する、しばしば唯一の定期的な計画作りのシステムである。たしかに、定期的だから惰性に流されやすいという面は否定できない。しかしそれでも、人々が、計画作りを通じて、自分自身の仕事とそれを取りまく環境について

237　第9章　予算管理のウソ・マコト

考えるようになるということの意義は大きい。

一般に計画するということは、3つのことを意味する。第1は、環境のゆく末を、環境の中に働いているメカニズムを、事前によく考えるということ。将来がどうなるだろうという予測はそこから生まれる。第2は、どんな目標を達成しようかを考えるということ。第3は、その環境と目標のもとでは、いまどんな行動をとる必要があるかを考えるということ。計画を策定する人は、これらの3つの側面を事前に考えざるを得ない。

もちろん、考える深さは、個人によって異なるだろう。しかし、予算編成が組織全体で定期的に行われるということは、組織の主な管理者たちが、自分の担当分野について、環境を考え、目標を考え、その達成のためにとるべき行動を考えるという、「考えるきっかけ」を強制的に与えられ、その成果を予算という形で提出せざるを得ないということを意味する。それによって、いまとらなければならない行動は何かという選択を迫られることにもなるだろう。ともすれば選択を先送りにするのが人間の常であるとすれば、この意義は大きい。

しかし、こうした意義を実現するためには、予算編成プロセスがよく練られたシステムとして設計されていなければならない。単に、次期の業績目標を提出せよ、ではまずい。必ず背後の活動計画を同時に提出しなければならない。その計画がときに事前にチェックされるという仕組みでなければ、「事前に考えることの意義」は生まれないであろう。

さらに、こうした計画策定が全社的に行われるということの意義も大きい。本社と現場の考え方のすり合わせや部門間の調整などが、予算編成プロセスとともに進んでいくことが期待できるのである。

238

予算がもっているのは、計画システムとしての意義だけではない。予算を事前（期初）に作り、それを事後（期末）の予実比較に使うことにも、意義がある。期初予算がもつ事後評価基準値としての意味には概念的には限界があるものの、事後的に実績を何らかの基準と照らし合わせて評価するということがもたらす現場への影響は大きい。事後評価は、評価される側への影響の大きな源泉であり、また評価する側と評価される側の両方にとって、起きてしまったことへの反省のきっかけを与えてくれる。

この章で繰り返し述べてきたように、予算管理システムには2つの顔がある。そのそれぞれが、意義をもつ。2つの顔がつながりにくいからといって、それぞれの意義は決して小さくない。しかも、その2つの顔が、組織全体を覆って、すべての部門で一斉に機能し始める。その組織的意義を、次項では予算管理システムが生み出すという観点からより詳しく解説しよう。

予算管理システムが生み出す3つの場

企業全体を巻き込んで予算管理システムを運用することによって、組織の中に、組織で働くさまざまな立場の人たちの間に、大別して3つの場が生まれる。コミュニケーションの場、影響の場、そして横断的評価の場である。

予算管理システムがコミュニケーションの場を作るとは、事前の予算編成と事後の業績評価を現実に実行しようとすると、組織の上下・左右のさまざまな情報の流れ（つまりコミュニケーション）が生まれざるを得なくなる、ということである。

たとえば、事業部が本社に事業計画とその予算を提出する状況を考えてみよう。まず、事業部内で、

次期に何をしてどのくらいの予算が必要か、議論が始まる。それはまさに、事業部内のコミュニケーションが否応なしに行われるということである。また、本社からは経営環境に関する情報などが事業部に提供されるだろうから、それは本社と事業部の間のコミュニケーションが生まれているということである。さらには、自分たちが所属する事業部の計画や予算を作るために、事業上の関係が深い他の事業部との計画のすり合わせをしようと思えば、他事業部とのコミュニケーションが生まれる。

以上は予算編成プロセスだけで生まれるコミュニケーションだが、事後の業績評価においても、さまざまな予実比較ミーティングでは事業部のさまざまな立場の人々の間の、多様なコミュニケーションが生まれるはずである。本社による事業部評価の会議では本社と事業部の間の、事業部内での予実比較ミーティングが生まれるだろう。

言い方を変えれば、予算管理システムを動かすことによって、本社と現場が出会う場、部門と部門が出会う場、事業部内の上司と部下が出会う場、という多様な場が生まれ、そのすべてでコミュニケーションが発生するのである。

予算管理システムが生み出す第 2 の場は、影響の場である。コミュニケーションによって相互理解が進むというメリットを超えて、本社が事業部に、事業部内では上司が部下に、よりよい計画と管理のための影響を与える場を、予算管理システムが作ってくれるのである。

たとえば、部下の計画を聞き、それに修正の示唆をしたり、その計画を承認したりすることによって、上司は部下の目標設定プロセスに影響を与えていることになる。あるいは、計画が承認されるということは、その計画に盛り込まれた目標とそれを達成するための努力を上司が認めたことになる。

それは、目標達成に必要な業務を部下がきちんと遂行する可能性を高める、という影響をもたらすだ

240

ろう。本社と現場の間でも、同じような影響の効果がありそうだ。

そしてもちろん、事後の業績評価が予算管理システムに組み込まれていること自体が、最大の影響の場を作り出している。その現場の努力への影響評価がもつのである。あるいは、業績評価プロセスがきちんとしていなくても、予算との比較という形で業績を測定されるだけで、現場の人々は行動を変えるかもしれない。第5章で述べたように、人間は、測定されるだけで行動を変える動物だからである。このように予算管理システムは、多様な影響をあたえてくれると考えられる。

予算管理システムが生み出す第3の場は、横断的評価の場である。それは、組織内のさまざまな部署を横断的に眺められる評価のシステムを、予算管理が実質的に提供していることによって生まれる。たとえば予実差異は、予算管理システムの対象になっている組織単位のすべてに関して計算することができる。その情報から、半ば自然にさまざまな部署の責任者が予算とのどの程度違う実績をもたらしたか、その差異の原因はどこにあるか、かなりの程度明らかになるであろう。共通の尺度に基づく情報がシステマティックに提供されることによって、横断的評価が可能になるのである。

この横断的評価という第3の場は、コミュニケーションの場からも生まれ、また影響の場からも生まれる。

だから、最初の2つの場の副産物として、横断的評価の場を位置づけることもできるだろう。

横断的、というのが大切なポイントである。アメーバ経営について取り上げた第8章でも強調したように、多くの組織単位に共通する情報を提供してくれる管理会計システムは、タテ（上司と部下）の関係に与える影響だけではなく、ヨコ（部下同士）の関係に与える影響も大きい。

もちろん、以上のような3つの場は、予算管理システムを運用すれば自動的に生まれるわけではな

い。こうした3つの場が生まれるための大きなポテンシャルを予算管理システムはもっている、というのが正しい理解である。それが予算管理の一番大切なマコトである。そのマコトが実現されるように、予算管理システムの設計・運用が行われなければならない。

納得性の高い事後評価のために

3つの場が生まれるように予算管理システムを設計・運用することの1つの大きなメリットは、期末に行われる業績評価の納得性が高まる可能性があるということであろう。

前節で説明したように、事後評価基準値をきちんと計算することは、きわめてむつかしい。だからこそ、事後評価基準値の相場観を社内で共有できるようにすることが大切なのである。予算管理システムが生み出す3つの場は、そうした相場観の形成に貢献すると思われる。

事後評価基準値の見当をつけるプロセスは、事前に作られる予算から出発せざるを得ない。その予算をどのように修正して、事後評価基準値として意味がありそうな値へと「翻訳」し、見当をつけるか。最終的には直感に頼るしかないのかもしれないが、そうした翻訳と見当づけが、予算管理システムを運用する際の一番の勘所であろう。

それがうまくできる人を、「事後評価基準の目利き」と呼ぶことにしよう。目利きには、現場が怠けた場合の言い訳は通用しない。だから現場は、期中に適切な適応行動をとろうと努力するようになる。また、期初の予算編成でも、いい加減な計画を策定しなくなる。結果として、予実差異が発生した場合にただ部下を怒鳴るだけ、という予算管理よりも、はるかにいいインパクトが生まれそうである。

242

目利きが行う翻訳と見当づけの出発点は、大きすぎるプラスの予実差異に対する疑いの目かもしれない。あるいは、いくつかの類似の組織単位の予実差異が一定のパターンをもつことへの疑問かもしれない。そうしたさまざまな予実差異から、目利きは「現場の実態へのヒント」を汲み取っていくのだろう。

そのためには、目利きは予算管理システムがどんなコミュニケーションの場を生み出すのかを熟知し、その中に自分の身を置かなければならない。また、現場で影響の場がどのように機能しているか、知らなければならない。さらに、さまざまな組織単位の間の横断的な情報を入手する必要もあるだろう。そうすることではじめて、特定の組織単位の事後評価基準値としてどの程度の業績が適切か、見当がついてくる。

目利きの重要性を指摘すると、予算管理システムの意義は小さいと思ってしまう読者がいるかもしれない。しかし、それは誤解である。予算管理システムが3つの場を生み出し、それらが多くの情報を提供してくれるからこそ、目利きは事後評価基準値の見当をつけることができるのである。

予算管理の肝は、事後の業績評価にある。その際に、事後評価基準値の相場観が生まれやすいようにすること。それが、予算管理システムの設計と運用の最大のポイントであるようだ。

第10章 投資採算計算の方法と落とし穴

1 投資採算計算とは何か

投資意思決定の全体フロー

企業の成長のために、投資は欠かせない。既存事業における設備増強や新製品開発、競争力強化のためのM&A、さらには新規事業に乗り出すための投資など、さまざまな投資がある。

この本の1つの大きなテーマであるイノベーションを実現するためにも、新製品開発や新規事業開発のための投資判断が必要になる。それは、第1章で紹介した「魔の川」「死の谷」「ダーウィンの海」

図表 10−1　投資意思決定の全体フロー

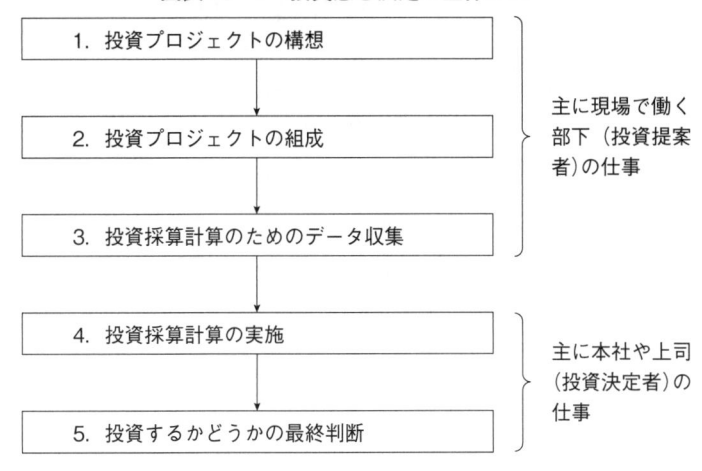

```
1. 投資プロジェクトの構想
          ↓
2. 投資プロジェクトの組成          　主に現場で働く
          ↓                         部下（投資提案
3. 投資採算計算のためのデータ収集    者）の仕事
          ↓
4. 投資採算計算の実施              　主に本社や上司
          ↓                         （投資決定者）の
5. 投資するかどうかの最終判断        仕事
```

というイノベーションの3つの関門でいえば、「死の谷」を越えて新製品を市場投入するか、新規事業への進出を決めるか、という投資判断の問題である。そこで必要になるのが、投資の採算計算である。

もちろん、投資にはイノベーション絡みでないものもある。しかしすべての投資は、不確実な未来への資源投入である。その不確実性を乗り越えて、何に投資をし、何に投資をしないのか。それを判断するための採算計算の方法とそこから生まれる落とし穴が、この章のテーマである。

企業における投資の意思決定は、図表10−1のように5つのステップを経て行われるのが一般的であろう。

最初のステップは、投資プロジェクトの構想である。事業化投資であれば、開発活動の成果や新製品に関するアイデアのうち、とくに有望と考えられるもの、もしくは開発担当者である部下がやりたいと思うものが投資プロジェクトの候補となるだろう。あるいは、設備投資プロジェクトであれば、何をねらって設備投資

245　第10章　投資採算計算の方法と落とし穴

をするか、という構想を練るのである。

2つめのステップは、投資プロジェクトを組成し、マスタープランを示すことである。そのプロジェクトを実行するためには、どれくらいの人員を配置する必要があるのか、何を新しく購入するのか、といった具体的な内容を詰めていく。

3つめのステップは、その投資から期待される売上や投資に要する費用など、投資プロジェクトの採算についてのデータを収集することである。このうち費用については、第2ステップで作成したマスタープランをベースに見積もりが可能であろう。一方、売上については、市場調査などを踏まえて予測する必要がある。

4つめのステップでは、第3ステップで集めたデータを使って、投資プロジェクトの採算を計算する。後述するように、こうした投資採算計算のやり方にはいくつかの種類があり、どの手法を採用するかによって意思決定に与える示唆が異なる場合もある。

そして、最後の第5ステップでは、投資の最終決定権をもつ人（本社や上司）が、投資を実行するかどうかを判断する。その際、どれだけ第4ステップの計算結果を重視するか、というのが大きなポイントとなる。

多くの企業では、財務的な計算結果だけで投資の判断が下されるわけではないだろう。その投資プロジェクトの戦略的重要性など定性的な側面も加味して、投資の最終判断は行われるはずである。しかも、後で強調するように、事前に行われる採算計算の結果を重視しすぎると、かえって長期的な投資の成果は悪化する恐れがあるから注意が必要である。

以上の5つのステップのうち、管理会計システムとしてよく強調されるのは、第4ステップである。

246

その主たる役割は、本社や上司のための情報システムとして、投資の最終判断に役立つ情報を提供することだと考えられている。そこでは、どの投資採算計算の方法がよりよい情報を提供するか、という観点からの議論が中心になることが多い。

しかし、投資採算計算の方法の選択（第4ステップ）や投資の最終判断プロセスの設計（第5ステップ）は、投資を提案する現場への影響システムとしても機能することを忘れてはならない。

たとえば現場は、最終的に投資プロジェクトが承認されやすいようにと、構想の段階（第1ステップ）でもマスタープラン組成の段階（第2ステップ）のが常だろう。本社が環境経営に舵を切っていると思えば、その方向性に合うような側面を投資プロジェクトに入れ込む、というような事例はありがちである。

また、本社が選んだ投資採算計算の方法のもとで計算すると有利な結果が出るようなデータづくりの努力（第3ステップ）を、現場はするかもしれない。とくに第3ステップでは、売上や費用の「甘い」将来予測に基づくデータ提出などが起こりそうだ。

つまり、投資意思決定自体は図表10－1のように上から下に進んでいくのだが、そこでは、本社や上司による第4〜第5ステップのやり方が第1〜第3ステップにおける現場の行動を変えるという、影響の逆流が起きる可能性がある。

しかし、だからといって、投資採算計算を厳しくやればいいというものでもない。本社や上司が投資の判断基準を厳しくしくし、データの精査も厳しくやるようになると、現場はそうした厳しさに問題なく対応できるような「大過のないプロジェクト」ばかりを提案することになってしまうかもしれない。

そうなると、有望なプロジェクトが現場から上がってこず、結果としての長期的な投資成果は悪化す

ることになりかねない。「投資の採算計算を厳しくやると、イノベーションへの試みを殺すことになり、結果として採算（成果）は悪くなる」という逆説が成立してしまうのである。

こうしたさまざまな問題を総合的に考えて、図表10－1に示した投資意思決定の全体フローが設計されるべきであり、また投資の最終判断が行われるべきなのである。この章では、こうした大きな問題を、投資採算計算の方法の選択とデータの信頼性の確保という2つの課題を中心に考えよう。

投資採算計算と組織単位の利益計算の違い

本章のテーマである投資採算計算は、事業部利益の計算（第6章）やアメーバの採算計算（第8章）とは、いくつかの点で根本的に異なる。投資採算計算の具体的内容に入る前に、まずこの点を整理しておこう。

事業部やアメーバといった組織単位の利益計算（採算計算）と投資採算計算の違いは、次の5点にまとめることができる。

1. 測定単位：組織単位の利益計算は人間の集団を対象に行われるが、投資採算計算はプロジェクトごとに実施される
2. 測定対象：組織単位の利益は成果を事後的に測定するために計算されるが、投資採算計算は事前（投資プロジェクトの実行前）に成果を予測する行為である
3. 測定期間：組織単位の利益の測定期間は、最長でも1年である。一方、投資採算計算は、プロジェクトが存続する全期間など、かなり長い期間を対象に実施されることが多い

4. 測定指標：通常、組織単位の利益は発生主義会計のもとで計算される。それに対して投資採算計算の手法は、キャッシュフローに基づくものが多い

5. 測定が現場に与える影響の範囲：組織単位の利益計算は測定期間中の現場の努力に影響を与えるのに対して、投資採算計算は現場からの事前の提案内容と情報提供に影響を与える

まず5点目から説明しよう。2点目にもあるが、組織単位の利益とは、事後的に成果を計算した結果である。本社や上司は、「後で成果を測定する」と伝えることによって、期中（測定期間中）の現場の行動に影響を与えることができる。もちろん、前章で述べたように事後の測定は予算編成など事前の計画策定にも影響を与えうるが、しかし、やはりメインとなるのは、期中の行動に対する影響であろう。

4点目と5点目については、若干の補足が必要であろう。

それに対して投資採算計算は、プロジェクトを実行するかどうかを判断するために行われる。したがって、意思決定そのものは期中（プロジェクト実行中）の成果予測に基づいて行われるが、影響システムとしての最大の影響は、投資を承認してもらうために現場が行う事前準備に対するものである。

こうした違いは、図表10－2のようにまとめることができる。組織単位の利益計算では、成果の測定期間（実線）と測定の影響範囲（破線）が一致しているが、投資採算計算では両者が乖離している。

だからこそ、投資採算計算の仕組みを作る際には、組織単位の利益計算とは異なる配慮が必要になるのである。

この成果の測定期間の違いが、じつは4点目の違いの原因になっている。プロジェクト終了までの

図表10−2　成果の測定期間と測定の影響範囲

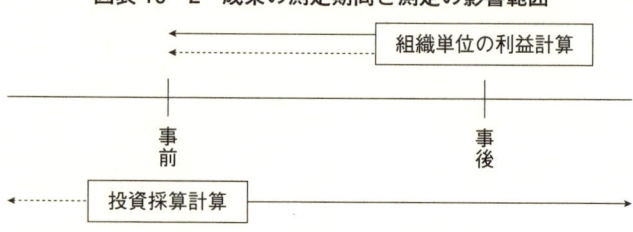

組織単位の利益計算

事前　　　　　　　　　　事後

投資採算計算

（注）実線矢印＝成果の測定期間、破線矢印＝測定の影響範囲

全期間の成果測定をしようとする投資採算計算では、発生主義会計を採用する必要がないので、京セラの稲盛氏が強調するような「キャッシュベース」の計算をやればいいのである。

しかし、組織単位の成果を計算する場合、キャッシュベースではかえって歪みが出ることを、第2章と第3章で解説した。組織単位の成果計算は本質的に月次や年次といった期間計算にならざるを得ないから、その期間に「発生したとみなされる」売上と費用を見積もる必要が出てくるのである。投資プロジェクトの場合は、そんな「みなし計算」をする必要はなく、全期間を通しての現金の流出入だけを考えればいいのである。

2　投資採算計算の方法

投資プロジェクトの正味現在価値（Net Present Value：NPV）

本章のメインテーマは、投資採算計算の方法が現場の行動にどんな影響を与えるか、である。そうした影響のメカニズムを理解するためには、そもそもどうやって投資プロジェクトの採算が計算され、どんな場合に投資が正当化されるのかを、知っておく必要があるだろう。

図表10−3のように、投資時点でI_0（通貨単位は省略）の初期投資をすると、1年後にCF$_1$、2年後にCF$_2$、3年後にCF$_3$のキャッ

250

図表10−3 投資採算計算の基本的な考え方

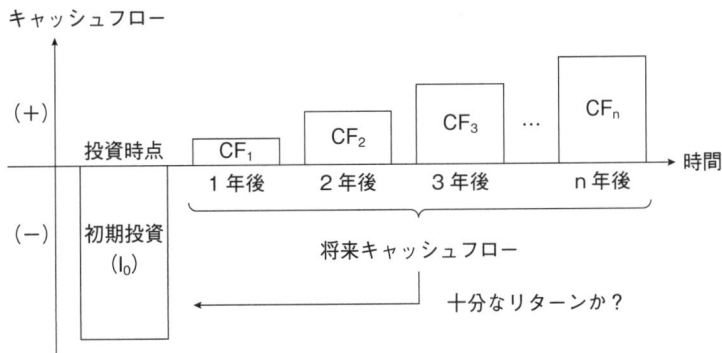

シュフローを生み出し、それがn年後（CF_n）まで続く投資プロジェクトを考えよう。投資採算計算の手法の多くは、この初期投資と将来キャッシュフローに関するデータを使って、投資に見合ったリターンが得られるかどうかの判定を行う。

たとえば、長期にわたって発生するキャッシュフローは、その発生の時期によって価値が変わると考えるのがコーポレート・ファイナンスの常識である。同じ金額であれば、現在のお金の方が将来のお金よりも価値があると考えるのである。このような考え方を「貨幣の時間価値」という。

こうして、将来キャッシュフローを現在の価値に割り引く必要が出てくる。割引計算された将来キャッシュフローは割引キャッシュフロー（Discounted Cash Flow: DCF）と呼ばれ、この計算を図表10−3の投資プロジェクトについて行うと、まず将来キャッシュフローの現在価値（Present Value: PV）を次頁の（1）式のように求めることができる。

ここでr（％）は、その投資に対して最低限要求される収益率、すなわち投資のハードルレートであり、割引率と呼ばれる。

しかし、割引率には、第7章で紹介した資産コスト率などが用いられる。第7章で述べたように、資産コスト率の客観的数値を

$$PV = \frac{CF_1}{1+r} + \frac{CF_2}{(1+r)^2} + \frac{CF_3}{(1+r)^3} + \cdots + \frac{CF_n}{(1+r)^n} \qquad (1)$$

$$NPV = \frac{CF_1}{1+r} + \frac{CF_2}{(1+r)^2} + \frac{CF_3}{(1+r)^3} + \cdots + \frac{CF_n}{(1+r)^n} - I_0 \qquad (2)$$

得ることはむつかしい。最終的には、本社が「エイヤ」で決めるしかないだろう。この現在価値（PV）から初期投資額（I_0）を引いたものを、正味現在価値（Net Present Value：NPV）と呼ぶ。すなわち、NPVは上の（2）式のように求められる。

NPVがプラスであれば、初期投資額を上回る割引キャッシュフローを期待できるため、このプロジェクトを実行すべきということになる。反対に、NPVがマイナスの場合には、実行を見送るのが妥当だと考えられる。

これが、NPV法と呼ばれる投資採算計算の方法である。この方法は理論的には納得性の高いものであるが、実際にやるとなると、大きな問題が発生する。それは、投資プロジェクトが「いつ」「どれだけ」のキャッシュフローを生み出すのか、正確に予測することは困難だということである。将来予測は、当然のことながら外れる可能性がある。また現場は本社や上司にプロジェクトを承認してもらいたいがために、将来キャッシュフローを楽観的に見積もったうえで提案してくるかもしれない。

これは、NPV法に特有の問題ではなく、そもそも将来が不確実であるがゆえの、投資プロジェクトにつきものの問題だといえる。この点については、次節でさらに詳しく議論することにしよう。

252

$$PV = \frac{CF_1}{1+r} + \frac{CF_1(1+g)}{(1+r)^2} + \frac{CF_1(1+g)^2}{(1+r)^3} + \cdots \quad (3)$$

(3)式の両辺に $\left(\frac{1+g}{1+r}\right)$ を掛けると、(4)式が得られる。

$$\left(\frac{1+g}{1+r}\right)PV = \frac{CF_1(1+g)}{(1+r)^2} + \frac{CF_1(1+g)^2}{(1+r)^3} + \frac{CF_1(1+g)^3}{(1+r)^4} + \cdots \quad (4)$$

そして、(3)式から(4)式を引くと、(5)式のようになる。

$$\left(1 - \frac{1+g}{1+r}\right)PV = \frac{CF_1}{1+r} \quad (5)$$

最後に、(5)式を変形したものが、(6)式である。

$$PV = \frac{CF_1}{r-g} \quad (6)$$

$$NPV = \frac{CF_1}{1+r} + \frac{CF_2}{(1+r)^2} + \frac{CF_3}{(1+r)^3} + \frac{CF_3(1+g)}{r-g} - I_0 \quad (7)$$

継続価値

キャッシュフローを生み出す期間がある程度、予測可能な場合には、前項で紹介した方法でNPVを計算すればよい。それに対して、プロジェクトが長期間にわたったり、遠い将来のキャッシュフローを十分に予測できない場合には、継続価値（Terminal Value）という概念を用いてNPVを計算することがある。

ここで継続価値とは、ある時点以降の将来キャッシュフローの現在価値を、まとめて1つの金額で表現したものである。遠い将来のキャッシュフローを年ごとに予測して1つひとつ割り引くのではなく、何らかの仮定に基づいて一気に計算することで、継続価値は求められる。

では、具体的にはどんな計算が行われるのか。1つの方法は、「キャッシュフローが一定の成長率で増加し続ける」と仮定して、現在価値を計算するやり方である。上の(3)式は、1年目のキャッシュフロー（CF_1）が、翌年以降、一定の成長

率（g）で増加し続ける投資プロジェクトの現在価値を表している。

前述の（2）式と（3）式から導かれる（6）式を組み合わせることで、長期間にわたってキャッシュフローを生み出す投資プロジェクトのNPVを計算することができる。たとえば、あるプロジェクトについて、投資後3年間は各年のキャッシュフローのNPVを予想し、4年目以降は一定のキャッシュフロー成長率を見込むとするならば、NPVは（7）式のように計算される。

（7）式の右辺第4項が、継続価値に該当する。ここからわかる通り、予測期間の最後のキャッシュフロー（CF_3）と予測期間後の成長率（g）が高ければ高いほど、投資プロジェクトの継続価値、ひいてはNPVが高く計算されることになる。

したがって、投資提案者である現場は、遠い将来のキャッシュフローとその成長率を高く見積もることによって、NPVを膨らませることができる。その予測計算が果たして妥当なのか、本社や上司が客観的に判断するのは案外とむつかしい。

クリステンセンらによれば、実務においては、NPVの半分以上を継続価値が占めるような投資プロジェクトも存在するという。彼らも指摘するように、NPVを計算するためには、多くの見積もりや前提が必要になる。継続価値は予測期間中のキャッシュフローに基づいているため、予測期間における見積もりや前提の間違いは、継続価値の計算においてより増幅されることになる（「財務分析がイノベーションを殺す」18頁）。その結果、投資判断基準としてのNPVの妥当性は、ますます低下するのである。

254

図表10-4　内部収益率(IRR)法の設例

	キャッシュフロー (単位:億円)				IRR	NPV (割引率5%)
	投資	1年後	2年後	3年後		
プロジェクトA	-100	20	50	100	25%	51
プロジェクトB	-200	50	100	150	19%	68

$$\frac{CF_1}{1+r}+\frac{CF_2}{(1+r)^2}+\frac{CF_3}{(1+r)^3}+\cdots+\frac{CF_n}{(1+r)^n}-I_0=0 \tag{8}$$

内部収益率 (Internal Rate of Return:IRR) 法

NPV以外にも、投資の判断基準はいくつか存在する。本節では3つを取り上げるが、そのうちNPV法の考え方にもっとも近いのが、内部収益率法である。内部収益率とは、投資プロジェクト存続期間中の平均的な収益率であり、具体的には、投資プロジェクトのNPVをゼロにする割引率、すなわち、上の(8)式を満たすような割引率(r)を計算することで求められる。

IRRが期待収益率(本社が決めるハードルレート)を上回っていれば投資は実行され、下回っていれば見送られる。このIRR法は、NPV法と同様、貨幣の時間価値を考慮した方法である。

NPV法では、期待収益率を割引率に用いて、予測される将来キャッシュフローの現在価値を求め、それが初期投資額を上回っていればプロジェクトを実行する。それに対してIRR法では、将来キャッシュフローと初期投資額を踏まえてプロジェクトの収益率を計算し、それが期待収益率を上回っていればプロジェクトを実行する。

たいていの場合、NPV法とIRR法からは投資意思決定に関して同じ結論が導かれる。しかし、投資の規模が異なるプロジェクト同士を比較する場合、2つの方法で異なる結果が得られることがあるので、注意が必要である。

たとえば、図表10－4のような初期投資額の違う2つのプロジェクトを考えてみよう。この場合、IRR法のもとでは、プロジェクトAの方が優れていると判断される。しかし、割引率を5％としてNPV法を用いた場合には、プロジェクトBの方が望ましいと考えられる。このように、IRRは率（％）で計算されるため、規模が小さいプロジェクトのIRRの方が、規模が大きいプロジェクトのIRRよりも大きくなることがある。

ただし、IRRが投資規模に関係なく計算され、NPVは投資規模に依存してその大きさが決まるということは、いくつかの投資規模の違うプロジェクトの横並び比較を行いたい場合には、IRRの方が便利だということでもある。IRRは率なのでプロジェクト間の優劣がすぐにわかるが、NPVは投資規模の大きなプロジェクトの方が大きくなるのが当然だからである。つまり、プロジェクト間の採算の横並び比較は、NPVだけでは簡単には行えないのである。

回収期間 (Payback Period) 法

投資採算計算の第3の方法は、回収期間法である。その名の通り、初期投資額（I_0）を何年で回収できるかに基づいて投資意思決定を行う方法である。たとえば、図表10－5に示したような、同じく100億円の初期投資を必要とする2つのプロジェクトを考える。

この場合、プロジェクトAでは投資した100億円を3年で回収できるが、プロジェクトBでは4年かかる。したがって、もし「回収期間が3年を超える投資は認めない」という方針を本社が定めれば、プロジェクトAのみ実行され、プロジェクトBは却下されるだろう。あるいは、許容される回収期間について明示的なルールがない場合でも、少なくともプロジェクトAの方がBよりも望ましいと

図表10－5　回収期間法の設例

	キャッシュフロー（単位：億円）					回収期間	NPV（割引率5%）
	投資	1年後	2年後	3年後	4年後	5年後		
プロジェクトA	−100	20	30	50	70	80	3年	110
プロジェクトB	−100	0	0	50	100	150	4年	143

という判断になるだろう。

回収期間が短ければ、そのプロジェクトに投資した資金は早く戻ってきて、別の投資に回せる。だから、回収期間による採算判断は、資金繰りを重視した方法であり、わかりやすく、計算も簡単である。

しかも、遠い将来の予測データの精度を考慮した計算法にもなっている。回収期間を超えた後の将来キャッシュフローの数字は投資判断に一切の影響を与えないのだから、そうした遠い将来の予測データの精度が低くても構わないのである。あるいは、遠い将来に楽観的な見通しの予測データを現場が入れようとしても、NPV法やIRR法の計算結果には影響を与えるが、回収期間法の計算結果には影響しない。だから、回収期間法は、現場の楽観的見通しをある意味で無効にできる方法なのである。

しかしその一方で、回収期間の短い、近視眼的な投資ばかりが行われる恐れがある。その危険を設例で見てみよう。

たとえば、図表10－5のプロジェクトBは、初期投資を回収するのに4年かかるものの、その後はプロジェクトAよりも多くのキャッシュフローを生み出す。また、割引率を5％としてNPVを計算すると、プロジェクトAよりもプロジェクトBの方が大きくなる。しかし、回収期間法では、プロジェクトAの方が優れていると判断される。

このように、回収期間法を用いると、キャッシュフローを生み出すのは遅いが

図表10-6 投資利益率法の設例

(単位：億円)	1年目	2年目	3年目	4年目	5年目	・・・
投　　資	200	—	—	—	—	・・・
売　　上	50	60	80	100	130	・・・
費　　用	40	45	55	65	80	・・・
利　　益	10	15	25	35	50	・・・

$$投資利益率 = \frac{5年間の平均利益}{投資金額}$$

$$= \frac{(10+15+25+35+50) \div 5}{200} = 13.5\%$$ (9)

$$\underset{20\%以上}{\frac{営業利益}{投資金額}} = \underset{10\%以上}{\frac{営業利益}{売上高}} \times \underset{2倍以上}{\frac{売上高}{投資金額}}$$ (10)

NPVが大きいプロジェクトを却下してしまう可能性がある。

投資利益率法

これまでに紹介した方法では、キャッシュフローを用いて投資プロジェクトを評価していた。それに対して、会計利益を重視して投資意思決定を行う方法も存在する。投資利益率法である。

投資プロジェクトが生み出す会計的な利益を毎年計算し、その平均値を投資金額で割る、というのが典型的な計算法である。

たとえば、図表10-6のように、1年目に200億円の投資をすると、継続的に利益を生み出すと期待される投資プロジェクトを考えよう。

平均利益をベースとする投資利益率法では、上の(9)式のように、たとえば5年間の平均利益を投資金額で割るという方法が考えられる。

そして、投資利益率が社内の基準値（たとえば、資産コスト率）を上回っている場合に、このプロジェクトは実行すべきと判断される。

イタリアンレストランチェーンのサイゼリヤの創業者である正垣泰彦氏は、設備投資を検討する際、投資利益率が20％以上になるかどうかを重視しているという。そして、この目標を達成するために、売上高営業利益率は10％以上、売上高は投資金額の2倍以上を目指すという（『おいしいから売れるのではない　売れているのがおいしい料理だ』92頁）。つまり同氏は、(10)式を1つの目安として投資意思決定を行っていることになる。

こうした投資利益率法のメリットとして、他の方法に比べて計算が簡便であること、損益計算書上の利益と整合性があること、などが挙げられる。一方、貨幣の時間価値を考慮していないこと、第2章で述べたように会計利益はさまざまな前提や見積もりの影響を受けること、などが投資利益率法の問題点として指摘されている。

3　最大の問題は、将来データの予測精度と歪み

「遠すぎる将来」を考慮しない

前節で紹介したように、投資採算計算の方法はさまざまにある。どの方法をとるかによって、「もっとも採算のいい投資プロジェクトは何か」という財務面での優先順位は変わってくる。どの方法で採算計算をすべきか、というのは大きな問題であるが、しかし最大の問題は、将来キャッシュフローに関するデータの予測精度であろう。あるいは、現場が意図的に楽観的な将来予測を行う、というデータの歪みが生まれがちだ、ということであろう。

その歪みは、現場の立場になって考えれば、無理もない。自分たちがやりたいと思う投資の判断を左

右する数字で、しかもかなり遠い将来の予測を何らかの仮定のもとで行って得られるデータなのである。

だから、自分たちの要望が先行して、ついつい楽観的な仮定を置いてしまうということが起きやすい。

そのうえ、将来キャッシュフローは、会計監査のように外部の専門家によるチェックが入る程度であるようなデータではない。せいぜい、本社の企画部あるいは経理部によるチェックが正確性をチェックするよう程度である。しかも、その予測の前提となる将来の現場の状況について、現場以上に知識がある存在は本社といえども考えにくい。ましてや外部にはいないことの方が多いだろう。だから、現場の予測を尊重せざるを得ないのである。

そういう現実を想定すると、このデータの歪みから生まれる問題を小さくすることが、正確な投資採算計算の肝になりそうだ。それゆえに、将来予測の影響が小さくなるような投資採算計算の方法を選択することが重要となってくる。

すでに述べたように、こうしたデータの歪みの影響は、NPV法やIRR法のように長期間にわたるキャッシュフロー予測を必要とする手法において、より深刻になる。予測の対象となる将来が遠ければ遠いほど、キャッシュフローを事前に見積もることは困難であり、また意図的な楽観の混入も起きやすい。その結果、好むと好まざるとにかかわらず、投資採算計算に用いられるデータの信頼性は低下してしまう。

回収期間法や投資利益率法を用いる際にも、将来予測は必要である。しかし、回収期間法であれば、計算の対象外になってしまうか初期投資を回収した後の期間についてしまうからである。また、投資利益率法を用いる場合でも、平均利益の計算期間を短く設定することで、長期の将来予測データの歪みを避けることができる。だから、貨幣の時間的価値を考えていない回収期間

法や投資利益率法も、将来予測データの信頼性という観点からは、一定の合理性が認められるのである。
では実際の企業はどの方法を採用しているのか。米国で実施された質問調査によると、前節で取り上げた4つの投資採算計算手法を「よく使う」と回答した米国企業は、NPVで74・93％、IRRで75・61％、回収期間で56・74％、会計上の利益率で20・29％であった（"The Theory and Practice of Corporate Finance"）。同様の調査を日本でも実施したところ、回収期間が56・74％ともっとも高く、それに会計上の利益率（43・9％）、IRR（26・5％）、NPV（25・4％）が続いている（「日本企業が用いる投資評価手法とハードルレート」）。
このように、日米企業の投資採算計算方法には、大きな違いがある。以上の調査結果を「日本企業は、米国企業よりも早期の投資回収を重視する傾向が強い（つまり近視眼的投資が多くなる）」と解釈することも可能だが、しかし同時に、遠い将来に関する「いい加減なデータ」によって投資意思決定が歪められる危険性を日本企業の方がはるかに重視している、という解釈もありうる。日本企業が回収期間法を使いたがる理由の1つは、遠い将来予測の歪みを緩和することにあるのかもしれない。

採算計算の結果を厳しく追及すればいい？

データの予測精度あるいは予測の歪みへの対応としては、遠い将来のデータを必要としない投資採算計算方法を選択することだけでなく、遠い将来のデータは使ったうえで、そこに精度の悪いデータや意図的な歪みが入り込む可能性に配慮して、計算結果の評価を厳しくする、ということも考えられる。NPV法やIRR法を使うのだが、その採算がかなり優れていないと投資を承認しない、というやり方である。いわば、データの信頼性へのディスカウントを、計算結果への厳しい評価という形で

行うのである。

たとえば、NPV法であれば、将来キャッシュフローの割引率をかなり高めに設定する。割引率が高くなれば、遠い将来のデータがNPVに及ぼす影響は小さくなるので、データの歪みがもたらす問題も緩和されるだろう。あるいは、IRR法であれば、投資承認のハードルとなる収益率（ハードルレート）を高めに設定する。

以上のような対応は、言い換えれば、投資採算計算の前提を厳しめに設定する、ということである。割引率を高くすれば、NPVは小さくなる。したがって、投資が承認されるプロジェクトは少なくなる。IRRのハードルレートを高くした場合でも、同じように採択されるプロジェクトは減るだろう。その結果、実際は魅力的でかなりポテンシャルがあるのだが不確実性が高いプロジェクト（つまりイノベーティブなプロジェクト）を必要以上に排除してしまう危険がある。

つまり、投資採算計算の結果を厳しく追及すると、イノベーションが阻害され、長期的な採算（成果）はかえって悪化する可能性がある。そもそも投資採算計算は、「採算が合う」と期待されるプロジェクトを選別するために行われる。ところが、それを厳しくやりすぎると、実際には「採算の魅力が小さい」プロジェクトばかりが実行されるというパラドックスが生まれることがある。

このパラドックスの主な原因は、投資意思決定の全体フロー（図表10−1）でいえば、第4・第5ステップにおける投資採算計算と投資判断の厳しさが、第1・第2ステップにおける投資の構想と組成にネガティブな影響を与えてしまうことである。すなわち、投資を提案する現場が、厳しい採算計算をくぐり抜けようとして、形の整った、責められるところの少ないプロジェクトばかりを提案するようになってしまうのである。

262

たとえば、新奇性は低いものの、既存の顧客ニーズに立脚しているため将来予測がやりやすいようなプロジェクトを提案するようになる。しかし、そんなプロジェクトが生み出す製品は、十分な差別化を行うことができず、すぐに価格競争に巻き込まれることが多い。データによる検証が容易で、過去の延長線上にあるという理由から実現可能性が肯定されるようなプロジェクトは、イノベーションにはつながりにくいのである。

あるいは、投資が承認されやすくするために、現場が投資プロジェクトを組成する際、できるだけ初期投資を少なくしようとするかもしれない。需要を満たすのに十分な投資が行われなければ、せっかくの販売機会を逃してしまう。また、規模の経済を活かせず、ライバル企業にコスト面で負けてしまう恐れもある。

より深刻なのは、部下が、投資プロジェクトを構想する段階で既存設備の利用を優先させ、イノベーティブなことをやろうとしなくなることである。すでにある設備を使えば、初期投資額を安く済ませることができる。こうした使い回しをやってはいけないわけではないが、それを続けていると、つい部下は「既存設備を使って何ができるか」を中心に発想するようになってしまう。既存設備に思考をとらわれてしまったら、当然、イノベーションは起こりにくくなる。

4 データの歪みへの対応策

戦略に沿った判断基準をもつ

前節で、投資採算計算のインプットとなる将来データの予測精度や歪みが、投資採算計算の最大の

問題だと指摘した。

データの予測精度については、投資という行為が不確実な将来に向けての挑戦である以上、改善しようとしても必ず限界がある。その限界があるからといって、将来に関するデータを疑ってばかりいては、かえって投資に臆病になりすぎるというマイナスが出てくる。したがって、精度についてはある程度、目をつぶらなくてはいけない。そのうえで、投資プロジェクト開始後に事前に想定していなかった事態が起こった場合に、その対応がきちんとできるようにあらかじめ準備をすることが重要であろう。

しかし、データの歪み、すなわち将来データを予測する人間のかなり意図的なバイアスに対しては、投資意思決定のフローの中できちんとした対応をする仕組みをもたないと、現場の楽観主義に組織全体が振り回されることになりかねない。

そうしたデータの歪みへの対応策を、3つ紹介しておこう。これらの対応策すべてをあらゆる投資プロジェクトに対してもつことは、対応コストの面からもむつかしいかもしれない。ここで大切なのは、投資採算計算の仕組みを考える立場の人間が、どの方法で採算計算を行うかを機械的に考えるだけではなく、そのインプットとなるデータの歪みの是正にまで気を配っている、という姿勢である。その姿勢が現場に伝わるだけで、現場は微妙に反応する可能性もある。

データの歪みへの3つの対応策とは、

> (1) 採算の他に、戦略に沿った判断基準をもつ
> (2) 投資プロジェクトの事後チェックをする

264

(3) データ予測者を誰にするかを工夫する

である。まず、1つめの「戦略的判断基準」について、この項で論じることにしよう。この対応策の要点は、投資プロジェクトの良し悪しを判断する際に、戦略などの定性的要因を考慮した基準をきちんともつことによって、投資の構想や組成（図表10－1の第1・第2ステップ）に好ましい影響を与え、データ収集段階（第3ステップ）で将来データを歪ませる動機が生まれにくいようにする、ということである。

戦略的判断基準の典型例としては、新製品投入や設備投資によって将来得られるであろう競争力（これを将来競争力と呼ぶことにしよう）の過大評価を防ぐ基準と、M&Aによる事業展開を検討する際、買収先企業との間に生まれる相乗効果（シナジー効果）の過大評価を防ぐ基準、の2つがある。将来競争力の過大評価は、しばしば楽観的な売上予測につながる。一方、シナジー効果の過大評価は、企業買収がもたらすコスト優位性への過度の期待など、楽観的な費用予測につながることが多い。

こうした過大評価を防止し、地に足のついた競争力を確保するための仕組みのいい例が、建設機器メーカー、コマツの戦略的判断基準である。コマツは、製品の市場投入に向けて、「ダントツ商品」という判断基準を設けた。それは、以下の2つの条件を満たす製品のことである（『ダントツ経営』166頁）。

(1) いくつかの重要な性能やスペックで、競合メーカーが数年かかっても追いつけないような際立った特徴をもつ

(2) これまでの製品に比べて、原価を10％以上引き下げ、そのコスト余力をダントツの実現に振り分ける

コマツの投資意思決定では、新製品が「ダントツ商品」となりうるかどうかが重要な判断基準になるという。それを知っている現場は、こうした条件に合う投資プロジェクトしか提案しないことになる。そうすれば、100％の自信がなくても、この条件を満たすと現場が周囲を納得させられる新製品なら、仮に将来予測に100％の自信がなくても、投資の成果として大きな問題は発生しない、ということになるだろう。

M&Aにおけるシナジー効果の過大評価も、多くの企業で起こりうる問題である。買収に先立ってデューディリジェンスという事前のチェックは行われるのだが、買収先企業がもっている技術力や顧客情報の蓄積、組織風土といった「見えざる資産」の良し悪しにまで、そうしたチェックは及ばないことが多い。もしかすると買収先企業は都合の悪い情報を隠していたりするかもしれないのだが、ついつい現場は買収をしたくて「ばら色の将来像」を描きがちになる。そうした将来像が「シナジー効果」として主張され、M&Aという大きな投資が正当化されてしまうのである。

シナジー効果とは、合体する2つの事業がムダを省き、資源を共通利用することによって生まれるコストダウンあるいは販売力強化だと思えばいいだろう。それは、買収後の合体事業がもつ競争力の源泉となる。こうしたシナジー効果の過大評価を防ぐためには、M&A投資の提案者に、次のような質問に対する答えをきちんと用意させるのがよいだろう。

A．シナジー効果で共通利用される資源は何か

266

B．その資源の共通利用は、どの程度の範囲や規模まで可能か
C．そのシナジー効果は事業の競争力をどの程度高めるのか

本来、Bにきちんと答えられる買収案件では、シナジー効果の過大評価は起こりにくいはずである。しかし現実には、ここで過大評価が起きてしまうことが多い。その主たる原因は、Aのように買収後に共通利用する資源を特定しないまま、漠然と「シナジー効果がある」と現場が主張しているケースが多いことにあるようだ。

AやBのような問いかけをしたうえで、現場が主張するシナジー効果のある程度の定量化を求める判断基準が、Cである。たとえば、第7章で紹介した投下資本利益率が5％以上、上昇するのでなければ十分なシナジー効果とは呼ばない、というような定量的基準を設けてもいいであろう。

投資の事後チェック

前項で紹介したデータへの対応策は、投資を実行する前に施される、事前の手当てである。すなわち、提案された通りのコストで実際に開発や製造を行うことができたか、需要予測に見合った売上を実際に達成することができたか、といった点を、プロジェクト実行後にチェックするのである。それが、2つめの対応策である。

ここでのチェックの対象者は、投資を提案し、本社の承認を経て事業化にあたっている、現場の事業部長やプロジェクトリーダーのような人たちをイメージすればよい。「後で予測値と実績値を比較する」「実績値が予測値を大きく下回った場合には追加投資を減らす」と事前に伝えることによって、

第10章 投資採算計算の方法と落とし穴

現場は提案時点における楽観的な見通しやごまかしを控えるようになるだろう。また、投資の提案、実行、事後評価（フィードバック）という一連のプロセスは、現場のための情報システムとしても機能する。予測した通りの成果が得られなかったのかと原因を追究しようとするだろう。そうした経験は、将来の投資提案における予測精度を向上させると考えられる。

ところが、こうした事後チェックをプロジェクト単位で実施している企業は、実際には多くなさそうである。その最大の理由は、測定コストにあると考えられる。投資プロジェクトは事業部よりもさらに小さい測定単位であるから、その利益を計算するのは、かなり手間のかかる作業である。そうした細かい測定に、社内の会計システムが対応していないこともあるだろう。

また別の理由として、本社が事業部全体の業績を見ればそれでいいと考えていることが挙げられる。つまり、わざわざプロジェクトごとの採算を見なくても、事業部全体の成果は投下資本利益率や残余利益によって測定できるから、そちらでチェックすればよいということである。測定コストの問題を考慮に入れると、このように考えるのも無理はないだろう。

しかし、事業部が実行するすべての投資プロジェクトを集計した事業部全体の業績のみでは、個々のプロジェクトへのフィードバック効果は小さい。たとえば、楽観的な将来予測に基づく新規プロジェクトで計画通りの成果が得られていなかったとしても、それが好調な既存事業の陰に隠れてしまい、新規プロジェクトの問題がなかなか発見されなくなる。

こうした事態を回避するためには、可能な限り、プロジェクト単位で事後チェックを行うのがよいと考えられる。1つひとつ見ていては測定コストが大きくなりすぎるという場合には、金額の大きい

投資プロジェクトと、明らかにパフォーマンスが悪いと思われる投資プロジェクトに事後チェックを限ってもいい。そうした事後チェックの存在が、事前にデータを歪ませようとする現場の動機を抑制するであろう。

予測者を誰にするかの工夫

データの歪みへの第3の対応策は、将来予測を行うチームの中に、投資プロジェクト関係者の中でもっともデータを歪ませるインセンティブを持たない人、あるいは、歪んだデータをインプットすることで将来もっとも困る立場に置かれる人（つまり歪みの実際の被害者）を入れるようにすることである。

新製品の市場投入プロジェクトを例にとってみると、開発部門、生産部門、営業部門、とさまざまな関係者がいる。それぞれが、意図的かどうかは別にして、予測データを歪ませる傾向をもっている。たとえば開発部門は、製品のスペックなど技術に関する情報を豊富にもっているが、技術に対する思い入れが強いあまりに、自分たちが開発した製品に顧客が感じる魅力を過大評価する恐れがある。それは、過度に楽観的な売上予測につながりかねない。

一方、営業部門に売上予測を任せて具体的な数字を出させると、それは「このくらいは売ることができる」というコミットメントと社内で捉えられる危険を営業担当者は感じるだろう。つまり、自ら売上目標を掲げたことになるのである。こうした仕組みは、いい加減な売上予測を抑制する方向に作用するとも考えられるが、しかしその一方で、営業部門は、売れなかった場合に自分たちの責任にされることを避けるため、過度に保守的な予測をするかもしれない。

269 第10章 投資採算計算の方法と落とし穴

このように考えてくると、歪みの少ないデータを得るのが、生産部門に将来予測を任せるのが、案外有効かもしれない。なぜなら、事業化によって費用が一番増えるのは、生産部門であることが多いからである。具体的には、新製品を作るために工場を建設し、工員を新たに採用することで、生産部門が負担する減価償却費や人件費などの固定費が増えてしまう。

つまり、データが歪むことでもっとも被害を受けやすいのは、生産部門なのである。しかも、生産部門は売上予測を大きく歪ませるインセンティブをもたない。それゆえに、案外と客観的なデータ収集に貢献できそうなのである。

もちろん、ここで生産部門を挙げたのは、あくまでも一例である。ポイントは、データを歪ませる動機の小ささ、データが歪むことで受ける被害の大きさ、といった点に配慮して将来予測チームのメンバーや責任者を決める、ということである。それが、予測者の工夫の1つのアイデアである。

影響システムとしての投資採算計算

本章の冒頭で述べたように、製品やサービスの市場投入には大規模な投資を必要とすることから、投資意思決定のための管理会計というと、NPV法や回収期間法といった投資採算計算の方法ばかりが注目される。もちろんこれは、投資の最終判断を行う本社や上司のための情報システムを考えるうえで、大切なテーマである。

しかし、投資意思決定の全体フロー（図表10-1）を考慮すると、投資採算計算の方法の選択よりも、そのインプットとなるデータの信頼性をどう確保するかの方が、重要な課題といえる。その最大の理由は、投資採算計算が現場への影響システムとして機能してしまうからである。たとえば現場は、

270

本社や上司に投資を承認してもらいたいがために、データを歪める動機をついついもってしまうのである。

本節では、こうしたデータの歪みの影響を小さくする方法として、①戦略などに沿った定性的な判断基準をもつこと、②投資プロジェクト単位で事後の成果チェックを実施すること、③データを歪ませるインセンティブをあまりもたない人を将来予測チームの中心に据えること、の3つを提案した。いずれも、情報システムとしての投資採算計算のみに注目していると、見落としがちなポイントである。

これら3つの対応策のうち、とりわけ大切なのは、最初に挙げた戦略的判断基準であろう。戦略という、事業活動の基本設計図との整合性を無視して採算ばかりを厳しく問い詰めると、現場は将来予測をやりやすくするために既存事業の延長にあるプロジェクトばかりを提案するようになったり、初期投資額を小さくするために既存設備の利用を重視してプロジェクトの構想を練ったりするようになる。その結果、イノベーションが起こりにくくなり、戦略を実行したとしても十分な成果は得られないであろう。

このように、本社や上司による投資採算計算は、投資プロジェクトの構想や組成、投資採算計算に必要なデータの収集といった、投資採算計算より前の段階における部下の思考や行動に影響を与えてしまう。やはり、投資意思決定のための管理会計においても、最後に重要なのは、その仕組みが現場への影響システムとしてどのように機能するか、ということを深く考えることなのである。その影響をきちんと考え抜くための現場想像力の重要性を、ふたたび強調する必要がありそうだ。

第 11 章 研究開発管理システムの「最適なゆるさ」とは？

1 なぜ、研究開発管理はむつかしいのか

「魔の川」における管理システム

前章では、一般的にすべての投資案件に当てはまる、投資採算計算の問題を取り上げた。イノベーションプロセスの中の位置づけでいうと、「死の谷」を前にして、それを越えさせるべく研究開発を事業化に進めるかどうか、という段階での投資判断の際に、採算計算が行われる。事業化に進むと、採算計算が必要となるから、何らかの採算計算が必要なので開発だけを行っている段階とは段違いの額の投資が必要となるから、何らかの採算計算が必要なので

ある。

それに対して本章では、イノベーションプロセスをさらにさかのぼり、研究開発活動そのものを管理するための仕組みについて論じる。とくに、研究段階から開発段階へと研究開発プロジェクトをステップアップしていいのかどうか、という意思決定が研究開発管理では重要となる。イノベーションプロセスでいえば、研究段階から「魔の川」を渡らせてさらに開発段階へと進めるべきか、という意思決定である。その意思決定を管理するシステムの設計と運用が、本章のメインテーマである。

ここでは「研究開発」を一括りの言葉として使っているが、そもそも研究と開発は異なる活動である。研究とは、自然界の原理を実験などによって学んで新しい知識を発見することであり、開発とは、新たに発見された知識を既存の知識と組み合わせて、人間に役立つ製品・サービスとして世に提供することである。製薬会社でいえば、新薬の源となる化合物を探索する活動が研究、発見された化合物を使って新薬を仕上げていく活動が開発、と整理することができる。

これらのうち、研究活動の管理としては、事前のテーマ設定や資源配分のコントロールは可能だが、成果が出るかどうかは、個人の能力だけでなく、偶然や運にも左右される。そのため、研究活動を管理するのは、かなりむつかしい。

それに対して開発活動は、組織的に実施されるものであり、研究活動に比べれば偶然や運の影響が小さい。したがって、管理システムの良し悪しによって、開発活動の成果は変わってくる可能性がある。だから、研究開発管理システムの重点も、研究段階から開発段階へ進ませるべきかの判断と、開発活動の進捗状況の管理、の2つに置かれることが多いであろう。

実際、多くの企業では、研究開発プロジェクトの進捗を把握し、技術開発を製品開発の段階にまで

273 | 第 11 章 研究開発管理システムの「最適なゆるさ」とは？

進めるべきか、すなわち「魔の川」を渡らせるべきかの意思決定を行うために、何らかの管理システムを導入している。その代表例が、後述するステージゲート（Stage-Gate）法である。

本章では、ステージゲート法のような仕組みがもつメリットとデメリットを整理したうえで、イノベーションのための研究開発管理システムについて考えていく。

なお、研究開発管理を行う際に、会計データが果たす役割は限定的である。研究開発にかかった費用を測定することは比較的容易だが、まだ実用化されていない技術が生み出す売上を計算することはできないからである。また、技術を育てている段階で、市場調査やキャッシュフロー予測を実施することも困難であろう。

しかしそれでも、本書で一貫して強調してきた「情報システムと影響システムの二面性」という視点は、研究開発管理システムの功罪を議論する際に役立つ。この章では会計データを中心とする管理会計システムの範疇をやや超えて、研究開発管理システムの議論をしてみたい。

研究開発管理とは、誰が誰を管理することか

研究開発管理システムの具体的議論に入る前に、研究開発活動を管理する側あるいは管理される側として、本章がどんな人たちを想定しているかを説明しておこう。

研究開発管理は、技術経営（Management of Technology：MOT）、すなわちイノベーションを成就させるための経営の手配りの1つとして実施される。企業でMOTを行っていると考えられるのは、技術開発プロジェクトのプロジェクトリーダー、研究所長など研究開発部門のマネジャー、そして最高技術責任者（Chief Technology Officer：CTO）の3者である。なお、企業によっては、社

長がCTOを実質的に兼ねている場合もあるだろう(『技術を武器にする経営』25頁)。

この3者のうち、研究開発管理システムの設計と運用のやり方を決めるのは、CTOであることが多い。CTOは、企業全体での技術関連活動の総合的統御を任されており、その仕事には、研究開発部門組織の設計、研究開発管理システムの設計、技術開発スタッフの人事管理の基本設計、などが含まれる。

研究所長は、CTOが作った仕組みに従って、研究開発部門全体のMOTを行う。主な仕事としては、個々の研究テーマの決定とプロジェクトメンバーの決定(とくにリーダーの選択)、それぞれのプロジェクトへの資源配分量の決定、プロジェクトの進捗管理などが挙げられる。

そして、1つの技術開発プロジェクトのMOTを行うのが、プロジェクトリーダーである。プロジェクトリーダーは、技術のトレンドを考えてテーマを設定し、プロジェクトの方向性を定める。また、自分以外のプロジェクトメンバーをいかに束ねていくか、いかに刺激していくか、いかに指導していくか、といったことを考えるのも、プロジェクトリーダーの大切な仕事である。

企業の現場で実際に研究開発活動そのものを行っているのは、プロジェクトリーダーを中心とする、各プロジェクトのメンバーたちである。本章では、これら現場の技術者をまとめて「研究開発担当者」と呼ぶこととし、研究開発管理システムによって管理される側と位置づける。

では、研究開発活動を管理する側、すなわち「研究開発管理者」は誰か。前述のように、研究開発管理システムの設計は、CTOの仕事である。しかし、仕組みができた後、日常業務として現場の研究開発活動を管理しているのは、研究所長であることの方が多いだろう。したがって本章では、主たる研究開発管理者として研究所長を想定する。

275　第11章　研究開発管理システムの「最適なゆるさ」とは？

管理会計システムを設計する際には、影響システムとしての機能を忘れてはいけない、と本書で繰り返し述べてきた。研究開発管理システムについても、同じことがいえる。ある方法で研究開発活動を管理すると、研究開発担当者の行動はどのように変わるか。歪んだ行動をとるようになる可能性はないか。こういったことを、事前に想像しなくてはならない。

さらに、研究開発管理システムは、研究開発管理者の行動にも影響を与える可能性がある。後述するように、ステージゲート法に代表される研究開発管理システムは、どうやってプロジェクトの継続／中止を判断するか、という意思決定プロセスの大枠を決めていることが多い。その判断を、あらかじめ設定された項目に基づいて機械的にやらせるのと、多くを委ねるのとでは、取り組む研究開発管理者の真剣さが変わってくる可能性がある。それは長期的には、研究開発管理者が「技術の目利き」に育つかどうかという、企業にとって重大な問題にも関わってくる。

したがって、研究開発管理システムを設計する際には、それが管理される側（研究開発担当者）に与える影響だけでなく、管理する側（研究開発管理者）に与える影響も考えなくてはならない。これが、研究開発管理のむつかしさの1つである。

研究開発活動と他の業務の違い

研究開発管理をむつかしくしている要因は、他にもある。その多くは、研究開発という業務の特性によるものである。研究開発活動を、生産活動や営業活動と比較した場合、大きく3つの点で異なる。

第1に、研究開発活動は、他の業務に比べて定型性が低い。生産活動であれば加工や組立、営業活

276

動であれば製品の売り方に関して、決まった型が存在することが多い。もちろん、生産や営業にも工夫の余地は多く残されているだろうが、ある程度、仕事のやり方は標準化されていることが多いだろう。

それに対して研究開発活動は、やり方に定型的パターンがあるわけではなく、研究開発担当者の個性に依存する部分も大きいため、自然と活動パターンの多様性は高くなる。また、成果の不確実性も高い。

たとえば、生産活動では、「製品が作れるかどうかわからないけど、生産をしてみる」などということはない。しかし研究開発活動では、目指した成果を得られるかどうかはわからないし、意図しなかった成果から新たな発見があるかもしれない。その一方で、開発が失敗に終わり、具体的な成果が何も得られないこともしばしばである。そもそも研究開発担当者は、何が出てくるかわからないからこそ、いろいろな方法を試して探索を続けるのである。

第2に、研究開発活動とは、結局のところ学習活動である。たとえば、技術を育てるという活動は、機能する技術、目的に合った技術を作り出すという学習活動である。実験をし、試作をし、その結果から何かを学び、それを次の段階の技術開発につなげていく。そうした学習活動の連続が技術開発のプロセスである。

したがって、研究開発管理システムとは、「研究開発担当者に適切な学習をしてもらうこと」を意図して設計しなければならない。しかし、学習活動とは、その人の内面で起きている成果の積み重ねであり、生産活動や営業活動のように、外部からプロセスの巧拙を観察することができない。もしかすると研究開発担当者は、学んでいるふりをしているだけかもしれないし、学んでいるとしても、それ

は事業とは関係のない自己満足のための学習かもしれない。

第3に、研究開発活動で何らかの成果を得られたとしても、それをインプットと関連づけることは困難である。

生産活動や営業活動であれば、何個の製品を作るのにどのインプットが必要だったか、それらにコストはいくらかかったか、いくらの売上をあげるのにどんなインプットを投入し、その結果としていくらのコストがかかったか、というように、月単位あるいは年単位でインプットとアウトプットを対応させることができる。

しかし、研究開発活動ではそれがむつかしい。インプットが投入されてからアウトプットが生み出されるまでに長い期間が必要であるし、どのインプットが成果に貢献したのか、事後的にすら特定しにくいことが多いからである。

このように、生産活動や営業活動と比べて、活動の定型性や外部からの観察可能性が低く、インプットとアウトプットの関連づけが困難なのが、研究開発活動である。だから、管理がむつかしくなる。その際に、生産活動や営業活動の管理手法を参考にするのはいいが、何らかの形で管理せざるを得ない。それらに引きずられすぎると、研究開発活動の本質に反する管理となってしまい、さまざまな歪みをもたらす危険がある。その危険を、研究開発管理システムの設計と運用では十分に意識する必要がある。

278

図表11-1　技術開発におけるステージゲート法

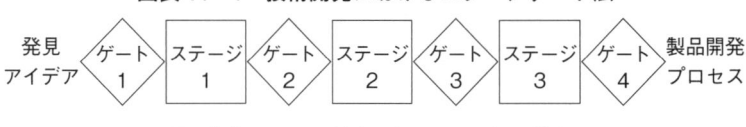

発見・アイデア → ゲート1 → ステージ1 → ゲート2 → ステージ2 → ゲート3 → ステージ3 → ゲート4 → 製品開発プロセス

計画策定　　　技術評価　　　詳細な技術開発

(出所) クーパー著、浪江一公訳『ステージゲート法』英治出版、173頁に基づいて作成

2 ステージゲート法による研究開発管理

ステージゲート法とは何か

では、研究開発管理は具体的にはどのようなやり方で行われるのか。本節では、研究開発の代表的な管理手法であるステージゲート法の概要を説明したうえで、この管理手法の情報システムあるいは影響システムとしての意義と問題点について考えていこう。

ステージゲート法は、「新製品をアイデアから市場投入、そしてさらにその先まで展開するためのモデルであり、その活動を効果的、効率的にマネジメントすることを目的にした新製品の開発プロセス／システム」(『ステージゲート法』119頁) と言われるように、もともとは新製品プロジェクトの管理システムとして提唱された。しかし現在では、その対象範囲が拡大され、基礎研究や技術開発を管理する手法としても用いられている。

図表11-1には、技術開発プロジェクトにステージゲート法を採用した場合の例が示されている。ここでは、プロジェクト全体が3つのステージに区切られており、プロジェクトを次のステージに進めるか、それとも中止するかは、4つのゲートの評価者 (ゲートキーパーと呼ばれる) によって判断される (同書、169-171頁)。4つのゲートの詳細は、以下の通りである

279　第11章　研究開発管理システムの「最適なゆるさ」とは？

まずゲート1では、技術開発を行う価値のある発見・アイデアはどれか、という大まかなスクリーニングが行われる。継続／中止の判断基準は、戦略性、潜在的なインパクト、シナジー、技術実現性といった、定性的なものである。

ゲートキーパーの中心となるのは、研究所長や研究開発部門のシニアマネジャーである。しかし、事業の視点を反映させるために、マーケティングや事業開発部門からも参加する。

このゲートをパスした発見・アイデアは、ステージ1に進む。そこで技術開発プロジェクトを具体的に組成し、今後の計画を策定する。

続くゲート2では、ステージ1で策定された計画に従って、初期実験などに研究活動を拡大するのを許可するかどうかのスクリーニングが行われる。

ここでの評価基準も大半は定性的なものであり、前章で紹介した正味現在価値（NPV）や回収期間などの財務指標は不要とされる。現実的には、それらの指標を計算することはほぼ不可能であろう。

また、ゲートキーパーはゲート1と同じである。

このゲートをパスした後のステージ2では、詳細な技術分析や、技術の実現可能性を探索するためのさらに規模の大きな実験が行われる。

そしてゲート3では、詳細な技術開発のために経営資源を投入すべきかどうかの審査が行われる。

評価基準はゲート2のものと似ているが、この先の投資が高額になることが想定されることから、評価項目の数は増え、プロジェクトチームはより細かい質問に答える必要がある。ここでは、本社から来たCTO、研究開発・技術部門のシニアマネジャー、本社のマーケティング、事業開発、事業化を担当する事業部門のトップなどがゲートキーパーとなる。

280

このゲートをパスしたプロジェクトは、ステージ3において、本格的に研究開発計画を実行する。

また、製品化を見据えた市場や生産面の評価、ビジネスプランの準備なども行われる。

最後のゲート4では、これまでの技術開発活動の結果をレビューし、製品開発に移行させるかどうかの審査が行われる。

ゲートキーパーは、本社研究開発・技術シニアマネジャー、本社のマーケティング、事業開発、そしてプロジェクトを引き取って開発を続ける事業部門の経営チームから構成される。

このゲートをパスしたプロジェクトは、製品開発のステージゲートに組み込まれ、それがある程度進むと、事業化するかどうかを判断するために、前章で取り上げた投資採算計算が行われる。

研究開発管理者がプロジェクトを中止しやすくなる

では、ステージゲート法は、研究開発管理者や研究開発担当者にとって、どのようなメリット・デメリットがあるのだろうか。まずは、研究開発管理者にとってのメリットから考えてみよう。

前項からわかる通り、ステージゲート法には、研究開発管理者が筋のよい技術を見分け、適切な資源配分を行うための情報システムとして役立つことが期待されている。当然のことながら、研究所員全体の時間や研究所が使える経営資源には限りがある。すべてのテーマを技術開発プロジェクトとして承認してしまったら、ヒトもカネも足りなくなるだろう。

そこで、上がってくる提案の中から有望なテーマを選別し、重点的に資源投入を行う必要が出てくる。ステージゲート法によって研究開発活動を「見える化」し、段階的にその成果を評価することができれば、見込みのないプロジェクトを早めに中止し、そこに割り当てられていた経営資源を有望な

プロジェクトに回すことができる。

では、具体的にはどうやってプロジェクトの選別をするのだろうか。前述のように、技術開発プロジェクトについては財務指標の計算が困難なため、市場性や採算性以外の情報に頼らざるを得ない。そこで多くの企業では、ゲートキーパーが戦略性や技術実現性などの評価項目ごとに点数をつけ、それに基づいて継続/中止の判断を行っている。たとえば、各ゲートキーパーがつけた点数の平均値が基準を上回っていれば継続、そうでなければ中止というような決定をする。

こうした意思決定のやり方は、研究開発担当者にプロジェクトの中止を伝えやすいというメリットをもつ。現場の技術者に対して、彼らが数年間にわたって努力を注いできたプロジェクトの中止を告げるのは簡単ではない。それなりの理由がなければ、納得を得られないだろう。ステージゲート法では、すべてのプロジェクトを同じ基準で評価し、結果が点数のような定量的指標で出てくる。そのため、研究開発管理者は、評価が低かったプロジェクトのメンバーに対して中止を伝えやすくなる（「ステージーゲート・プロセスの作用と反作用」95頁）。

合議制がもたらす、研究開発管理者による学習へのマイナス効果

一方で、複数のゲートキーパーによる合議は、責任の分散を招き、研究開発管理者の一種の無責任（意図的ではないが、結果として）につながる恐れがある。

そもそもゲートキーパーの中には、「技術のことはよくわからない」「他のゲートキーパーがちゃんと評価してくれるだろう」と、あまり深く考えずに点数をつける人がいるかもしれない。また、ゲートキーパーである研究開発管理者は、みんなで判断することでプレッシャーが減り、真剣に技術の良

282

し悪しを見極めようとはしなくなってしまう危険もある。もちろん、真剣ではあろうが、自分1人で判断をしなければならない場合と比べれば、プレッシャーが減ることは間違いがない。

さらに、ステージゲート法では、あらかじめ評価項目が決まっていることが多い。当然、研究開発管理者は、評価項目に沿って技術を評価するようになり、それ以外に重要な側面があるのではないか、ということを多面的に検討しようとする努力が薄れる危険もある。その結果、言葉や数字でうまく表せない部分を見極める力が磨かれず、「技術の目利き」としての感度が育たない（「ステージ・ゲート・プロセスの作用と反作用」104－106頁）。

嗅覚や直感、センスといった「あいまいな」ものに頼らず、定量的に、なるべく科学的に判断したいという研究開発管理者の思いは理解できる。しかし、イノベーションのための研究開発は、そもそも「未知の世界」の探索なのである。にもかかわらず定量的であることを重視しすぎると、既知の測り方では測れない、イノベーティブなプロジェクトを中止に追い込んでしまうかもしれない。そうえ、自分たちの目利き能力の修練の機会を自ら奪ってしまうことになりかねない。

もちろん、ステージゲート法を採用したからといって、必ずこうした問題が起こるとは限らない。プロジェクトの数が増え、ゲートキーパーが経験を積むことで、判断能力が高まる可能性も十分にある。しかし、合議制で型にはまった研究開発管理には、それを経験し続けることが生むマイナスの学習効果、つまり1人で責任を負って深く考え、技術のさまざまな側面に嗅覚を働かせるような「技術の目利き」が育ちにくくなるというマイナス効果があることにきちんと留意する必要がある。

第11章 研究開発管理システムの「最適なゆるさ」とは？

計画作りが研究開発担当者の学習を促進する

前の2つの項では、研究開発管理者に関するステージゲート法のメリットとデメリットを論じた。

ここからは、研究開発担当者に関するメリットとデメリットについて考えていこう。

まず、メリットとして挙げられるのは、研究開発の進捗状況をステージごとにチェックされることで、研究開発担当者が事前の計画をきちんと立てるようになることである。これは、ステージゲート法が現場への影響システムとしてうまく機能することで得られるメリットといえる。

たとえば、ある技術開発プロジェクトが、1ヵ月後にゲート3（詳細な技術開発をするかどうかの審査）を控えているとする。このプロジェクトのリーダーは、ゲートをパスするために、こんな実験を何回やらなくてはならない、こんなデータを揃えなくてはならない、といったことを考えるだろう。そして、それに合わせて1ヵ月間の行動計画を立てるはずである。

第1節で述べたように、何が出てくるかわからないからこそ、研究開発においては、他の業務においてよりも、計画した通りに物事が進む可能性が低いのである。しかし、だからといって、事前に計画を立てることに意味がないわけではなく、3つのメリットを指摘することができる。

第1に、ゲートをパスするという具体的な目標があることで、達成意欲が湧きやすくなる。ステージゲート法をやらなかったとしても、研究開発活動には何らかの最終目標があるはずである。しかし、研究開発の成果が出るまでには長い年月がかかるため、最終目標と現状の間に相当の距離があることが多いはずである。ゲート審査は、その距離を分割し、より身近な目標を設定する役割を果たす。

第2に、目標を達成するために、いまとるべき行動が明確になる。定型性の低い活動である研究開

284

発では、取り組むべきタスクそのものや、さまざまなタスクの優先順位がはっきりしていない場合がある。そのため、ついつい選択を先送りにして、漫然と仕事をするという事態に陥りかねない。ゲート審査というデッドラインを見据えた計画を立てることで、この問題は緩和されるだろう。

第3に、計画を立てることは、その後の学習活動に役立つ。ある意味で計画とは、「こうすれば、こうなるはず」という因果関係についての仮説である。人間は、実行を通じてその仮説を検証し、何が良かったのか、何がまずかったのかを学ぶ。事前の計画が何もなければ、こうしたフィードバックを得ることはできないだろう。

研究開発の本質が学習にあることを考えると、ステージゲート法が間接的に現場の学習を促進することのメリットは、案外大きいかもしれない。

研究開発担当者の行動にもたらす3つの歪み

一方で、ステージゲート法による研究開発管理を厳しくすると、影響システムとして間違った方向に機能し、研究開発担当者が歪んだ行動をとり始める可能性がある。多くの企業で起こりそうな歪みは、以下の3つである。

1つめは、ゲートをパスするために、プロジェクトのポテンシャルを大きく見せようとして、歪んだ情報提供に走ることである。言うまでもなく、プロジェクトの評価項目に用いられる戦略性や技術実現性は、簡単に点数化できるものではなく、人によって捉え方も異なる。つまり、ゲート審査に用いられる点数は、測定者によるソフトなデータである。こうした弱点を知っている現場の技術者は、高い点数をもらうために、情報の操作をやり始める可

能性がある。たとえば、ゲート審査のプレゼンテーションで、都合のよい情報しか提供しなかったり、過度に楽観的な将来予測を盛り込んだりするようになる。その結果、ゲートごとにウソを上塗りするという「うそつきサイクル」に陥るのである（「ステージーゲート・プロセスの作用と反作用」102頁）。

2つめの歪みは、ステージゲートに乗せやすいようなテーマばかりを提案してくることである。ステージゲートに乗せやすいテーマとは、研究開発管理者に対して魅力をアピールしやすい、わかりやすいテーマである。その企業の技術ロードマップにすでに含まれているテーマやその業界で話題になっているテーマ、などが具体例として挙げられる。

ここで注意すべきは、「何が出てくるかわからない」研究開発活動においては、事前にポテンシャルを評価しやすいテーマが、後で大きな成果を生むテーマとイコールであるとは限らないことである。研究開発管理者がステージゲート法に頼りすぎると、現場からは創造性の低い小粒なテーマしか上がってこなくなる恐れがある。

以上の2点は、前章で紹介した、投資採算計算のやり方が現場の行動にもたらす歪みとよく似ている。いずれも、本社や上司が現場で働く部下から提供されるデータに基づいて資源配分の意思決定を行う際に起こる、典型的な歪みの例である。

3つめの歪みは、現場がゲート審査などの面倒な手続きを回避しようとするために、ステージゲートに乗せないまま継続される研究、いわゆるアングラ研究が増えることである。アングラ研究自体は、決して悪いものではない。技術者が上司に隠れて（あるいは上司に黙認されながら）好きなテーマを追究することで、イノベーションにつながる大きな発見があるかもしれないからである。

その一方で、アングラ研究を安易に認めてしまうと、見込みのないテーマがいつまでも滞留し続ける恐れがある。また、その性質上、アングラ研究には十分な資源が投入されないことが多い。したがって、最初からステージゲートに乗っていればより早く、より大きな成果をあげられたにもかかわらず、アングラ研究だったためにその機会を逃す、ということも起こるだろう。

3　きっちりした仕組みを作り、ゆるく運用する

どんなスタンスで、**研究開発管理に取り組むか**

前節で取り上げたいくつかの問題は、ステージゲート法に特有のものではなく、システマティックに研究開発管理をやろうとすると、多かれ少なかれ発生する問題だと考えられる。しかし、だからといって研究開発活動をまったく管理せず、放置しておくのがよいというわけではない。何らかの仕組みは必要だろう。

では、どうしたらいいのか。やや「意外」と受け止められるかもしれないが、「仕組みはきっちり、しかし運用をゆるく」というスタンスが研究開発管理システムの肝であるように思われる。どういうことか、以下で詳しく論じよう。

そもそも、研究開発活動を管理する仕組みとその運用のあり方については、以下の4つのパターンがありうる。

---

(1) きっちりした仕組みを作り、きっちり運用する

(2) きっちりした仕組みを作り、ゆるく運用する
(3) ゆるい仕組みを作り、きっちり運用する
(4) ゆるい仕組みを作り、ゆるく運用する

一見すると、きっちりした仕組みを運用もきっちりしている第1のパターンが望ましいように思われるかもしれない。しかし、研究開発という、定型性が低く創造性が重視される活動を管理するスタンスとしては、息詰まるようで、自由度に欠けすぎるだろう。前節まで説明してきたような歪みが大量に発生することになりそうだ。

仕組みも運用もゆるい第4のパターンは、あまりに放縦になりかねないから、これも望ましくないことの方が多いだろう。したがって、実効性が高そうな選択肢として残るのは、仕組みと運用のどちらかがゆるい第2と第3のパターンである。

第3のパターンである「ゆるい仕組みを作り、きっちり運用する」とは、ステージゲート法のように判断基準を事前に設けることはしないが、社内での議論やコミュニケーションをきっちりやるということである。

たとえば、研究所長とプロジェクトリーダーが一堂に会して、時間をかけて各プロジェクトの良し悪しについて議論をする。そして、参加者全員の質疑応答を繰り返しながら、ヒトやカネの配分を決めていく。ただ、このやり方だと、管理のために費やす時間はかなりのものになるだろう。

こうしたやり方がうまくいきそうな企業であればいいが、多くの企業においては、「きっちりした仕組みを作り、ゆるく運用する」という第2のパターンが正解だと考えられる。ここで、運用の具体

的な「ゆるめ方」としては、判断基準の工夫、管理のルールを柔軟にする工夫、判断者を誰にするかの工夫、という3つの工夫が考えられる（「ステージ・ゲート・プロセスの作用と反作用」106頁）。順に説明していこう。

1つめは、プロジェクトの継続／中止を判断する場で何を問うか、あるいは何を問わないかについての工夫である。たとえば、プロジェクトの良し悪しを無理に点数化（定量化）しない、という工夫が考えられる。数字とは恐ろしいもので、数字がいったん議論の場に出されると、他に検討すべきことがあったとしても、それバかりが重視されてしまう。とりわけ初期段階においては、定量的指標に頼りすぎない方がいいだろう。

では、何を拠りどころに技術を評価したらいいのか。非常にむつかしい問題だが、たとえば、プロジェクトリーダーの熱意を重視する、という工夫がありうる。この背後にあるのは、技術者が熱意をもって打ち込めるプロジェクトほどイノベーションにつながりやすいだろう、という前提である。この前提の正しさは定かではないが、熱意で評価した場合でも、十あるうち八か九のプロジェクトはうまくいかないかもしれない。

しかし、もともと研究開発は成功確率が低く、事前にうまくいくかどうかを見抜くのがむつかしい。十中八九ダメでも、残った1つを救えれば、研究開発管理システムとしては成功といえる。その見極めを、ステージゲート法のように定量的に判断するのと、プロジェクトリーダーの熱意を見て判断するのとでは、どれだけ最終的な成功確率が違ってくるのだろうか。おそらく、大した違いはないのではないか。であれば、熱意で評価することにも、それなりの合理性があるだろう。

第11章　研究開発管理システムの「最適なゆるさ」とは？

時間的・金銭的な余裕を与える

続いては、管理のルールを柔軟にするという工夫である。これには、現場の技術者に時間的な余裕を与えること、金銭的な余裕を与えること、その2つが考えられる。

「時間的な余裕を与える」とは、たとえばアングラ研究のための時間を仕組みとして作ることである。すべての研究開発のアイデアを最初からステージゲート・プロセスに乗せるのではなく、ある程度の助走期間を設けることで、技術者は自由な発想をしやすくなると考えられる。たとえば3Mの技術者は、本来の業務とは関係のないアイデアに就業時間の15％を使うことを認められている。同じくグーグルにも、技術者が就業時間の20％を好きなプロジェクトに使えるというルールが存在する。

数多くのイノベーションを生み出している両社がこうしたルールを設けている背景には、放っておくと技術者は日常業務に忙殺され、イノベーションどころではなくなってしまうという実情があるのだろう。必死に働いていることは承知のうえで、少しでもイノベーティブな試みに時間を割けるように、技術者を日常業務から守るための工夫、と捉えた方がいいかもしれない。

もう1つの方法である「金銭的な余裕を与える」とは、ゲート審査の結果と予算を完全には連動させないことである。たとえば、ゲート審査の結果がよくなかったとしても、すぐにカネを引き上げることはせず、しばらくやらせてみる。そこでの技術者の粘りが、大きな成果を生むかもしれない。あるいは、研究所の予算の中に、正式なステージゲート・プロセスを通さなくてもよい「特例枠」を設けるという方法もある。ゲート審査に落ちたプロジェクトでも、研究開発管理者がとくに有望だと認めた場合には、しばらく続けられるだけの資金を提供するのである。こうした予算枠があることで、技術者の挑戦意欲が維持されるだろう（「ステージーゲート・プロセスの作用と反作用」108頁）。

290

ピアレビューのすすめ

最後は、判断者を誰にするかという工夫である。

ステージゲート法のように合議でやってしまうと、ゲートキーパーの無責任を引き起こしかねず、長期的には「技術の目利き」が育たなくなってしまう。こうした問題を起こりにくくするためには、プロジェクトを継続するか中止するか、ギリギリの判断を少数の人間にさせ、その悩ましい判断の経験を積ませるしかないだろう。その経験の累積から「技術の目利き」が育ってくることを期待するのである。

しかし、その判断をいきなり研究開発管理者の主観にすべて委ねてしまうと、主観的推測ばかりに基づく判断になる恐れもあり、いささか危険である。そこで考えられるのが、研究開発管理者のみがプロジェクトを評価するのではなく、実際に研究開発活動を行っている技術者同士が、どの技術の筋がよいかについて意見を交換したり、技術を評価したりする場を設けることである。つまり、ピアレビュー（Peer Review：同僚や仲間による評価）である。

たとえば花王の研究所には、プロジェクトをやりたい人が勝手に開始を宣言して、みんなに告知するという仕組みがある。そのプロジェクトを面白いと思った人は、所属部署とは関係なしに、自分の意思で参加を表明することができる。その際、正式な辞令などは出ない。

このようにしてインフォーマルなプロジェクトが始まり、それがうまくいけば、多くの人の参加が継続するか、参加者がさらに増えていく。反対にうまくいかなければ、面白くないと思い始めた人からプロジェクトに来なくなる。そうしたプロジェクトは、いずれ消滅するだろう。いわば、プロジェクトの継続／中止を自然淘汰に任せているのである。

この一連のプロセスにおいて、現場の技術者は、有望だと思えば参加を継続する、ダメだと思えば参加を取りやめる、という実質的投票行動を行っていることになる。

こうしたピアレビューを研究開発管理システムに取り入れることのメリットは、3つある。

第1に、現場で働く技術者の方が、ステージゲート法のゲートキーパーよりも同僚が開発したいと思っている技術のポテンシャルをきちんと評価できる可能性が高い。前節で述べたように、ゲートキーパーの中には、必ずしも技術に詳しくないと思われる部門の人間も含まれている。その人たちの合議によってすべてを決めるよりは、技術に関する情報を豊富にもっている現場の声を取り入れる方がよいだろう。

第2に、「うそつきサイクル」の問題を緩和することができる。現場の技術者は「ゲートキーパーは何もわかっていない」と腐るかもしれない。しかし、同じ現場で働く仲間同士であれば、お互いに「どこでウソをつくか」の見当をつけやすいし、ある程度は良い情報だけでなく悪い情報も共有しているはずである。ゲートキーパーは、プロジェクトチームのウソを見抜けない可能性がある。しかし、同僚からの評価を踏まえての決定であれば、そうした問題は起こりにくく、技術者はなぜ評価されなかったのかをより真剣に考えるようになるだろう。

第3に、上から一方的にプロジェクトの中止を告げられると、判断基準が明確でない場合には、「何か裏があるのでは」と不信感を募らせることもあるだろう。しかし、同僚からの評価を踏まえての決定であれば、そうした問題は起こりにくく、技術者はなぜ評価されなかったのかをより真剣に考えるようになるだろう。たとえば、技術者によるピアレビューにも問題点はある。もちろん、技術者によるピアレビューにも問題点はある。たとえば、技術の学術的価値ばかりが重視され、その技術からどんな製品が生まれるか、顧客にどんな価値を提供できるか、といった視点が欠落する恐れがある。また、プロジェクトチームの間で潰し合いが起こり、現場が殺伐とするかもし

292

れない。

そこで、ピアレビューの結果を踏まえて最後は研究開発管理者が判断する、というのが現実的にはうまくいきそうだ。しかし大切なのは、ピアレビューという、判断者の工夫がもたらす多様なメリットをうまく利用することである。

4 「見せる化」の危険、研究開発部門全体の成果を測定することの大切さ

本章では、ステージゲート法を中心に、イノベーションのための研究開発管理システムについて考えてきた。

「見せる化」の危険と「最適なゆるさ」

ステージゲート法には、研究開発管理者（上司）が筋のよい技術を見分け、適切な資源配分を行うための情報システムとしての機能を期待することができる。研究開発管理者にとっては、プロジェクトの中止をしやすいということが、メリットとして挙げられる。

ステージゲート法は、研究開発担当者（部下）への影響システムとしても機能する。よい影響として、現場の技術者が計画的に研究開発活動を行うようになることが挙げられる。計画策定は、達成意欲を湧きやすくする、とるべき行動を明確にする、その後の学習活動に役立つなど、さまざまなメリットをもたらすと考えられる。

一方、ステージゲート法にはいくつかのデメリットがある。イノベーションの観点からとくに深刻なものを整理すると、次のようになるだろう。

> (1) 研究開発管理者が定量的な判断基準に頼りすぎることで、イノベーティブなプロジェクトに十分な資源配分が行われなくなる
> (2) こうした研究開発管理者の行動を見た研究開発担当者は、そもそもイノベーティブな提案をしなくなる
> (3) その結果、研究開発管理者はますます定量的な判断基準に頼ることになり、長期的には「技術の目利き」が育たなくなる

こうした歪みの本質的な原因は、研究開発のように定型性の低い活動を、形の整った管理システムで「見える化」しようとすることにある。生産活動のように定型性の高い業務を管理する際には、たしかに見える化のメリットは大きい。定量的な測定に向いた、しかも定型性の高い業務を行っているのだから、第5章で述べたような見える化のデメリットを考慮しても、メリットがそれを上回る可能性は十分にある。

しかし、研究開発で同じような見える化をやってしまうと、デメリットが大きくなりすぎる危険がある。研究開発活動とは試行錯誤を伴う学習活動であり、何が出てくるかわからないからこそ、研究開発が必要なのである。それを定型的な活動と同じように管理しようというのは、明らかに無理がある。

にもかかわらず、「目に見える」指標による厳しい研究開発管理をやってしまうと、ついつい現場はその指標をよく見せるための歪んだ行動をとり始め、長期的にはイノベーションが起こりにくくな

294

る。第5章で強調した「見せる化」の弊害は、研究開発管理においてより深刻化すると考えられる。

本章では、こうした問題への対処法として、研究開発管理システムを杓子定規に使うのではなく、ゆるく運用することを提案した。具体的には、①定量的指標だけでなく技術者の熱意なども含めてプロジェクトを評価すること（判断基準の工夫）、②現場の技術者に時間的・金銭的な余裕を与えること（管理のルールを柔軟にする工夫）、そして③現場の技術者によるピアレビューを活用すること（判断者を誰にするかの工夫）、という3つの工夫を紹介した。

これらの工夫は、いずれも「見せる化」に向かいがちな現場の行動を抑制しようとするものであり、そしてまた、「きっちりした仕組みのゆるい運用」の例でもある。仕組み自体がしっかりしていないと、組織全体を管理するためのベースが作れない。ときには、その仕組みを厳しく運用せざるを得ないこともあるだろう。しかし、常に厳しい運用が最適とは限らないのである。

その際にポイントになるのは、どこまで運用をゆるめるか、ということである。研究開発管理システムをゆるく運用することが大切だからといって、ゆるめすぎてしまっては意味がない。すなわち研究開発管理には、管理システムを運用する際の「最適なゆるさ」とは何か、という本質的なことを模索することが要請されている。そしてそれは、他の管理システムについて考える際にも必要な視点であろう。

研究開発部門全体の会計的成果測定

本章のこれまでの議論では、主にプロジェクト単位での研究開発管理をイメージして、その仕組みの設計や運用のあり方について考えてきた。そこでのキーワードが、「最適なゆるさ」のように、「管

理」という言葉と矛盾しかねないものになること自体が、研究開発管理のむつかしさを象徴しているのであろう。

たしかに個々のプロジェクトを管理するむつかしさはあるのだが、一方で企業全体のことを考えると、CTOは何らかの方針に基づいて研究開発部門全体への資源投入を管理しなければならない。目先のアウトプットにはつながらないインプットの管理だけに、研究開発費の最適な水準が決めにくいのを承知のうえで、何か手を打つ必要がある。本章を終えるにあたって、研究開発部門全体の会計的成果測定について考えておこう。

第1節で述べたように、研究開発管理において会計データが果たす役割は限定的である。研究開発費など、インプットについてのデータは比較的容易に入手できるが、生み出したアウトプットの価値を金額で表現するのは至難の業だからである。

また、インプットを投入してからアウトプットが利益に貢献するまでの時間がきわめて長く、インプットとアウトプットの間に大きなタイムラグがあることも、研究開発の成果測定をむつかしくしている。

こうした会計的測定のむつかしさにもかかわらず、研究開発の成果と思われるものを会計的に表現している企業がある。

たとえばホンダは、自社の研究開発部門を本田技術研究所という子会社として独立させている。本田技術研究所は、製品の図面を生産して営業部門である本田技研工業に提供することを任務としており、その対価として毎年、本田技研工業の売上高の一定割合（現在は5％程度といわれる）を受け取っている（『経営に終わりはない』128－129頁）。

つまり、研究所の使命は製品の図面を生産して営業部門に渡すことで、それが研究所のアウトプットとなる。そして、そのアウトプットの価値を、売上高の一定割合という金額によって表現しているのである。

また日本電産には、開発部門が製品の売上高に応じた技術料（国内工場なら2・5〜3％、海外工場なら5％）を工場から受け取り、それを部門の運営費用に充てる制度が存在する。売れない製品ばかりを開発していると、受け取る技術料よりも研究開発費が大きくなり、開発部門は赤字になってしまう。そのため、開発部門で働く人々は、コストや利益を意識した行動をとるようになる（『日本電産　永守イズムの挑戦』76―77頁）。ここでもホンダと同じように、研究開発部門の成果を売上の一定割合という形で表現しているのである。

ホンダや日本電産のみならず、「売上予算の一定割合を研究開発に充てる」という基本方針に基づいて研究開発予算を決めている企業は多いだろう。個々のプロジェクトにおけるインプットとアウトプットの対応という観点からは必ずしも正確ではないが、しかし研究開発部門全体のこれまでの活動の成果を、現在の売上に対する貢献度で表現するというのは、妥当な「成果測定」の1つの方法である。

そして、管理会計システムの主たる目的が、研究開発部門の正確な成果を測定することではなく、そこで働く人々に望ましい行動をとらせることにあるのだとすれば、上記のような方法にはもう1つの意義を見出すことができる。それは、売上連動型の研究開発予算を個々のプロジェクトに配分することで、「将来の売上につながらない研究開発は評価されない」というメッセージを現場に伝える、という意義である。

297　第11章　研究開発管理システムの「最適なゆるさ」とは？

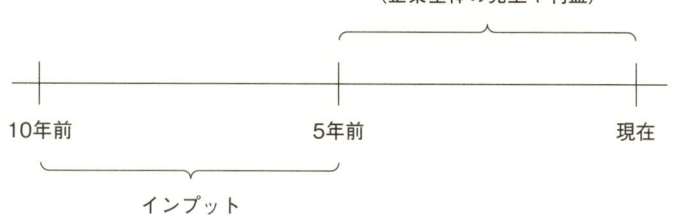

図表11-2 長期的な研究開発効率の測定方法

```
                              アウトプット
                          (企業全体の売上や利益)
                         ┌─────────────────┐
  ├─────────────┼─────────────────┤
 10年前          5年前              現在
  └─────────────┘
     インプット
 (研究開発費や研究開発時間)
```

$$\text{研究開発効率} = \frac{5\text{年間の累積アウトプット}}{\text{その前の5年間の累積インプット}}$$

ステージゲート法でわかりもしない将来性を厳しく問うよりも、たとえ大雑把な測定であっても、売上に貢献しないと研究開発予算がなくなるような管理会計システムを作る方が、現場に与えるインパクトは大きいかもしれない。少なくとも研究所長は、売上を意識した行動をとるようになるだろう。

さらに、研究開発部門のインプットと企業全体のアウトプットを関連づける業績指標もしばしば使われている。図表11-2にその典型例を示したように、「過去5年間に行われた研究開発活動は、その後の5年間の売上や利益に貢献する」といった前提を置き、5年間の累積アウトプット（売上や利益）をその前の5年間の累積インプット（研究開発費や研究開発時間）で割った値を、研究開発効率の指標とするのである。

過去10年間のデータがあれば、この指標は毎年、計算することができる。もちろんこれは、研究開発活動は平均的に5年程度のタイムラグを伴って売上や利益に貢献するという前提に基づいて計算される指標であって、必ずしも正確とはいえない。なぜなら、基礎研究などでは、売上や利益を生み出すまでに10年単位の時間を要するプロジェクトも多いからで

ある。しかし、たとえば長期的にこの指標が低下している場合には、研究開発部門が顧客に受け入れられる製品を生み出せなくなってきている、という程度の示唆を得ることはできるだろう。もちろん、この指標を業績評価に用いたとしても、個々のプロジェクトや、技術者個人へのフィードバックはあまり期待できない。そうした細かい計算はかえって「見せる化」の危険を増幅させるだけかもしれない。しかし、ＣＴＯや研究所長が全体の状況を把握するという目的のためには、有効な指標といえるだろう。

第12章 多様な影響システム——管理会計を超えて

1 あらためて、影響システムの大切さを考える

経営の最後の勝負

これまでの章では、管理会計システムがもつ影響システムとしての機能を重視するあまりに見落とされがちな、管理会計システムの重要な機能である。情報システムとしての機能を強調してきた。

なぜ、そこまで影響システムとしての機能を強調するか。それは、影響システムをきちんと作ることが、経営の仕組み作りの「最後の勝負」だからである。

経営の本質は、「他人を通して事をなす」ことにある。現場の人々（大勢の他人）に「企業にとって望ましいことをきちんと実行してもらうこと」が経営の本質なのである。それは、単に指示命令をすれば済む、という簡単な話ではない。

では、どんなことが経営の要諦になるのだろうか。上述した経営の本質をベースに考えると、それは次の3つに集約できるであろう。

(1) 部下に仕事全体の方向を指し示す
(2) 部下が仕事をしたくなる、やりやすくなる環境を整備する
(3) 部下自身が仕事に取り組むプロセスを刺激する、応援する

第1の要諦は、別な言葉で表現すれば、組織の戦略を決めてきちんと示す、ということである。すなわち、事業活動の長期的な基本設計図としての戦略を作ることが、企業経営の「最初の勝負」である。ここで間違ったら、仕事の方向がそもそも間違ってしまうのだから、経営としていい成果が生まれるはずがない。

しかし、戦略を美しい言葉でかっこよく表現するだけでは、これまた何の意味もない。どんなに優れた戦略も、組織が一丸となって実行しなければ、大きな成果は得られないからである。それを担保するための仕組み作りが、第2の要諦である。具体的には、仕事の分担関係と権限関係を決める組織構造や、現場が与えられた仕事を遂行するのに役立つ情報システムを整備することが、当然に重要である。

301　第12章　多様な影響システム──管理会計を超えて

さらに、現場の人々が仕事を「したくなるような仕組み」、あるいは歪んだ仕事のやり方をしないように「導くための仕組み」も必要となる。それを主に担うのが、影響システムである。影響システムがうまく機能しないと、いくら立派な戦略や組織図を作れたとしても、現場は必ずしも望ましい行動をとってはくれないだろう。

だから、企業経営において影響システムが大切なのであり、うまく機能する影響システムを作れるかどうかが、経営の仕組み作りの「最後の勝負」といえるのである。この最後の勝負をいい加減にすると、結局は中身のない、空虚な経営で終わってしまう。

もちろん、以上のような仕組み作りだけで経営が完結するわけではない。リーダーの個性を中心として、現場の心理に「属人的に、人間的に訴えかける」ことも必要である。それが第３の要諦であり、現場で働く人々を刺激したり応援したりすることがきちんと行われなければ、現場に魂が入らない。

これは、「リーダーシップ」と呼ばれる経営の人間的な側面であり、経営する側にとっては非常に重要である。

しかし、そうしたリーダーシップを発揮する前に戦略や経営の仕組みがきちんと作られていないと、現場への属人的・人間的な訴えかけに頼りすぎな経営を続けていると、経営する側の人間の体は１つ、１日は24時間しかないという物理的限界にいずれはぶつかるだろう。

したがって、リーダーシップは現場に魂を入れる最終ステップとして不可欠だが、それに頼りすぎるのは、長期的には望ましくないと考えられる。だからこそ、「最初の勝負」としての戦略作り、そして「最後の勝負」としての影響システム作りが、ともに企業経営を行ううえできわめて大切なので

302

ある。

影響システムは、じつに多様に存在しうる

この本は管理会計システムの影響システムとしての機能を強調しているが、そうした機能をもっているのは、管理会計システムだけではない。現実には、さまざまな仕組みやルールが、ときには意図せざる影響を及ぼしながら、影響システムとして機能しているのである。

その多様性について、この章では日本電産というユニークな企業の経営を例にとって考えてみたい。自分の身の回りにも意外な影響システムが存在する、意図せず影響システムとして機能してしまっている、という視点を読者にもってもらうためである。

日本電産は、国内外で買収を繰り返すことによって成長を続けるモーターメーカーであり、その買収先の多くは、技術力があるにもかかわらず経営不振に陥った企業である。同社の創業者である永守重信氏は、買収した企業に自ら乗り込み、原則として雇用は維持したまま、短期間のうちに業績を回復させてきた。それを可能にしている要因の1つが、ユニークな経営手法を影響システムとしてうまく運用することにある。

日本電産のユニークな経営手法のうち、本章ではとくに「1円稟議」と「3Q6S」を取り上げる。これらは2つとも、必ずしも会計的な測定を中心とする経営の仕組みではないが、影響システムとしての機能を見るのに意外性もあり好適な例である。

1円稟議とは、1円以上の購入には社長決裁の稟議が必要、という仕組みである。1円以上だから、つまりはすべての支出について社長自らが決裁を行うのである。

303　第12章　多様な影響システム――管理会計を超えて

3Q6Sとは、現場に行動目標を与える仕組みで、3Qとは良い会社（Quality Company）、良い製品（Quality Products）、良い社員（Quality Worker）、良い会社（Quality Company）、良い製品（Quality Products）のことである。そして6Sとは、整理、整頓、清掃、清潔、作法、躾を指し、トヨタなどでも行われている「5S」をアレンジした活動である。日本電産では、この3Q6Sによる業務監査が工場や会社ごとに実施されている。

次節からは、1円稟議と3Q6Sが具体的に現場の行動をどのように変えるのか、そうした行動変容が売上や利益といった企業の財務業績とどのように関連するのか、について考えていく。そうした内容を読み進めるにあたって注意してほしい点をいくつか指摘しておこう。

第1に、本章の主たる目的は、特定の管理システムを推奨することではない。これから述べていくように、日本電産の1円稟議や3Q6Sには、さまざまなメリットがある。しかし、それらが「極端な仕組み」であることもまた確かであり、他の企業も今すぐ導入するべきだとは必ずしもいえない。それでもあえて「極端な仕組み」を取り上げるのは、そうすることで影響システムの本質がわかりやすくなるからである。したがって読者には、日本電産の事例を踏まえて、同じような機能を自分が所属する組織で狙うにはどうしたらいいか、を考えてほしい。

第2の注意点は、自分がその仕組みのもとで働くことに抵抗感があることと、それが経営の仕組みとしてどのように機能するかは、区別して考えてほしいということである。1円稟議や3Q6Sの詳細を知ると、多くの人は「日本電産で働く社員は大変だ」と思うはずである。あるいは、「自分はこういう職場では働きたくない」と感じる人もいるかもしれない。しかし、そうした第一印象を与えるからといって、これらの仕組みが影響システムとして失敗かというと、決してそんなことはないのである。

304

もちろん、「部下が楽になり、経営上も意味がある」仕組みができるならば、それが理想である。

しかし、現実にはむつかしい。であれば、「部下はきついかもしれないが、経営上は意味がある」仕組みを目指すべきだろう。大切なのは、その仕組みがもたらす行動変容と、行動変容の背後にある論理をきちんと考えることである。

第3の注意点は、本章で紹介する現場への影響の中には、滅多に起こらないものや、起こったとしても財務業績へのインパクトが小さいものが含まれているかもしれない。しかし、それらを「あり得ない」「意味がない」と頭の中で切り捨ててしまうのはもったいない。

影響システムをうまく機能させるためには、「こんなに細かいことが、現場にここまでの影響を与える（かもしれない）」という波及効果を想像する力が不可欠である。滅多に起こらないことでも、起こるかもしれない微妙な影響を考えることが大切なのである。それは、どれだけ幅広く影響システムを捉えられるか、という思考のトレーニングにもなるだろう。

2　1円稟議によるコスト意識の浸透

すべての稟議書を社長が決裁する

前述のように、日本電産の買収先の多くは、技術力があるにもかかわらず経営不振に陥った企業である。永守氏は、そうした企業に乗り込むとすぐに、「Kプロ」や「Mプロ」といったコスト削減活動のプロジェクトを始動させる。

Kプロとは、経費（Keihi）削減プロジェクトの略であり、事務用品費や光熱費、出張費といった

305　第12章　多様な影響システム――管理会計を超えて

経費が売上高1億円当たり500万円以下になるよう、徹底的に見直す。一方、Mプロとは、購買費削減プロジェクトの略であり、Mは仕入先に部品や資材の購入金額を「まけてもらう(Maketemorau)」ことからきている(『日経ビジネス』2012年1月16日号、65頁)。

これらのプロジェクトで特徴的なのは、1円以上、すなわちすべての購入品について、稟議書を提出させるという点である。経営再建時には、社長である永守氏自身がすべての稟議書に目を通し、適正な価格で購入しようとしているかどうかをチェックする。

ここでいう「適正な価格」とは、日本電産で「絶対原価」と呼ばれる、「これ以上安く買うと取引先も痛むし、製品の品質が悪くなる限界価格」を意味する(『日本電産 永守イズムの挑戦』112頁)。永守氏はモーター分野のさまざまな絶対原価を熟知しており、経営再建先の現場から稟議書が上がってくると、「この価格なら10％の営業利益」といった具体的な数字や、「限界と思った時がネゴ(交渉)のスタート」「死力を尽くしたのか」といったコメントを添えて、現場にフィードバックをする(『日経ビジネス』2012年1月16日号、66-67頁)。

こうした「1円稟議」を繰り返すうちに、組織全体に絶対原価が浸透していき、部下は常にそれを目指して仕入先と価格交渉を行うようになる。その結果、コストが大幅に減少し、利益が出るようになる。

1円稟議の2つの機能

本書で繰り返し述べてきたように、1円稟議も例外ではない。1円稟議も例外ではない。1円稟議も、ほぼすべての管理システムは、情報システムと影響システムという2つの機能をもっている。1円稟議も例外ではない。

306

まずは、情報システムとしての機能から考えてみよう。すべての稟議書に目を通すことによって、社長は社内のどこにコストのゆるみがあり、どこにムダがあるのかを知ることができる。つまり、1円稟議が社長のための情報システムとして機能し、その情報をもとに、社長はどのような手を打つべきかを判断できるのである。これはとりわけ、経営不振に陥った会社の実態を知るためには、有効な手段だろう。

また、上がってくる稟議書の「質」が時間の経過とともに変化することも十分考えられる。社長から稟議書の良し悪しについて逐一フィードバックを受けることで、部下は仕事のやり方を見直すようになり（詳しくは影響システムのところで述べる）、その成果はその後の稟議書に反映されるはずである。こうした稟議書の変化から、社長はコスト意識の浸透度や経営再建の進捗度を知ることができるだろう。これもまた、社長のための情報システムとしての機能である。

それでは、1円稟議は、影響システムとしてはどのように機能するのだろうか。次の3つが考えられる。

第1に、すべての稟議書を「社長が見てしまう」ことが周知されていると、無駄遣いが抑制されるだろう。現場で働く人々の多くは、組織のトップである社長にチェックされるとわかれば、必要性の低い稟議を上げなくなる可能性が高いからである。つまり1円稟議は、現場の購買行動が変わるという影響が想定されている仕組みなのである。

第2に、必要性があって稟議書を書く場合でも、提出前の段階で現場があれこれ工夫するようになるだろう。たとえば、後で社長に発破をかけられることを見越した部下は、事前に仕入先と価格交渉をしたり、より安い部材を探したりするようになる。また、そもそもその支出が必要なのかどうかを、

307　第12章　多様な影響システム——管理会計を超えて

自身で慎重に吟味するようになるだろう。これらもまた、現場の行動が変わる、という影響システムとしての機能である。

第3に、1円稟議を行うことで、現場はすでに購入した材料や機械を大切に使うようになるだろう。それがどんなに安いものであっても、新しく何かを買うためには、社長による決裁という面倒なプロセスを経なければならない。そうした煩雑さを避けるために、部下は材料や機械の使い方を工夫するようになると考えられる。

このように、1円稟議は現場の行動にさまざまな影響を与える。1つひとつの影響は、決して大きくはないかもしれない。しかし、それらが積み重なると、組織の至るところでムダが削減され、全体としては大きなコストダウンにつながる。

社長がすべての稟議書をチェックするというのは、一見すると不合理な経営行動に思えるだろう。しかし、倒産しそうなほど業績が悪化した企業では、社員の多くが膨大なムダを「明確には」意識していない可能性がある。

それを根底から変えるためには、そしてその変革に対する社長の本気度を現場に伝えるためには、1円稟議のように「ここまでやるのか」と思わせる仕組みが必要なのである。

1円稟議が機能する条件

このように、1円稟議は情報システムとしても影響システムとしても多くのメリットをもたらす可能性があるが、この仕組みをうまく機能させるためには、1つ大切な条件がある。それは、瞬時にムダを見抜き的確な指示を出せる社長（上司）が存在することである。

308

何千枚という稟議書に目を通してきた永守氏は、「頭の中に全部データが入っているからすぐに正しい価格が書ける。今までの再建でも全部伝票を見ているし、工場なども何か所も作っているから坪単価もわかる」という（『日本電産　永守イズムの挑戦』113頁）。ここまでの優れた資質と豊富な経験を有する人材でなければ、1円稟議による大幅なコスト削減を実現するのはむつかしいだろう。

ただし、時間をかければ、そうした人材を育てることはできる。たとえば、そこまで規模の大きくない子会社の社長に、その子会社の稟議書をすべてチェックし、サインすることを義務づけるのである。最初のうちは時間がかかるかもしれないが、それを続けていくうちに、社内のカネの流れを把握できるようになる。さらに慣れてくると、おかしな稟議書があれば気がつくようになるだろう。

では、運よく1円稟議ができる人材がいる企業は、この仕組みをすぐに導入するべきだろうか。必ずしもそうとは限らない。たとえば、顧客ニーズを汲み取った特注品の製造や、顧客の注文への迅速な対応を戦略のカギとしている企業で1円稟議を厳しくやると、何が起こるだろうか。

1円稟議は、すべての支出について稟議書を要求する仕組みである。したがって現場は、顧客の要望に応えるために何かを購入しようとするたびに、いちいち上司にお伺いを立てなくてはならない。このように、その結果、対応のスピードや柔軟性が失われ、顧客からの評判が低下する恐れがある。戦略との適合性を考慮せずにただ1円稟議をやると、かえって業績は悪化するかもしれない。

おそらく多くの企業では、これらの問題を緩和するため、もしくは1円稟議の手間を省くために、一定金額以上の支出についてのみ稟議書を提出させるルールになっているはずである。たとえば、10万円未満の物品であれば現場の判断で購入できるが、それ以上の支出には上司の許可が必要、といったハードルを設けるのである。

第12章　多様な影響システム――管理会計を超えて

このような場合でも、前項で述べた1円稟議のメリットをある程度は享受することができるだろう。

しかし一方で、中途半端なハードルを設けることによって、ハードル金額未満の支出の件数が増大し、全体で見るとかえって支出が増える恐れもある。

実際にある企業では、稟議書のハードル金額を1万円に設定した結果、かえって費用が増えた感触があるという。「1万円未満のモノは自由に買える」と判断した現場が、そこまで金額の大きくない無駄遣いを頻繁にするようになってしまったのである。

また、稟議書の提出を回避するために、悪知恵を働かせる部下が出てくるかもしれない。たとえば、本来は一式で購入するべき備品の発注を複数回に分け、1回ごとの購入金額がハードル金額を下回るよう、取引業者に調整を依頼するのである。しかし、そんなことをしてもトータルの支出は変わらない。発注の手間が増える分、むしろ生産性は低下するだろう。

このように、稟議書のハードル金額をいくらに設定するかというのは、細かい話に聞こえるかもしれないが、じつは重要な問題である。

1円稟議に限らず、特定の管理システムを導入するべきかどうかについて、唯一絶対の正解はない。すべての仕組みにはメリットとデメリットがあり、どちらが大きいかは、企業の経営環境や戦略に依存するためである。

310

3 なぜ、3Q6Sが財務業績にインパクトをもたらすのか

整理整頓や清掃の良し悪しを点数化する

永守氏がKプロやMプロのようなコスト削減と並んで重視する活動に、すでに紹介した3Q6Sがある。日本電産では、この3Q6Sによる業務監査が各現場で実施され、その結果が図表12－1のように点数化される。

日本電産でこれほどまでに3Q6Sが重視される背景には、永守氏の過去の経験がある。同氏は創業以来、さまざまな会社や工場を視察し、整理整頓ができているところほど儲かっていることに気づいた。また、自社の工場や買収した企業において、6Sに対する評価と月次決算の業績が連動していることも明らかになった（『日本電産　永守イズムの挑戦』259頁）。

より具体的には、業務監査の点数が「60点ならば事業は黒字、80点つけば最高益になる」と永守氏は語る（同書、119頁）。また、2003年に日本電産の傘下に入り、全社的に3Q6S活動を行った三協精機製作所（現・日本電産サンキョー）では、業務監査の点数が上がるにつれて、四半期の営業利益が急回復したという（同書、125－126頁）。

図表12－1からわかるように、日本電産の業務監査では、6Sの配点が50点であるのに対して、経営5大項目プラス2（以下、経営項目と呼ぶ）の配点は10点に過ぎない。本来は、経営項目にあるような財務業績の方が、経済組織体としての企業にとっては大切なはずである。にもかかわらず、なぜ経営項目の配点は低く、6Sの配点は高く設定されているのだろうか。

311　第12章　多様な影響システム――管理会計を超えて

図表12−1 日本電産における業務監査の項目と配点（100点満点）

3Q	良い社員 良い会社 良い製品	利益貢献につながる人物 経営トップの理念や経営方針が文章化されている 品質保証体制ができている	30点
6S	整理 整頓 清潔 清掃 作法 躾	いつもきっちり片づけられた職場 いつもすべてのものが使いやすい職場 身だしなみのさっぱりとした社員 いつも汚れのないすがすがしい職場 正しい行動ができる社員 決められた通り正しく実行できるように習慣づけられる社員	50点
活動状況	3Q6S活動の事業所や社内への浸透度や定着性、活動の計画性や前進性、安全性		10点
経営5大項目プラス2	品質 材料・外注費 在庫 生産性 経費 売掛金 遊休資産	不良品率が100万分の50以下 製品の最終販売価格の50%以下 原材料、仕掛品、製品を含めて0.4ヵ月以下 従業員1人当たりの付加価値が月100万円以上 1人当たり付加価値の25%以下、もしくは売上高1億円当たり500万円以下 45日以内に回収 有効活用もしくは売却	10点

（出所）日本経済新聞社編『日本電産　永守イズムの挑戦』日経ビジネス人文庫、256−264頁に基づいて作成

その理由は、「社員の巻き込まれ度」の違いにありそうだ。整理整頓や清掃は、立場や部署を問わず、多くの人にとって身近に感じられ、やろうと思えばすぐにでも実践できる行為である。その分、現場に浸透しやすく、うまくいったときの達成感も得られやすい。

一方、経営項目に含まれる不良品率や売掛金の回収期間は、生産や営業など一部の社員との関わりは深いが、それ以外の人々にとっては、自分の行動との距離がありすぎる。業務監査でこうした項目の比重が高いと、現場が「自分たちには関係ない」と白けた雰囲気になる恐れがある。

一部の社員にしか関係しない経営項目よりも、社員全員が巻き込まれる6Sの方が、現場に重要性が伝

わったときのインパクトの総量が大きい。そのために、業務監査では後者がより重視されるのであろう。最終的には財務業績が大事だとしても、業績測定においてその配点を高くすればいいというわけでは必ずしもないのである。

6Sが財務業績と連動する理由

ではなぜ、3Q6Sを徹底すると利益が増えるのだろうか。ここでは、業務監査において50点ともっとも配点が高いものの、必ずしも業績との関係が明確ではない6S（整理、整頓、清潔、清掃、作法、躾）について考えてみよう。

まず、整理整頓をきちんとすることで、大きく3つのムダを減らすことができる（『日本電産　永守イズムの挑戦』259頁、『トヨタの片づけ』26－29頁）。

第1に、スペースのムダである。整理整頓がされておらず、どこに何があるかわからないと、まだ倉庫に残っているものを新たに注文してしまったり、多くのものが使われないまま倉庫の奥に放置されてしまったりする。第7章で述べたように、ムダな資産の存在は、管理費用の増加など、総じて業績に負の影響を与える。整理整頓によってムダな資産を減らすことができれば、費用負担が減り、利益は増える。

第2に、時間のムダである。職場が片づけられていないと、必要なものを探すのに時間がかかる。また、よく使うものが遠くに置いてあると、毎回、とりにいくのに時間がかかる。どこに何があるかを明確にし、使いやすい場所に置いておくことによって、労働時間を有効に活用でき、結果として生産性が向上する。

第3に、間違えるムダである。工場が散らかっていると、間違った資材や部品を使ってしまう可能性が高まる。その結果、不良品が発生し、手直しをするのにコストがかかってしまう。オフィスでも、間違った資料に基づいて会議や打ち合わせをすることで、経営上の重大なミスを引き起こすかもしれない。こうしたリスクを減らすためにも、整理整頓は必要である。

このように、整理整頓が業績向上をもたらす論理は、比較的理解しやすい。では、清潔と清掃については、どのようなメリットがあるのだろうか。以下は、三協精機の社員（当時）が清掃について語った言葉である。

「社員が『磨けば短時間に光ってくる』『その効果が目に見えてわかってくる』って言うんです。ある種の達成感というのか。みんなでやれば成果が出る。そういうことを体感させてくれた部分がある」
（『日本電産 永守イズムの挑戦』123頁）

ここから、清掃をきちんとやることで、社員が「やればできる」という自信をもつようになったことがわかる。業績が低迷している会社では、多くの社員の士気が下がっている。そんな中、たとえ本来の仕事でなかったとしても、やればやるほど成果が表れ、しかもその成果がすぐに見える活動は、社員を前向きな気持ちにさせるのであろう。

清掃が与えるポジティブな影響は、みんなで取り組むことによって、より大きくなると考えられる。たとえば、一緒に掃除をすることで職場に一体感が生まれ、社員同士のコミュニケーションが活発になる。その結果、掃除以外の業務でも声をかけ合って仕事をするようになり、問題がスムーズに解決されたり、新しいアイデアが生まれやすくなったりする可能性がある。

さらに、清掃について次のように語る社員もいる。

314

「便器を自分で掃除すれば、その後きれいに使おうと思いますし、人にもきれいに使ってもらいたいと思います。何か壊れているものを見ると、『あ、会社のものが壊れている』という気持ちになります。今までは壊れたら総務に言えばいいとか、自分にはあまり関係ないという世界だったんですけど、意識が変わりました。ものを大切に使おうとかそういう気持ちは自然に芽生えつつあります」（同書、123頁）

ここから清掃には、社員に「ここは自分の会社である」という感覚をもたせる効果があると考えられる。その結果、社員が便器だけでなくすべての会社のものを大切に使うようになり、コストが節約されるのである。

反対に、いったん誰かが汚れを放置すると、みんなも汚し始める。それが続くと、「会社のものだからいいや」「他の人も汚しているからいいや」と思って誰も汚れを気にしなくなる。その結果、規律を守ること自体に対する現場のモチベーションが低下し、清掃だけでなく整理整頓もおろそかになる恐れがある（『トヨタの片づけ』200－201頁）。

このように、清掃という活動は、職場における規律の乱れを抑え、整理整頓を下支えする役割を果たす。こうした抑止効果は、清潔にも当てはまりそうだ。多くの人は、身だしなみを整え、きれいな服装で仕事をしていれば、あまり散らかさないように、汚さないようにしようと心がけるだろう。

清潔と清掃は、現場で働く人々の心理にさまざまなプラスの影響を与えることで、業績向上に貢献するのである。

最後に、作法と躾の効果について考えてみよう。まず挙げられるのは、このような場面ではこのように行動する、といった組織として正しい行動を明確にし、それを社員全員に習慣づけることによっ

315　第12章　多様な影響システム──管理会計を超えて

て、組織内の相互調整が容易になることである。また、同じ行動規範のもとで作業を共有することで、お互いの行動や考え方のクセ、要領の良し悪しなどいろいろなことが見えてくる。その結果、お互いの得手不得手を補完し合いながら仕事を進めることができる。つまり作法と躾は、調整の手間を軽減することによって、社員の生産性を高める効果があると考えられる。

根底にある3つの論理

このように、6Sを徹底的にやることで、経営項目のような財務業績にもインパクトが出てくる。その根底には、3つの論理が存在すると考えられる。

1つめは、「仕事は一人ひとりの努力の集合体」という論理である。みんなが小さなことに気をつければ、1人当たりの成果はたとえわずかでも、積もり積もって組織全体では大きなコストダウンが見込める。さらには、整理や整頓、清掃といった作業に全員で取り組み、一緒に成果を確認することで、職場に一体感が生まれる。その結果、さまざまな仕事がスムーズに進むようになり、生産性が向上する。

2つめの論理は、「一事が万事」という論理である。一事が万事とは、1つの現象がじつは氷山の一角であること、または1つの行動がさまざまな波及効果をもつことを意味する。6Sでいえば、机の上の整理整頓のように簡単なことをできない人が、質の高い仕事をやり遂げるとは想像しがたい。逆にいえば、6Sで学んだことを他の仕事に活かせる可能性がある。たとえば、単純そうに見えて、清掃のやり方を工夫する習慣が、他の仕事をする際の創意工夫のクセにつながるかもしれない。また、6Sは至るところで実践可能であるため、多く

316

の人の感度が上がり、いろいろなことに気づくようになる。それが早めのアクションにつながり、業績向上をもたらす。

3つめの論理は、「目に見えることのダブルインパクト」という論理である。日本電産では、ただ「整理整頓しろ」「掃除をやれ」と言うのではなく、それらの良し悪しを業務監査によって「見える化」(点数化)する。こうした測定の仕組みは、2つのインパクトをもつと考えられる。

1つは、社員の向上心を刺激するというインパクトである。現場で働く多くの人は、前回よりも業務監査の点数が高ければ、やりがいを感じるとともに、次はもっとよくしよう、と思うだろう。反対に、点数が下がった場合には、何がいけなかったのかを反省し、次回は改めようとするだろう。

もう1つは、「他人からの視線」がもたらすインパクトである。業務監査は、原則として全社共通の評価基準で実施される(『日本電産 永守イズムの挑戦』263頁)。したがって、もし自部門の点数が他部門よりも低ければ、もっと点数をよくしたい、負けたくない、と思う人が多いだろう。また、自分のせいで点数が下がると他の人たちに迷惑をかけるから、そうならないよう努力するという人もいるだろう。こうした競争意識や他人に迷惑をかけたくない気持ちが、6Sの改善を促進し、業績向上につながると考えられる。

6Sが定着しない企業も多い

日本電産における6Sのようなルールが「一応ある」「形の上ではある」にもかかわらず、なかなか現場に定着しないという企業も多いと思われる。表面上は似たような活動をしていても、日本電産のように財務業績につながる場合と、そうでない場合があるようだ。その原因の1つは、6Sの徹底

度合いにあると考えられる。ここでいう「徹底」には、2つの意味がある。

第1の徹底は、トップが率先して6Sを実行しているか、という意味での徹底である。整理整頓をきちんとやらないと、部下は「あのルールは守らなくてよいのだ」と感じてしまう（『トヨタの片づけ』222頁）。もしくは、上司が清掃やゴミ捨てをすべて部下に押し付けていると、部下は上司がチェックする部分だけをきれいにしようとする。うわべだけの6Sでは、財務業績にはつながらない。反対に、上司が自分で掃除をしていれば、その本気度が部下にも伝わり、「汚すと叱られそうだ」「自分もやらないわけにはいかないな」と思うはずである。

たとえば、ある企業では社長が毎朝、床の拭き掃除とトイレ掃除をやるようにした。その結果、社長が口うるさく言ったわけでもないのに、社員がオフィスをきれいに使うようになったという。また別の企業では、社長自ら掃除をしている間は工場の生産効率が高かったが、社長自ら掃除をやらなくなった途端に、効率が下がったという。トップの姿勢は、これほどまでに現場に大きく波及するものなのである。

第2の徹底は、活動の成果を「見える化」する、という意味での徹底である。日本電産のように、6Sを点数化するというのが1つの方法であろう。

6Sの多くは、やった分だけ成果が出るし、成果も目に見えやすい。しかし、ただ「きれいになった」とだけ伝えるよりも、改善度合いを点数で表す方が、現場には強く響くと考えられる。反対に、成果測定の仕組みがまったくないと、単なるスローガンで終わってしまう恐れがある。

「見える化」の方法は、点数化だけではない。ある企業では、役員も参加する5Sの発表会が定期的

318

に開催されている。毎回、優れた提案をした社員は表彰され、みんなの前で賞金を渡されるそうだ。多くの人は、褒められるとうれしいし、次はもっと頑張ろうという気になるだろう。このように、周囲からの拍手による「見える化」という方法も存在する。

4 影響システムは、身の回りにあふれている

「細かい管理」がイノベーションを促進する？

1円稟議も3Q6Sも、いわゆる「管理会計システム」ではないが、日本電産ではさまざまな波及効果をもたらしている。こうして見ると、読者の身の回りの多くの仕組みやルールが、設計者が意図しているかどうかは別として、影響システムとして機能していることに気がつくだろう。事実、経営の現場は、影響システムであふれているのである。

ただし、身の回りの影響システムが「うまく」機能しているか、と聞かれたら、必ずしも機能しているとは言えないケースも多そうだ。そうなってしまうそもそもの原因は、影響システムという視点でさまざまな経営の仕組みを考えないからであろう。

しかも、うまく機能する影響システムの中には、一見すると信じられないようなものも含まれている。しかし、それでもよくよく考えれば、経営にとって意義のあるものなのかもしれないのである。本節では、日本電産以外の例をいくつか紹介することで、いかに経営の現場が影響システムであふれているかを読者に実感してもらおう。

最初は、細かい管理の例である。ある企業の研究所では、ムダな仕事と残業時間を減らすために、

319　第12章　多様な影響システム——管理会計を超えて

部下がその日のすべての活動を分刻みで記録し、上司にレポートを提出する仕組みが作られた。そのうえで、残業が必要な場合には、その合理的な理由を提示しなければならなくなった。

一見すると、研究開発部門でこのような細かい管理をしたら、創造的な仕事がやりにくくなり、イノベーションが阻害されてしまうのではないかと懸念される。ところが実際には、この研究所はその企業の他の研究所よりも大きな研究成果をあげているという。なぜ、細かい管理を行うことで、研究所のアウトプットがよくなるのだろうか。

その背後には、多種多様な論理が考えられる。たとえば上司は、毎日の活動報告を通じて、部下の仕事ぶりを詳しく知るようになる。そのため、部下が困っているときには、より的確なアドバイスを与えることができるだろう。こうして研究所内のコミュニケーションが活発になることで、イノベーションが生まれやすくなる。

一方の部下は、後で分刻みのレポートを書かされることを見越して、事前に計画を立てるようになる。業務が終わった後では、その日に何をしたかを細かく思い出すのはむつかしいからだ。活動計画を立てるプロセスで、別々にやろうと思っていた実験はじつは一緒にやった方がよいなど、段取りのムダに気づくかもしれない。結果として、研究活動全体の効率が上がり、成果が出やすくなる。

また、残業には合理的な理由が必要なため、部下は目的意識をもって仕事をするようになる。残業の理由を説明する必要がなければ、「とりあえずやってみよう」くらいの気持ちで実験をするかもしれない。しかし、残業の管理が厳しくなると、なぜその実験をやるのか、どのような結果が予想されるのか、といったことまで考える必要が出てくる。事前に仮説を立てることで、実験を行うことの意義は大きくなるだろう。

320

上司が「計画性をもて」「仮説を立てろ」と言うだけでは、部下の行動は変わらない可能性がある。しかし、分刻みの活動報告という仕組みを作ることで、部下が望ましい行動をとってくれるようになる。そうした行動変容の背後にある論理はすべて、影響システムとしての機能の例なのである。

ルールがもたらす多面的影響

経営の現場にあふれている影響システムの典型例が、管理のためのさまざまなルール、一見すると細かなルールである。たとえば、顧客からの特殊な注文に対して「ノー（NO）」と言ってはいけない、というルールをもつ企業がある。

これは、現場の勝手な判断でビジネスチャンスを逃がすことを防ぐためのルールだと考えられる。顧客が標準品を大きく上回るスペックの特注品を欲しがっている場合、忙しい現場の担当者は、つい「無理です」と断ってしまうかもしれない。

それを禁止することで、現場は顧客のため懸命に努力するようになるだろう。断ってしまえばそれで終わりであるが、断れないとなれば、なんとかして顧客のニーズに応えなくてはならない。そのために仕事のやり方を工夫したり、「こういう条件なら可能です」といった代替案を出したりするはずである。

こうした現場の姿勢は、さらに顧客にも影響を与える可能性がある。「あの企業に頼めば断られない」と知った顧客は、困ったことがあればその企業に相談するようになるだろう。これは、相談を受ける側の企業からすれば、顧客自ら市場に関する情報をもってきてくれることを意味する。こうしたやり取りが頻繁に起これば、顧客ニーズの学習が進み、イノベーションが活性化するだろう。

第12章　多様な影響システム――管理会計を超えて

このように、1つのルールが、現場の行動だけでなく、顧客の行動にまで影響を与えることがある。影響システムを設計する際には、その影響がどこまで波及するかを深く考えなければならない。あれも、そもそもは過剰在庫を防ぐための資材購入のルールであるが、生産性向上のための取り組みを促進するなど、多種多様な波及効果を現場の行動にもたらすと考えられる。

第7章で紹介した、京セラの「当座買い」を思い出してほしい。あれも、そもそもは過剰在庫を防ぐための資材購入のルールであるが、生産性向上のための取り組みを促進するなど、多種多様な波及効果を現場の行動にもたらすと考えられる。

こうして、さまざまなタイプのルールは、そのルールが定めた直接的な行動の規律づけだけでなく、多面的な影響をもつのがふつうである。優れた経営者は、そうした多面的な影響が現場で生まれることを想像したうえで、ときに不合理な、理不尽とさえ思えるルールをあえて現場に課すのである。

「分刻みの活動報告を提出しろ」「顧客からの特注を断るな」「当座買いをせよ」。ここに挙げたすべての例は、一見すると不合理だが、しかし多面的な影響がそこから生まれうるような例であった。意識されることは少ないかもしれないが、その多面的影響こそが、じつは影響システムの真骨頂なのである。

ここで気をつけなければいけないのは、ルールがもたらす多面的影響には賞味期限があることが多いにもかかわらず、その期限を過ぎた後もルールが残り、新しいルールの下に堆積していくことである。それは結果として、不必要に現場の行動を縛ってしまう。

とくに、品質保証に関するルールでその傾向が強い。一度作られたルールは、当初の目的が達成された後でも、撤廃されずに残ることが多い。ルールをなくしたせいで問題が起こった場合の責任を、誰も負いたくないからである。

そうしたルールが積み上がっていくと、いずれ現場ががんじがらめになってしまい、かえって歪み

322

が生じる。現場に望ましい行動をとってもらうために、影響システムとしての機能を狙って新しいルールを作ることは大切である。しかしそれと同時に、撤廃すべきルールがないかどうかもチェックする必要があるだろう。

「暖かい背中」も必要

現場の行動を先読みして、何かをやらせようとする。それが、影響システム作りの要諦である。日本電産の永守氏による経営再建の本質の1つは、1円稟議や3Q6Sといった「現場の1人ひとり」への緻密な影響システムを導入し、多くの社員を巻き込んで徹底的に運用することにある。

経営の現場には、管理会計システム以外にもたくさんの影響システムが存在する。日本電産の事例は、それらをうまく機能させることで、大きな経営成果につながることを示唆している。

そうした成果を生むためにはまず、経営者が影響システムの多様性と重要性を理解し、それらを実際に経営の仕組みとして設計しなければならない。そのうえで、仕組みの運用の旗振り役として自ら実践しなくてはならない。

この本では京セラと日本電産の事例を中心に紹介してきたが、両社とも経営者が管理システムの重要性を強く意識し、綿密な仕組みを作りあげた企業である。

じつは、京セラが業績指標に用いている「時間当たり」（1時間当たり付加価値）と日本電産の3Q6Sは、まったく異なるように見えるものの、「現場の努力がきちんと反映され（つまり現場の管理可能性が高く）、なおかつ横並び比較が可能な指標」という大きな共通点をもっている。

そのメリットについては第8章で述べたため割愛するが、管理可能性と比較可能性は、管理会計シ

ステムに限らず、多くの管理システムの評価指標が備えるべき望ましい特性だと考えられる。影響システムとしての機能を重視して管理システムを設計する際には、これらの特性を意識することで、現場からより多くの機能を引き出すことができるだろう。

しかし、測定やチェックを厳しくやりすぎると、多くの人は「自分は信用されていない」と感じる。その結果、上司と部下の信頼関係が崩れてしまうだけでなく、部下同士でアラ探しが始まり、ヨコの信頼関係も希薄になる恐れがある。

第8章で述べたように、京セラの稲盛氏は、こうした悪影響を回避するため、経営理念の浸透や社内コミュニケーションを非常に重視している。

日本電産の永守氏も、厳しい経営再建を実施する一方、社員の感情的共感を大切にしている。たとえば日本電産が三協精機を買収した際、会社の業績低迷から「風前の灯」と言われていた三協精機のスケート部を、買収後も存続することに決めた。

永守氏はその理由について、「人の心をひとつにするには、何か象徴的で具体的なものが必要なんやな」と語っている（『日本電産 永守イズムの挑戦』152頁）。また、2007年に買収した日本サーボ（現・日本電産サーボ）では、社員を元気にするために制服を新調し、独身寮を建て替えた（『日経産業新聞』2008年5月26日付）。

たしかに、影響システムをうまく機能させるためには、その設計と運用の段階で、高い現場想像力と強引ともとれる実行力が必要だろう。しかし、それだけでは人心がすさむ危険がある。人間は感情の動物でもある。だから、勘定だけを見ていてはだめで、感情についても何らかの配慮をすべきであ

324

ろう。

その姿勢を社員にきちんと見せるためにも、経営者やリーダーには「暖かい背中」も必要である。それによって、厳しい規律づけとのバランスをとるのである。あまり規律づけをやりすぎると現場が息苦しくなるため、感情的共感を醸成するような仕組みが片方で必要になる、といってもいい。

これも第8章で述べたことだが、経営においては、アクセルとブレーキを同時に踏むことが大切なのである。

第 13 章 なぜ人は測定されると行動を変えるのか

1 測っただけで、人は行動を変える

電光掲示板のインパクト

 人は、自分たちの成果を測定されるだけで行動を変えることがある。あるいは、測定結果の公開方法を工夫するだけで、測定している内容自体は変わらないのに、人の行動が変わることがある。
 あるメーカーの工場で、生産ライン全体の稼働率を電光掲示板に表示することにした。外部からの見学者が多い工場で、見学者から見える位置に電光掲示板を設置したのである。もちろん、工場で働

326

くオペレーターの人たちからも、その電光掲示板は見えている。

この工場の生産ラインには、オペレーターごとの持ち場があり、どこが故障してもライン全体の稼働率に影響してしまう。オペレーターは皆、自分の持ち場を守ることに注力しているが、いろいろな事情でラインの稼働率が低下することがある。しかし、持ち場によって担当する機械や必要な技能が異なることから、それぞれのオペレーターが別の持ち場を応援することはできなかった。

その工場のあるマネジャーは、機械や技能に関する社内教育を進めながら、オペレーター全員に分かるよう、稼働率計を各所に設置して協働行動を促した。しかし、なかなかうまくいかなかった。そこで、どうしたらオペレーターの行動を変えることができるかと考えた結果、前述のように工場見学者から見える位置に電光掲示板を設置して、稼働率を表示することにしたのである。

すると、オペレーターの行動が変わり始めた。頻繁にミーティングを行うようになり、ライン全体の稼働率向上に向けて協力するようになった。おそらく、見学者という外部の人に測定結果が公開されるようになったことが原因だろう。工場には、一般消費者（顧客）だけでなく、社員の家族や友人も見学に来る。お客様の信頼を裏切りたくない、家族や友人からよく見られたいという欲求が、オペレーターの行動を変えたのだろう。

電光掲示板を設置したマネジャー自身が、この変化には驚いたという。試しにやってみただけだったが、測定結果を誰とどこまで共有するかでこんなに行動が変わるものかと驚いた、というのである。ただ、公開方法を稼働率の高低によって、オペレーターの評価やボーナスが変わるわけではない。低い稼働率という「まずい数字」を見られる工夫しただけである。事情を知らない外部の見学者に、低い稼働率という「まずい数字」を見てということに、現場の人たちが強く反応したのである。オペレーター同士だけで稼働率の数字を見て

いても、こうはいかなかった。「いろいろ事情があるから、稼働率が多少低くても仕方ないじゃないか」という甘い認識が共有されて終わりであろう。

しかし、外部の人に見られるとなると、いちいち言い訳はできない。外部の目は素直に厳しく、それに現場が反応したのである。誰も外部の人に面と向かって批判されるわけではないにもかかわらず、行動が変わったのである。

これは、本章で取り上げる問題の象徴的な例である。会計測定に限らず、成果の測定は、人の行動を変えることがしばしばある。あるいは、測定結果を誰が見るかによって、行動が変わることがある、といういい例である。

測定結果の使い方は、いろいろある

前項で紹介した工場の生産ラインの事例では、稼働率という測定結果自体は以前から存在していた。稼働率をよくするために、現場の協力を促す指導も以前から行われていた。それでもなかなか現場の行動は変わらなかったのに、測定結果の公開方法を変えただけで、現場が望ましい行動をとるようになったのである。

一般に、測定結果の使い方については、評価対象とするかしないか、公開するかしないか、という2つの観点から、次の4つのパターンがありうる。

(1) 測定結果を評価対象とし、公開もする
(2) 測定結果を評価対象とするが、公開はしない

328

(3) 測定結果を評価対象とせず、公開もしない
(4) 測定結果を評価対象としないが、公開はする

　いずれのパターンでも、部下（評価される人）が行動を変えるのは上司（評価する人）による自分の評価を気にするからだ、というふつうの論理が成り立っている。

　しかし、第3と第4のパターンのように、測定結果が評価対象にならない場合でも、人の行動が変わることがある。前項で紹介した工場の事例は、第3のパターンの一例といえる。あの工場では、測定結果を公開すること自体よりも、測定結果を外部者からも見えるようにする、という公開方法の工夫が、現場の行動変容をもたらしたのである。

　第4のパターンでは、どこにも他人の目がないように思われるが、それでも部下は行動を変える可能性がある。典型例としては、上司が現場について何かを知りたくて、情報システムの観点から測定を行うケースである。ある製品の生産を続けるべきかどうかの判断材料として、製品別利益を報告させる、といった例を思い浮かべればよい。

　上司がその製品別利益を関連部署の業績評価に使うつもりがないとしても、そして業績評価には使わないとあらかじめ宣言したとしても、測定される側の現場は反応してしまうことがありそうだ。たとえば、少しでも利益を大きくするために改善努力を追加的に投入したり、ひどいときには費用を先送りしたりするかもしれない。追加的改善努力は望ましい影響かもしれないが、費用の先送りなどとは明らかに歪んだ反応である。

評価対象にしなくても、測定は人の行動を変える

第3と第4のパターンが行動変容を引き起こすケースは、読者の身の回りにも案外多いのではないだろうか。明示的な評価対象にしなくても、測定は人の行動を変えることがかなりあるのである。1つひとつの行動変容は小さいものに見えるかもしれないが、その積み重なりが案外恐ろしい。

たとえば、第3のパターン（評価対象としないが、公開はする）の一例として、交際費使用額を公開したケースを紹介しよう。ある企業の管理部門が、営業担当者の交際費使用額ランキングを「参考情報として」マネジャーたちに配った。もちろん、マネジャーが使った交際費も測定対象である。

そのランキングを見たマネジャーの1人が、先輩に相談したという。「私の順位は上の方なのですが、来月は大切なお客様と会う予定があるのに困りました。交際費は使わない方がいいでしょうか」。相談する方も大切だが、ランキングを配った管理部門の人々は、果たしてそこまでの影響を想定していただろうか。おそらく、交際費の無駄遣いに対する軽い牽制のために配っただけであろう。

また別の企業では、成績のいい営業担当者の行動調査を実施し、顧客訪問件数と営業成績が密接に関連しているという分析結果を得た。その際、調査に必要なデータを収集するために、すべての営業担当者に顧客訪問件数を自己申告させ、ランキングを作っていた。しかし、そのランキングに基づく評価や表彰などは一切行っていなかった。

あるきっかけから、この企業ではランキングを個人名とともに公表することになった。おそらくは、優秀な営業担当者を褒めてあげたいという意図があったのだろう。しかし、ランキングを公表した途端、多くの営業担当者の注意が顧客訪問件数ばかりに注がれるようになった。それによって実際に顧客のもとを訪れる件数も増えただろうが、自己申告で水増ししただけの人もいたかもしれない。いず

330

れにしても、営業担当者の行動に関する項目の中で、顧客訪問件数だけが過度に注目されてしまったのである。明らかな行動変容である。これも、「評価対象としないが、公開はする」という第3のパターンの例である。

それに対して、前章で紹介した、研究員に分刻みの活動報告をさせる研究所の例は、第4のパターン（評価対象とせず、公開もしない）に当てはまる。この活動報告レポートは、上司に提出されるだけで、評価対象になっているわけではないし、公開もされない。しかし、研究員たちの行動が変わった。分刻みでの自分の行動を自分で測定し、それを報告するという行為が、研究開発活動にさまざまな影響をもたらしたようである。

一体なぜ、評価対象にならなくても、測定結果の公開や報告があると人は行動を変えるのだろうか。

もちろん、測定に鈍感な人もいるだろう。しかし、多くの真面目な人たちは、測られるだけで自分の行動を変えることがしばしばである。そのうえ、測定結果が公開されると、人はさらに大きく反応する。だから、上司のための情報システムのつもりで実施した測定が、部下への影響システムとして機能し、現場の行動がときとして歪んでしまうのである。

これまでに取り上げてきた事例において、測定がもたらす行動変容がどの程度、測定システム設計者によって事前に意図されたものであったのかは、よくわからない。もちろん、意図したように望ましい行動変容が起きた例もあっただろうが、しばしば行動変容は、「意図せざる悪影響」として起きてしまうようだ。

本章では、測定から行動変容までの基本論理を踏まえて、これまでも繰り返し影響システムの大切さを強調し、測定が「意図せざる悪影響」を生まないようにするにはどうしたらいいかを考えていく。

この章では、そもそもなぜある仕組みが影響システムとして機能するのか（人の行動を変えてきたが、えるのか）、その本質を論じてみたい。

2　誰の目を「気にする」のか

上司の目、周囲の目、内なる目

前節で整理した測定結果の使い方のパターンのうち、測定結果が評価対象となる第1と第2のパターンで行動変容が起きるのは、測定対象者である部下が「上司（評価者）の目」を気にしているからであろう。上司の目から見てよい評価が得られるように、と意図して行動を変えるのである。

では、測定結果が評価に直結しない第3と第4のパターンはどうか。これらのパターンでも、測定対象者が気にする「目」があると思われる。すなわち、第3のパターン（評価対象とせず、公開はする）では「周囲の目」を気にしており、第4のパターン（評価対象とせず、公開もしない）では自分自身の「内なる目」を気にしていると考えられるのである。順に説明していこう。

まず、第3のパターンの場合、測定結果が公開されることで、周囲の人々が自分（測定対象者）の行動の成果を知ることになる。その周囲の目を気にして、測定対象者は行動を変える。そこには、2つのメカニズムがありそうだ。

1つは、周囲からの拍手がほしいという心理である。人間は社会的動物であり、周りにいる人たちに自分がどう思われているかを気にする。だからこそ、周囲からの拍手という社会的評価（上司が与える管理的評価とは異なる）がほしくて行動を変える、あるいは、周囲から拍手されるとうれしくて

よりいっそう努力をする、ということが起こる。

もう1つのメカニズムは、他者との比較がもたらす競争心である。自分の測定結果が公開される場合、周りにいる人たちの測定結果も公開されることが多いだろう。そうすると、自分の結果と他人の結果を比較するようになる。前節で取り上げた交際費使用額ランキングの公開などは、そのいい例である。他者との比較を通じて、他の人に負けたくない、あるいはみっともない状況にはなりたくない、という競争心が生まれるのは、ごく自然な現象である。

測定結果が評価対象ではなく、公開もされない第4のパターンにおいても、測定対象者が気にする目がありうる。それは自分自身の目、すなわち「内なる目」である。

自分が目標としている水準と比較して、あるいは自分の過去の水準と比較して、それを上回る成果をあげたいと思う人は多いだろう。人間がもつ達成欲求や成長欲求のなせる業である。ジョギングを毎朝やっている人が、昨日のタイムを少しでも下回るタイムにしたいとつい思う、あるいは少なくとも昨日より悪くならないようについ最後に努力する。それと同じようなメカニズムが、経営行動の成果測定においても働く可能性は十分にある。

この内なる目は、測定対象者が測定結果を内省的に気にするというものなので、上司による評価の対象になるかどうか、周囲に公開されるかどうか、といった測定結果の使い方とは関係なく存在する。

以上の議論に基づいてパターンごとの「気になる目」をまとめると、図表13-1のようになる。

測定から行動変容までの基本論理

前項で説明したように、測定が人の行動を変える基本論理は、「気になる目」という概念によって

図表13-1 測定結果の使い方と「気になる目」

パターン	測定結果の使い方	「気になる目」
(1)	評価対象とし、公開もする	上司の目、周囲の目、内なる目
(2)	評価対象とするが、公開はしない	上司の目、内なる目
(3)	評価対象としないが、公開はする	周囲の目、内なる目
(4)	評価対象とせず、公開もしない	内なる目

かなりシンプルに整理できそうである。その論理の全体像は、次の通りである。

> 測定結果を見る目が気になる　→　よく見せたい　→　行動を変える

気になる目には、上司の目、周囲の目、内なる目、という3種類が存在するが、いずれの目についても、その目に自分の測定結果をよく見せたいと思うからこそ、人は行動を変えるのである。そして、測定が行動に与える影響の大きさは、気になる目がどのような形で存在するかによって異なるだろう。

具体的には、次の3つの要因が影響の大きさを左右すると考えられる。

第1の要因は、気になる目の数である。気になる目の数が多いほど、行動に与える影響は大きいと考えられる。その点からいえば、第1のパターン（評価対象とし、公開もする）は、図表13-1が示すように3種類の気になる目が勢揃いなので、影響がもっとも大きいだろう。逆に考えると、もっとも影響が小さいのは第4のパターン（評価対象とせず、公開もしない）だと考えられる。気になる目が、内なる目の1つだけだからである。

影響の大きさを左右する第2の要因は、測定結果を評価対象とする場合の評価の厳しさ、あるいは同じことを別な角度から表現すれば、評価結果がもたらすインセンティブの大きさである。評価が厳しく、評価結果がもたらす

334

インセンティブが大きいほど、測定が行動に与える影響は大きくなるだろう。影響の大きさを左右する第3の要因は、測定結果を公開する場合の、公開の仕方である。第1節で紹介した、電光掲示板の設置が引き起こした行動変容の大きさを思い出してほしい。単に測定結果を公開するかしないかだけでなく、誰に公開するか、どんな方法で公開するか、といった一見すると細かな違いも、行動に与える影響の大きさを左右することがあるのである。

さらに思い出されるのが、EVAに基づいてボーナスだけでなく会議での役員の席順も決めていた、というソニーの事例（第7章）である。このケースは「評価対象とし、公開もする」という第1のパターン、すなわち気になる目がもっとも多いパターンで、しかも公開の仕方が強烈である。会議の席順という公開の仕方は、社内ではかなりのインパクトをもっていたことだろう。だからこそ、測定が行動に与えた影響の度合いは、歪みを生みかねないほどに大きかったと思われる。

「気になる目があるから、行動が変わる」という論理は、気になる目のタイプによって測定のもつ情報システムとしての機能が異なる、という観点からも説明することができる。

たとえば、「上司の目」が気になる目である場合（つまり評価が行われる場合）、測定は「上司が部下を評価するための情報システム」として機能する。測定対象者である部下は、その測定結果を上司がどう評価するかを想像して、行動を変える。つまり、情報システムの存在を起点として、行動変容が生まれているのである。

一方、「周囲の目」が気になる目である場合、測定は「測定対象者が各自の社会的位置を知るための情報システム」として機能する。測定結果が公表されると、測定対象者は自分が集団の中でどの辺りに位置するのか、ランキングの上位なのか下位なのか、という「社会的位置」を知ることができる。

その共有情報に反応して、行動変容が起きる。

最後に、「内なる目」が気になる目である場合、測定は「測定対象者自身が目標達成度を知るための情報システム」として機能する。測定が目標と実績の間の距離に関する情報を提供してくれるからこそ、測定対象者の達成欲求が刺激される。

つまり、「内なる目」を気にして行動を変える人は、測定を自分自身にとっての情報システムとして利用しているのである。だから、測定結果が届けば、その情報に反応して行動を変える。

このように、「気になる目」が変われば、中心的に機能する情報システムも変わる。そうしたさまざまな情報システムがあるがゆえに、それが同時に影響システムとしてさまざまに機能し、その影響の結果として多種多様な行動変容が起きる。この本で一貫して強調してきたように、多くの情報システムは同時に影響システムとしても機能してしまう。そうした管理システムの二面性は、ここでも重要な役割を果たしているのである。

「周囲の目」がもつ強大なインパクト

3つの「気になる目」の中でも、人が働くのが組織であり、そこには権限関係や人事考課の仕組みがある以上、上司の目の重要性については論を俟たない。しかし、この章でわれわれが強調したいのは、周囲の目と内なる目の大切さである。とりわけ周囲の目は、測定から行動変容までの基本論理で果たす役割の大きさを考えると、もっと注目されるべきであろう。

評価を伴わない測定が、人の行動を変える。これは、社会的動物としての人間の性のなせる業だろう。周囲との社会的位置関係の中で、多くの人は生きているのである。だから、社会的位置関係につ

いての情報をもたらす「測定結果の公開」が、大きなインパクトをもつのである。

したがって、図表13－1に示した4つのパターンのうち、第2のパターン（評価対象とするが、公開はしない）と第3のパターン（評価対象としないが、公開はする）ではどちらが行動に与える影響が大きいかというのは、じつは微妙な問題かもしれない。

これら2つのパターンの違いは、第2のパターンでは上司の目が、それぞれ気になる目として登場していることである。たしかに上司の目を気にする人は多いだろうが、周囲の目の方がより気になるという状況も十分ありそうだ。たとえば、上司による評価は行われるが、それがあまり厳しくない場合である。

周囲の目がそこまで強力なインパクトをもつのは、それが潜在的な（上司以外による）評価の目としてしばしば機能するからだとも考えられる。ここでいう「潜在的な評価」には、2つの意味がありそうだ。1つは、すでに説明してきたように、周囲の目が「社会的評価」を下すということである。

もう1つの意味は、自分の行動の成果が周囲の目に晒され、そこで定まる社会的位置関係が、いつか上司からの評価につながるかもしれない、という可能性を秘めていることである。自分の周りで働く人たちの意見は、何かの拍子に上司の耳に入るかもしれない。さらには、周囲の人間の中から、いずれ自分の上司として評価する立場になる人が出てくることもあるだろう。今は「周囲の目」であるものが、いつ「上司の目」に転化するか、わからないのである。

こうして、「周囲の目は上司の目に転化しうる」ということと、「人間は社会的動物である」ということが、周囲の目がもつインパクトを強大にしている。

それに加えて、測定に自己申告の要素が入る際には、周囲の目はよりいっそう重要となる。

337　第13章　なぜ人は測定されると行動を変えるのか

人間の行動の成果測定は、客観的に他者が行うものばかりではない。第1節で紹介した営業担当者の顧客訪問件数のように、自己申告という形で測定が行われることもしばしばある。目標管理制度で用いられる目標達成度の資料も、自己申告に基づいていることが多いだろう。もちろん、自己申告以外のやり方で必要なデータを集めることも不可能ではないかもしれない。しかし、それだと測定コストが膨大になってしまうために、こうした自己申告に頼らざるを得ないというのが実情であろう。

読者もご承知の通り、自己申告には申告者（測定対象者）のバイアスが入りやすい。自分で自分の行動の成果を報告するのだから、ついつい自分に有利な方へとデータが振れてしまうのである。

だが、自己申告の結果が後で公表される仕組みがあれば、この問題はある程度抑えられるだろう。なぜなら、上司の目はごまかせても、ふだん一緒に働いている同僚の目をごまかすことはむつかしいからである。だから、バイアスの少ない自己申告を多くの人がせざるを得なくなる。つまり、周囲の目には、自己申告による測定値の信頼性を担保するという貢献もありうるのである。

周囲の目は、「なれ合いの目」？

しかし、周囲の目は諸刃の剣でもある。周囲の目があるがゆえに競争心が生まれていっそう努力するというメリットをすでに指摘したが、周囲と測定結果を共有することで、かえって「低パフォーマンスへのサヤ寄せ」が発生してしまう危険もある。

たとえば、部門ごとの間接費のデータを社内で共有したとしよう。公開した側の意図としては、他部門よりも間接費を少なくするような努力を各部門に始めてほしいということだったかもしれない。

しかし、これまであまり間接費を使ってこなかった部門で働く人々は、データを見て自分たちよりもたくさん間接費を使っている部門があることを知る。そうした間接費の使いすぎが咎められずに放置されると、「あのくらいまでなら間接費を使ってもいいんだ」という誤った理解が組織内に生まれる危険がある。その結果、間接費の無駄遣いが増え、パフォーマンスが低下してしまう。

暗黙のうちに許容範囲が甘くなるという現象は、業績の芳しくない事業部が多い企業でも起こりそうだ。「みんな利益を出していないのだから、自分たちの事業部の利益が少なくても目立たないし許される」という感覚が生まれてしまうのである。つまりは、周囲の目が「なれ合いの目」に退化してしまうのである。

周囲の目がもたらす競争心というメリットは、社内に上昇志向スパイラルを生むというメリットである。しかし、パフォーマンスの低い部門が放置されると、周囲の目があるがゆえに下方志向スパイラルが生まれる危険がある。周囲の目によってスパイラルが起きる点は共通しているが、それが社員のモラルを高めるか低めるかは、パフォーマンスの低い部門をどう扱うかにかかっていると考えられる。

「なれ合いの目」の兆候がある場合、測定するだけでは問題は解決せず、測定結果に基づく何らかの評価をしないとまずいだろう。常に評価をし続ける必要はないかもしれない。しかし、時々きちんとした評価を入れる、という歯止めがないと、下方志向スパイラルに陥りやすくなってしまう。

第13章　なぜ人は測定されると行動を変えるのか

3 測定の落とし穴

二次効果が「意図せざる悪影響」をもたらす

前節で説明した測定から行動変容までの基本論理は、「気になる目」からよく見えるように行動を変える、というシンプルなものだった。しかし、そのシンプルな論理の具体的な表れ方はときとして複雑であり、しばしば測定が「意図せざる悪影響」をもたらすこともある。前節の最後に解説した、周囲の目がなれ合いの目に退化してしまうケースなどは、その典型例であろう。本節では、意図せざる悪影響をはじめとする、「測定の落とし穴」について詳しく論じることにしよう。

測定システム設計者が落とし穴に落ちてしまう大きな理由の1つは、測定がもたらす効果を一次効果と二次効果に分けた場合、後者の二次効果を予測することがむつかしいからである。設計者の想像力不足で二次効果まで考えられない場合もあるだろうし、状況が複雑で二次効果までとても事前にはわからないということもあるかもしれない。

測定の一次効果と二次効果は、3つの視点で考えるのがいいだろう。

第1の視点は、短期/長期という時間的視点である。測定がもたらす短期的効果が一次効果、長期的効果が二次効果である。多くの人は、短期的効果は読めるが、長期的効果は読めない、あるいは読みづらい。

第2の視点は、直接/間接という、測定される指標とそれによって影響を受ける対象との距離の視点である。ここでも、すぐ近くへの直接効果という一次効果は読みやすいが、離れたところへの間接

効果という二次効果は読みづらい。

第3の視点は、部分／全体という、測定が及ぼす影響の範囲の広さの視点である。測定がスポットライトを当てている部分への一次効果は読みやすいが、その測定が全体に及ぼす二次効果は読みづらい。

以上の3つの視点の適用例として、コストダウンのために工場で材料費と労務費（人件費）を厳しくチェックした場合の、一次効果と二次効果を考えてみよう。

短期／長期という時間的視点でいえば、短期的にはコストダウンに成功するだろう。その結果、労務費を削減するために、現場は材料の加工を外注しようとするかもしれない。しかし、長期的視点で見ると、外注のやりすぎは技術の空洞化を招き、将来の競争力が低下する危険がある。

直接／間接という視点でいえば、材料費を安くあげるために、現場（調達部門）は仕入れる部品を特注品から安価な標準品に切り替えるかもしれない。その結果、直接的な材料費は減らせるだろうが、生産工程で多くの微調整が必要になり、加工の失敗（仕損）も増えるかもしれない。すなわち、間接的に影響を受けた加工部門では、かえってコストが増えてしまう危険があるのである。

部分／全体という視点でいえば、部品点数と労務費の両方を一気に減らすという行動変容がありうる。ただ、部品点数を減らすために、モジュール化という手段がとられてしまうことがある。モジュール全体を1つの部品と数えれば、たしかに部品点数は減る。しかし、全体として見ると、モジュール化によって、設計能力が鍛えられなくなる。あるいは、モジュールと他の部品とのすり合わせに時間と労力がかかり、かえってコストが増えるかもしれない。

このように、ある変数を測定することで、そこに人々の意識が集中し、望ましい一次効果が得られるかもしれない。しかし、二次効果まで考えると、かえってマイナスの影響の方が大きくなってしまう危険がある。これが、測定の第1の落とし穴である。

測定システム設計者の意図と現場で起こる行動変容のすれ違い

測定の第2の落とし穴は、事前に意図した行動を測定が誘導できず、かえって歪んだ行動変容が起きてしまう、という落とし穴である。そうした落とし穴に落ちやすい1つの例が、さまざまな比率指標による測定である。

たとえば、ROE（Return on Equity）という、当期純利益を自己資本（第2章で説明した「資本」とほぼ同じもの）で割って求められる指標がある。これは、株主から調達した資本をいかに効率よく使って利益を生み出しているかを測る指標である。あるいは、企業全体の営業利益や付加価値額を従業員数で割って求められる、1人当たり営業利益や1人当たり付加価値（労働生産性）といった指標もある。

これらの比率指標は、いずれもカネやヒトなどのインプットとそれが生み出す成果のバランスをうまくとるような行動変容を期待して用いられる。しかし、これらの指標を高めるために実際にとられる行動が、測定システム設計者が意図したものにならないことも多い。すなわち、設計者が意図した行動変容と実際に現場で起こる行動変容の間に、すれ違いが生まれるのである。

たとえば、ROEを高めるためには、分子の当期純利益を大きくする、分母の自己資本を小さくする、といった行動をとればよい。ROEを測定する背後には「自己資本とのバランスを意識しながら

利益を増やしてほしい」という意図があるのだろうが、現実には分母の自己資本を小さくすることばかりに意識が集中しやすい。事業活動を通じて当期純利益を大きくするよりも、配当や自社株買いによって自己資本を小さくする方が簡単にできることが多いからである。

実際にROE先進国の米国で起きたのが、そうした「自己資本の縮小によるROE経営」であった。ROEへの関心が高まっている現在の日本でも、同じようなことが起きそうである。しかし、自己資本を減らしてまでROEを高めることが、企業にとって本当に望ましいことなのか。前項の議論でいえば、ROEの上昇という一次効果の先に、どんな二次効果が待っているのか。真剣に考える必要があるだろう。

1人当たりの指標に関しても、似たような問題が起こりうる。1人当たり営業利益を業績指標に用いた結果、事業部が新しいことに取り組まなくなってしまった、という実例がある。新しいことをやるには社員を増やす必要があるが、社員を増やしてもそれが利益に貢献するのは数年先である。つまり、分母の増加と分子の増加の間にタイムラグがあり、将来の成長のために人材を投入すると、当面の1人当たり営業利益は減ってしまうのである。事業部はそれを嫌がり、人を増やさないどころか、むしろ減らすような行動をとり始めた。測定システム設計者が意図した行動変容とは異なる、歪んだ行動変容が起きてしまったのである。

ROEでも1人当たり営業利益でも、比率指標を測定することで現実に起きてしまいがちな行動変容は、ひたすら分母を小さくすることなのである。その原因は、分子と分母では現場が与えることのできるインパクトに時差があることにありそうだ。そして多くの場合、現場の意識は手っ取り早く変えられる方（ここでは分母）に集中する。

しかし、設計者の本来の意図は、自己資本や従業員数とのバランスをとりながら利益を増やしてほしい、というところにあるはずである。どちらかというと、分母に重点が置かれているはずである。ところが現場は、分母を減らすのに奔走する。比率指標には部門間比較が可能になるなど多くのメリットがあるが、時としてこうした「すれ違い」を生んでしまう危険があることも、十分に注意しておくべきであろう。

測定システム設計者の意図と現場で起こる行動変容のすれ違いは、比率指標だけでなく、ほぼすべての測定の宿命である、というべきかもしれない。多くの場合、設計者の意図はピンポイントでも、測定システムは粗すぎるものしか設計できない。だから、設計者の意図と現場の行動変容がすれ違う。設計者は、「測定システムは粗くならざるを得ない」と腹をくくったうえで、測定のメリットを最大限活用し、デメリットを少しでも減らすために、小さな工夫を積み重ねるしかないであろう。

測定の一部に注意が集中する

測定システムが粗すぎると思うと、丁寧な測定にしよう、多面的に細かく測定しよう、と誰しも思うだろう。しかし、設計者は多面的に細かく測定をやっているつもりでも、測定される現場の意識が集中するのは一部だけ、ということがしばしば起きる。その結果、現場が偏った行動をとり始め、パフォーマンスが低下してしまう。これが、測定の第3の落とし穴である。

典型例の1つが、第1節で紹介した顧客訪問件数のランキングである。この企業は、成績のいい営業担当者の行動を顧客訪問件数以外にも多面的に測定しようとしていた。しかし、ひとたび顧客訪問件数のランキングが発表されると、現場の注意がそこに集中してしまった。

344

もう1つの典型例は、前項で紹介した比率指標の測定による「分母への集中」である。比率指標が優れている点の1つは、分母と分子のバランスを測っていることである。ところが、指標自体はバランスを考慮した設計になっていたとしても、その指標が実際に引き起こすのは、「分母を小さくする」という、バランスを欠いた行動であることが多い。

一部の行動への集中というアンバランスが起こってしまう理由は、2つあると考えられる。1つは、一部の行動が「とりやすい行動」「工夫のあまりいらない行動」だから、という理由である。易きに流れるのが、多くの人の常なのである。顧客を訪問するのも、自己資本や従業員数を減らすのも、実行自体はそこまでむつかしくない行動なのである。

一部の行動への集中が起こる第2の理由は、「その一部」に上司の目や周囲の目が集中する、と現場が思ってしまうからであろう。上司に評価されたい、周りからよく思われたいがために、「その一部」の行動が重要であると誤解して、行動のバランスを欠いてしまうのである。

たとえば、顧客訪問件数のケースでは、それだけがランキングとして発表されれば、誰でもそれが評価対象になる（今は評価対象でなくても、いつかなる）と思ってしまうだろう。比率指標のケースでも、「比率を上げるために、今は手段を選ばず行動する必要がある」と上司が一言漏らせば、（比較的容易に変えられる）分母に手をつけることで暗黙のうちに評価されると思うのは、多くの組織人の心理だろう。

しかし、本当に上司がアンバランスな行動を望んでいるかどうかは、必ずしも定かではない。上司の不用意な発言が特定の項目や行動にスポットライトを当ててしまい、現場が「その一部」の改善に向けて全体のバランスも考えず走り出してしまう、などということもしばしばありそうである。

第13章　なぜ人は測定されると行動を変えるのか

いずれの場合でも現場は、「その一部」以外の部分は測定対象としての意味が小さい、と思ってしまう。そして、ほぼすべての測定の常として、「測定されないものは軽んじられる」という原則が働き、「その一部」以外の部分は、現場の注意の外に追いやられてしまうのである。

やっかいなことに、測定システム設計者や上司は、多面的な測定を一応は意図しているのである。それにもかかわらず、特定の部分にだけ不当なスポットライトが当たってしまい、結果としての残りの部分は「測定されないのと同じ」という取り扱いで軽んじられることになるのである。

この落とし穴に落ちないためには、2つの対応策が考えられる。1つは、軽んじられそうな部分を事前に想像して、そこにも測定の網をきちんとかける、という対応策である。しかし、これをやっていくと、測定指標の体系がどんどん複雑になってしまう。

もう1つの対応策は、不当なスポットライトが当たらないように、なぜ多面的な測定が必要なのかを、根気強く説き続けることである。上司が明確な意思をもって多面的に評価しているということを、部下たちにきちんと理解してもらうのである。

過ぎたるは猶（なお）及ばざるが如し

前述のように、ほぼすべての測定には、「測定されないものは軽んじられる」という原則が当てはまる。しかし、この原則を多くの人が信じるがゆえに生まれる落とし穴もある。それは、「測定しすぎる」という第4の落とし穴である。

測定しすぎる、とは具体的にどういうことか。ここでは、次の3つの「やりすぎ」を取り上げる。

346

> (1) 測定指標が多すぎる
> (2) 測定の頻度が多すぎる
> (3) 測定結果の公開方法が露骨すぎる

1つめの「測定指標が多すぎる」とは、測定される指標や項目の数が過剰であることを意味する。事業部の業績測定を例にとっても、利益（率）、売上高成長率、キャッシュフローなどの財務指標に始まって、従業員満足度、顧客満足度、特許取得件数、労働災害件数、社会貢献度などなど、じつに多様な測定指標が考えられる。個々の指標はそれぞれに意味があるものだから、ついつい「さらに詳しく」「あれもこれも」と測定指標の数を増やしたくなる。

2つめの「測定の頻度が多すぎる」とは、測定から測定までの間隔が短すぎるということである。たしかに、頻繁に測定をすることによって、より多くの情報が得られ、問題が起きても早めに手を打つことができるだろう。しかし、測定指標の中には、短い間隔で測定することにそれほど意味がないものもある。たとえば、特許取得数を月ごとに測定したところで、長期的な活動である研究開発の成果に関して、何か情報が得られるだろうか。

3つめの「測定結果の公開方法が露骨すぎる」とは、測定結果を「誰に」「どんな手段で」公表するかについてのやりすぎである。たとえば、事業部利益を役員会議の中だけで共有するのと全社員に向けて公表するのとでは、測定対象者に与えるインパクトが異なる。同様に、測定結果を社内のイントラネットだけでひっそり公表するのと、ランキング上位者のために盛大な表彰式を開くのとでは、

347　第13章　なぜ人は測定されると行動を変えるのか

インパクトは異なる。測定結果に基づいて会議の席順を決めるなど、ランキング下位者にとっては「見せしめ」ともいえるような公開方法もあるだろう。

どのタイプの「やりすぎ」にせよ、一般的にはこの項のタイトルにあるように「過ぎたるは猶及ばざるが如し」といえるであろう。その理由は、測定のやりすぎは測定対象者からの「無視」あるいは「敵視」という反応を呼び起こす危険があり、結果として望ましい行動変容が起こらなくなるからである。

測定のやりすぎが測定対象者からの「無視」を引き起こすというのは、測定結果が膨大な量になりすぎて、現場の人々の認知限界を超え、したがって無視せざるを得なくなってしまう、ということである。だから、測定されても大して行動は変わらない。

会計測定の例ではないが、人事考課の一環として、部下の行動を多面的に評価しようとするケースを考えよう。毎期、数十の項目について上司と相談して目標を定め、期末にその達成度を評価する、という仕組みをもっている企業は多いだろう。聞いた話では、項目数が百を超えている企業もあるという。

しかし、そんなにたくさんの測定指標に等しく気を配りながら自分の行動を決めることなど、ふつうの人間には無理である。だから、仕方なく無視することになる。測定システム設計者は、測定指標が過剰になり現場に無視されないようにするにはどうしたらいいのかを、現場想像力を働かせて真剣に考える必要がある。

測定のやりすぎが度を超すと、測定そのものが「敵視」されることすらある。たとえば、測定があまりにも頻繁で、常に上司への報告を強いられているような状況だと、現場に「そんなに信用されて

348

いないのか」という心理的反発が生まれることも十分ありうる。あるいは、測定結果が社員全員に公開されていると、常に周りから監視されているような気分になる人もいるかもしれない。「信用されていない」「監視されている」と感じている人ばかりの現場が、果たして高いパフォーマンスをあげられるだろうか。

測定指標の数にせよ、測定の頻度にせよ、測定結果の公開方法にせよ、やりすぎにはくれぐれも注意が必要である。しかし一方で、上司としては「情報として知りたい」とついついたくさん測りたくなる。しかし、人間は感情の動物なのである。機械のように、いくらパフォーマンスを測っても反応しない無機質な存在ではないのである。

だから、過ぎたるは猶及ばざるが如し、がキーフレーズとなる。どんなに測定が大切であっても、「測りすぎ」は「測らなすぎ」と同じくらいまずい。

では、測定のトータルバランスの最適点はどこにあるのか。それは簡単に解決できる問題ではないが、しかし、そのトータルバランスを懸命に考えながら、それでも測定を続けるべきであろう。限界のギリギリまで、測定すべきである。

その限界めがけて、限界の前で止まるようにブレーキをかけることを基本発想とするか、それとも限界を超えるまではアクセルを踏むことを基本発想とするか。それは、測定システム設計者の哲学に依存するのであろう。この本で紹介してきたユニークな測定システムの設計者たち（たとえば京セラの稲盛氏、日本電産の永守氏）は、限界を超えるまではアクセルを踏もうという哲学の持ち主に見えるのは、われわれだけだろうか。

349 　第13章　なぜ人は測定されると行動を変えるのか

終章　会計を武器にする経営

1　会計を武器にする経営を

財務会計も管理会計も、ともに重要な会計という分野は、比較的地味な分野である。企業経営の現場でも、縁の下の力持ちという印象を多くの人がもっているだろうし、ビジネススクールの授業科目の中でも、経営戦略やマーケティングなどの華々しい科目とは印象が異なるであろう。しかし、派手ではないが、きわめて重要である。会計を「経営の武器」にしている企業だけが持続的に発展できる、とすらいってもいいだろう。

も悪影響を及ぼすことになる。だから、「財務会計あっての管理会計」といえるのである。

生きた管理会計こそ、経営の武器

前項の議論が示唆するのは、財務会計システムがしっかりしていることが、経営がよくなる前提条件の1つだということである。財務会計のデータをベースにした管理会計システムが、経営システムの要となるからである。

しかし、だからといって財務会計の思考をそのまま管理会計に持ち込めばいい、ということではない。ここが、財務会計を主な職務とする経理部の人々がときに間違う点である。財務会計という外部報告のために要請されているルールや制約を管理会計の世界に持ち込みすぎる、という間違いの危険がある。財務会計のためのルールや制約は、企業内部に向けた管理会計の世界でもすべて望ましい結果を生むとは限らないのである。

すでに前項で述べたように、管理会計では、財務会計のために集められたデータを編集・加工することが多い。その編集・加工を経営管理に役立つように行うのが、「生きた管理会計」である。だがしばしば、財務会計には精通しているが現場経験が少ない人が経理担当者になった場合に、この大切な編集を財務会計のセンスだけでやってしまう。それは、あまりにももったいない。

現場で働く人々の心理を想像して、彼らの行動を望ましい方向へと導けるような編集・加工をすること。それが、生きた管理会計には要求されているのである。すべての現場には、何らかの意味でカネそもそも会計データは、カネの流れを測るデータである。工場で機械を買えばその代金が出て行くし、機械を動かせば材料費や電気代がかかる。が流れている。

終章　会計を武器にする経営

営業担当者が製品を販売すれば、売上代金が入ってくる一方で、営業担当者に給料や交通費を支払わなくてはいけない。会計は、そうしたカネの動きを仕訳や伝票という形で、逐一記録していく。

しかし、現場に流れているのは、カネだけではない。人々が共同で仕事をしている現場には、常に感情も流れている。自分の成果を少しでも大きくしたいという欲求もあるだろうし、その努力が実を結んで優れた成果として評価されれば、うれしいと思うだろう。それが、また次の努力への意欲をもたらす。あるいは、いい仕事の成果がみんなの努力の結果として生まれれば喜び、誰かが邪魔をすれば落ち込む。

現場には、こうしたさまざまな感情が常に流れている。だから会計データは、単に金額や数字というだけでなく、現場の人たちの感情や行動が集約されたものでもある。

その点に深く留意してこそ、生きた管理会計システムが作れる。生きた管理会計システムは、組織を動かす力をもち、経営の大きな武器になる。そんな管理会計システムを作るためには、現場で日々記録される会計データが決して無機質なものではなく、その背後に人の感情や行動があることを心の底から理解しなくてはならない。

この本の著者の1人である伊丹が「管理会計」という授業を担当している東京理科大学専門職大学院で、社会人院生の1人が「会計データは自身を守る行動が反映された、味付けされたインプットである」とレポートに書いたことがあった。しかも、「厳格な経理の会計計算」というイメージがありすぎるせいか、現場の人たちは会計データにそんな「味付け」があることを、ほとんど意識していないという。しかし彼は、現場で働く1人の人間として、味付けを自分がやったことがあることをあらためて認識したのであろう。深い言葉だと思う。

354

「味付け」にはさまざまな形がありそうだ。そんな味付けが現場で起きてしまうことを理解したうえで、しかし財務会計のリテラシーをきちんともちながら、管理会計システムは設計・運用される必要がある。

現場の味付けや感情の動きを想像したうえで、現場が望ましい方向へと動いていくように導く管理会計システム。それこそが、経営の武器になれる会計の姿であり、本書のタイトルとした「現場が動き出す会計」なのである。

2 現場が動き出す会計とは

意図せざる影響システム∨意図した影響システム∨情報システム

この本で繰り返し使ってきた「情報システムと影響システムの二面性」という観点からいうと、生きた管理会計システムでは、影響システムがきちんと機能していなくてはならない。管理会計における何らかの測定が現場の心理や行動にプラスの影響を与えるからこそ、望ましい方向に現場が動き出すのである。つまり、影響システムとしての機能が、「現場が動き出す会計」の中心にある。

したがって、管理会計システムの設計・運用においては、そのシステムがやろうとしている測定がどんな影響を現場の心理に与え、どのように現場の行動を変えることになるか、について深く考えることがもっとも重要である。

ところが、これを実際にやるのはかなりむつかしい。なぜなら、2つの障害のせいで、測定のもつ影響システムとしての機能を事前に十分には想定できないことが多いからである。

355 | 終章　会計を武器にする経営

第1の障害は、影響システムとしての機能をきちんと考えようとする意図は明確にもっていても、測定がもたらす一次効果しか思い至らずに、二次効果までは想定できないという障害である。前章で議論した、測定の二次効果への思考の欠落という障害である。直接効果を見落とす。組織のある部分に与える影響だけを見て、組織全体への影響を考えない。その結果、管理会計システム（とその下での測定）が意図せざる悪影響を生み出してしまう。

第2の障害は、測定が影響システムとして機能することにそもそも思い至らない、というもっと初歩的な、しかししばしばありがちな障害である。この障害が生まれる原因は、「管理会計システムは、上司（あるいは本社）の意思決定に必要な情報を収集するためだけに存在する」という固定観念にありそうだ。つまり、情報システムと影響システムの二面性という思考が欠落しているのである。

その欠落のために、上司は経営判断に役立ちそうな情報だからといって、さまざまな測定を「無邪気に」始めてしまう。だが、情報をとられた側の部下は、自分の行動の成果が測定されていることも多いから、測定に反応してそれ以降の行動を変える。上司が気づかぬうちに、現場が「動き出してしまう」のである。

どちらの障害がより質（たち）が悪いかといえば、第2の障害であろう。第2の障害にぶつかると、測定の一次効果も二次効果も、両方とも意図せざる影響になってしまうからである。第1の障害の場合は、少なくとも一次効果は意図した影響の中に入っていて、事前に想定されている。第2の障害では、意図せざる影響の範囲がより広いため、したがって悪影響のインパクトも大きくなると考えられる。

そもそも、第2の障害が起きている状況は、かなり「もったいない」状況でもある。上司のための

356

情報システムという機能に加え、部下への影響システムとしての機能を管理会計システムがせっかくもってくれているのに、その二面性を活用できていないからである。これまでの章で述べてきたように、影響システムが現場にもたらすインパクトは、良くも悪くもかなり大きい。その大きなインパクトを、うまく使わない手はない。

いま「良くも悪くも」と述べたが、これを「意図したかは別として」と言い換えた場合、「意図した影響システム」と「意図せざる影響システム」では、どちらが現場に与えるインパクトが大きいのだろうか。それについての1つの考え方が、この項のタイトルにもなっている、奇妙な不等式（意図せざる影響システム∨意図した影響システム∨情報システム）である。

現場の視点で考えれば、情報システムとして管理会計システムがもつインパクトよりも、影響システムとしてのインパクトの方が、大きいのがふつうである。その傾向があることを、2番目の不等号が意味している。そして最初の不等号は、意図せざる影響（しばしば悪影響）の方が意図した影響よりもインパクトが大きいことを意味している。

じつはこの不等式は、前述した「会計データは味付けされたインプット」と同様、理科大での管理会計の授業のレポートで社会人院生が書いたものである。これを実際のクラスで他の社会人院生たちに紹介したところ、すぐに多くの賛成意見が得られた。管理会計システムが自分たちの組織でどのように機能しているかについての実感を、この奇妙な不等式は見事に表現していたからである。

この不等式が「現場が動き出す会計」に与える示唆は、2つある。1つは、管理会計システムの役割を情報システムに限定して考えるのではなく、むしろ影響システムとしての機能を中心に考えるべきだということ。もう1つは、影響システムとしての機能を狙って管理会計システムを設計する際に

は、意図せざる影響が極力小さくなるように、事前にあらゆる可能性について考えを巡らせるべきだということ。そこまでしてはじめて、「現場が動き出す会計」が実現するのである。

現場想像力への王道

意図せざる悪影響が起きないようにした方がいい、と言われれば、誰でもそうしたいと思うだろう。しかし、意図せざることは、しばしば起きてしまう。その理由を突き詰めて考えていくと、結局それは、この本で繰り返し強調してきたように、管理会計システムを設計し、運用する側に、十分な現場想像力が備わっていないからであろう。

現場想像力が十分でないから、現場で会計データの「味付け」が行われてしまうことに思い至らない。現場想像力が足らないから、じつは「周囲の目」が「気になる目」の中でも重要であることに思い至らない。結果として、測定がもたらす二次効果を十分に読めない、あるいは、二次効果があることに気がつかない。

それどころか、現場想像力に乏しい人は、不用意に現場にマイナスの影響を与えてしまいがちである。たとえば、異常な測定結果の根本的な原因がわからない、良いコスト増と悪いコスト増の区別がつかない、「見える化」が引き起こした「見せる化」の数字を鵜呑みにしてしまう、予算が常に達成される状況に疑問を抱かないなど、数値に隠された重要なメッセージ、現場の声なき声に気づかない。

それで、間違った、浅い対応をとってしまう。

測定データ、会計データの背後に、どんな現場の真実が隠されているのか。それを想像する力は、もちろん管理会計のためだけに重要なのではない。およそ経営をする際には、必須の能力であろう。そ

の能力が、会計データという、一見すると厳密に測定されたデータを使う際には、とくに重要になるのである。

利益をはじめとする会計データの多くは、隙なく測定されているように見えて、じつは測定者やデータ提供者のバイアスを受けやすい、ソフトなデータである。したがって、測定結果をそのまま信じるのではなく、現場想像力をさまざまに働かせながら解釈しなければならない。会計データはあくまでも「現実の写像」であり、「現実そのもの」ではないのである。

しかし、会計データは「見かけの厳密性」というかりそめの衣を着ている。だから、人がついだまされる。背後にきちんとした、面倒な計算があると勝手に思って、ついつい鵜呑みにしてしまうことが多いのである。

では、現場想像力を鍛えるためには、どうしたらいいのか。第2章では、会計データと現場の突き合わせを繰り返すことを推奨した。会計データが上がってくるたびに現場で何が起きているかを確かめに行き、それを習慣化するのである。

しかし、やみくもに会計データと現場の突き合わせを繰り返すだけでは、現場想像力の飛躍的な向上は見込めまい。人間の集団である現場の動きをリアルに想像するためには、そもそも「人間」とはどういう存在なのかを、あらゆる機会を利用して日頃から考える必要がある。人間に対する深い理解からしか、現場想像力は生まれないのである。

振り返って考えてみると、この本では、「性善なれど弱し」（第7章）のような人間像をはじめとして、経営哲学、基本発想、スタンスといった、あまり会計らしくない言葉がたびたび登場した。それらはいずれも、「どんな覚悟で会計を使い、現場と向き合うか」という心構えを意味していた。

359　終章　会計を武器にする経営

しばしば会計の世界では、EVAやROEのような経営手法・業績指標にばかり注目が集まりがちである。しかし、それらは使う側に十分な現場想像力が備わってこそ意味があるものであり、現場想像力がないまま目新しい経営手法・業績指標を取り入れたところで、「仏作って魂入れず」的な経営しかできないだろう。やはり大切なのは、現場想像力なのである。

人間に対する理解を深めることと、会計データと現場の突き合わせを数限りなく行うこと。高い現場想像力へと続く道はいずれも平坦ではなく、むつかしい王道といえる。

しかし、優れた創業経営者には、この2つの王道を創業時から実践してきた方が多いように思われる。この本で紹介した、京セラの稲盛氏も日本電産の永守氏も、おそらくそういう経営者だろう。人をよく見て、データと現実の突き合わせを繰り返すこと。稀有な管理システムを設計し、巧みに運用できるのである。

管理会計に限定していえば、現場想像力とは、「こう測定すると、人の行動はこう変わる」という因果律の蓄積である。その因果律を自分の身体に染み込ませるために、人間という存在に対する理解の蓄積、データと現実の突き合わせの経験の蓄積という、2つの蓄積が重要となるのである。

それこそが、「現場が動き出す会計」を実現するための、王道である。

360

参考文献

Anthony, R. N., and V. Govindarajan, *Management Control Systems*, 12th edition, McGraw-Hill, 2007.

Christensen, C. M., S. P. Kaufman, and W. C. Shih, Innovation Killers: How Financial Tools Destroy Your Capacity to Do New Things, *Harvard Business Review*, 86 (1), 98-105, 2008（クリステンセン、カウフマン、シー著、曽根原美保訳「財務分析がイノベーションを殺す 投資価値評価がもたらす3つのバイアス」『DIAMONDハーバード・ビジネス・レビュー』2008年9月号、14-25）.

Cooper, R. G., *Winning at New Products: Creating Value through Innovation*, 4th edition, Basic Books, 2011（クーパー著、浪江一公訳『ステージゲート法 製造業のためのイノベーション・マネジメント』英治出版、2012）.

Graham, J. R., and C. R. Harvey, The Theory and Practice of Corporate Finance: Evidence from the Field, *Journal of Financial Economics*, 60 (2-3), 187-143, 2001.

Jiambalvo, J., *Managerial Accounting*, 3rd edition, John Wiley & Sons, 2007（ジャンバルボ著、淺田孝幸監訳『管理会計のエッセンス』同文舘出版、2008）.

伊丹敬之・宮永博史『技術を武器にする経営』日本経済新聞出版社、2014。

稲盛和夫『稲盛和夫の実学 経営と会計』日経ビジネス人文庫、2000。

稲盛和夫『アメーバ経営 ひとりひとりの社員が主役』日経ビジネス人文庫、2010。

OJTソリューションズ『トヨタの片づけ』中経出版、2012。

岡本清『原価計算（六訂版）』国元書房、2000。

金子浩明「ステージーゲート・プロセスの作用と反作用」伊丹敬之・東京理科大学MOT研究会編著『技術経営の常識のウソ』日本経済新聞出版社、85-114、2010。

坂根正弘『ダントツ経営 コマツが目指す「日本国籍グローバル企業」』日本経済新聞出版社、2011。

櫻井通晴『管理会計（第五版）』同文舘出版、2012。

正垣泰彦『おいしいから売れるのではない 売れているのがおいしい料理だ』日経BP社、2011。

芹田敏夫、花枝英樹「日本企業が用いる投資評価手法とハードルレート サーベイ調査に基づく実証分析」日本ファイナンス学会第20回大会予稿集、2012。

日本経済新聞社編『日本電産 永守イズムの挑戦』日経ビジネス人文庫、2008。

廣本敏郎『原価計算論（第2版）』中央経済社、2008。

藤沢武夫『経営に終わりはない』文春文庫、1998。

三矢裕『アメーバ経営論』東洋経済新報社、2003。

【著者略歴】

伊丹敬之（いたみ・ひろゆき）
一橋大学名誉教授
1969年一橋大学大学院商学研究科修士課程修了。72年カーネギーメロン大学経営大学院博士課程修了（PhD）。その後一橋大学商学部で教鞭をとり、85年教授。東京理科大学大学院イノベーション研究科教授、国際大学学長を歴任。この間スタンフォード大学客員准教授等を務める。『マネジメント・コントロールの理論』『経営戦略の論理』『人本主義企業』『日本型コーポレートガバナンス』『場の論理とマネジメント』『よき経営者の姿』『イノベーションを興す』『日本企業は何で食っていくのか』『孫子に経営を読む』『なぜ戦略の落とし穴にはまるのか』など著書多数。

青木康晴（あおき・やすはる）
一橋大学教授
2004年一橋大学商学部卒業、09年一橋大学大学院商学研究科博士課程修了。名古屋商科大学専任講師、成城大学准教授、一橋大学准教授を経て、24年より現職。主な著書・論文に、『組織行動の会計学』"How Does the Largest Shareholder Affect Dividends?" *International Review of Finance*、「配当の情報効果と利益持続性、利益調整行動に関する実証分析」『経営財務研究』、「所有権理論から見た連結会計の検討」『日本企業研究のフロンティア』などがある。

現場が動き出す会計

2016年3月18日　1版1刷
2025年3月11日　　　7刷

著　者	伊丹敬之・青木康晴
	©Hiroyuki Itami, Yasuharu Aoki, 2016
発行者	中川ヒロミ
発　行	株式会社日経BP
	日本経済新聞出版
発　売	株式会社日経BPマーケティング
	〒105-8308　東京都港区虎ノ門4-3-12

印刷・製本／シナノ印刷
ISBN 978-4-532-32064-5　Printed in Japan

本書の無断複写・複製（コピー等）は著作権法上の例外を除き、禁じられています。
購入者以外の第三者による電子データ化および電子書籍化は、私的使用を含め一切認められておりません。
本書籍に関するお問い合せ、ご連絡は下記にて承ります。
https://nkbp.jp/booksQA

マネジメント・テキストシリーズ！

生産マネジメント入門（I）
――生産システム編――

生産マネジメント入門（II）
――生産資源・技術管理編――

藤本隆宏［著］／各巻本体価格 2800 円

イノベーション・マネジメント入門（第2版）

一橋大学イノベーション研究センター［編］／本体価格 3600 円

人事管理入門（第3版）

今野浩一郎・佐藤博樹［著］／本体価格 3000 円

グローバル経営入門

浅川和宏［著］／本体価格 2800 円

MOT［技術経営］入門

延岡健太郎［著］／本体価格 3000 円

マーケティング入門

小川孔輔［著］／本体価格 3800 円

ベンチャーマネジメント［事業創造］入門

長谷川博和［著］／本体価格 3000 円

経営戦略入門

網倉久永・新宅純二郎［著］／本体価格 3400 円

ビジネスエシックス［企業倫理］

髙 巖［著］／本体価格 4500 円